经典与解释(56)

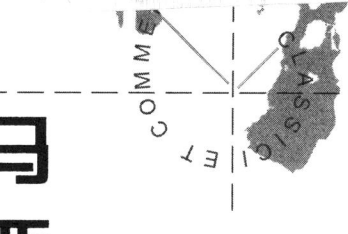

马西利乌斯的帝国

■ 古典文明研究工作坊 编
顾问／刘小枫 甘 阳
主编／娄 林

華夏出版社

古典教育基金·"传德"资助项目

目　录

论题　马西利乌斯的帝国（陆　炎　编译）

2　论帝权转移 …………………………………… 马西利乌斯
25　马西利乌斯政治思想中的权力与无权 …………… 坎　宁
42　马西利乌斯的帝国问题 ………………………… 尼德曼
64　中世纪晚期亚里士多德注疏中的大众主权问题 …… 希罗斯
89　自由主义者如何挑起论战 ……………………… 吉本斯
104　马西利乌斯背离了亚里士多德吗？ ……………… 雅　法

古典作品研究

111　《伯夷列传》中司马迁的义命困惑与德福探析 …… 尚万里
137　论哲学生活 …………………………………… 拉　齐
151　拉齐政治哲学的源头 ………………………… 巴特沃思
179　论《菲罗克忒忒斯》的结局 …………………… 邢北辰

198 新见敦煌写本《维摩诘经》注疏之《净名疏注》 … 王晓燕

思想史发微

217 埃斯基涅笔下的苏格拉底式爱欲 …………………… 卡　恩

旧文新刊

246 四部通讲·史部流别 ……………………………… 郭倬莹

评　论

316 评巴特沃斯编译《阿尔法拉比政治著作：卷二》 … 西狄奇

（本辑编辑助理：潘林）

论题　马西利乌斯的帝国

论帝权转移

马西利乌斯（Marsilius of padua） 撰
陆 炎 译

[译按] Imperium 在长期历史演变过程中发展出多种含义，imperium 来源于动词 imperare，指"命令、指挥"，在罗马王政时期和共和时期，多指带有军事性质的权力衍生出的"治权"，原则上至高无上。共和时期治权受到越来越多的限制，治权只能在战区或各个行省内行使，只要进入罗马城，享有的治权便自行解除。随着罗马的开疆拓土，不断把其他民族的土地纳入自己统治之下，发展出罗马人民的权力（imperium populi Romani）的概念，体现出的是罗马人民对外族的统治。随着罗马帝制的建立，罗马人逐渐将自己的权力扩大到整个世界，变成了对整个世界的统治。Imperium 的含义也随之发生变化，除了罗马皇帝或官员享有的权力以及罗马人民的权力，它还指治权所行使的空间，即罗马帝国。马西利乌斯在行文过程中也含混地使用这些含义。Imperium 根据语境可翻译成中文的"治权、权力、统治、帝国"等等。帝国本身是普遍的、不变的，"转移"

的只是帝国"权力"(potestas)、"权威"(auctoritas)、"法权"(ius)和"帝位"(sedes),不同思想史家对此有不同理解。本译本把 translatio imperi 中的 imperium 译为"帝权",把明确指整个帝国的地方译为"帝国",把指涉罗马共和国时期的 imperium 则译为"治权"或"统治",翻译时都会注明。

Translatio imperi 包括三个阶段:各个行省的人民将权力转移给罗马人民;罗马人民将权力转移给罗马皇帝;罗马帝国权力在不同地区进行转移。学者们对 translatio 性质的争论主要集中在后面两个阶段。马西利乌斯在本文中主要处理第三个阶段,但同时也处理了第二个问题。如何理解第二个阶段罗马人民把帝国权力转移给皇帝中 translatio 的性质,中世纪到早期现代都有过大量争论,影响到现代对"人民主权"的理解。其中主要分为两派:(1)转让(alienatio),罗马人民完全剥夺了自身的原初权威,转让所有的权力(potestatem omnem)给君主,这是赠礼(donatio),人民不可撤销;(2)授权(concessio),罗马人民暂时或有条件地授予君主权力,这是授予和委托(ordinatio et mandato),人民可以撤销。

帝权转移(translatio imperii)模式在中世纪长期支配着欧洲学者对于罗马史的理解和研究。"帝权转移"受到《但以理书》"四大帝国"和奥古斯丁"两座城"叙述的影响,集中体现了中世纪基督教世界对于罗马命运的理解。这个说法可以追溯至公元 9 世纪(甚至 5 世纪),拜占庭人和法兰克人都使用过这个概念,论证自身帝权的合法性。但直到弗莱辛的奥托(Otto of Freising),"帝权转移"才真正被充分采用来叙述整个历史的发展。在此之后,这个说法变成了理解历史的标准模式。

马西利乌斯就是在这个"史学史"传统之中来写作本文的。马西利乌斯吸收在他之前就同主题写作的科罗纳的伦道夫

（Landolphus de Columpna）的著作《论帝位转移》（*de sedis Imperialis translatione*）。但是，他不满于伦道夫对于帝国法权（iura Imperii）问题的理解，因此按照《和平的保卫者》的理论框架，重新对"帝权转移"过程进行了描述。在马西利乌斯时代前后写作了同样主题作品的历史学家还有拉蒂尼（Brunetto Latini）、卢卡的托勒密（Ptolemy of Lucca），等等。

文艺复兴开始，"帝权转移"模式受到挑战。布鲁尼（Leonardo Bruni）的作品提倡"公民人文主义"，不再从"罗马帝国"的角度，而是从所在"城市"的角度来看待历史（严格来说，布鲁尼是佛罗伦萨史家）。布鲁尼在放弃"帝权转移"模式的同时，充分吸收撒路斯特、塔西佗等古罗马史家对"罗马共和衰亡"的描述，提出"帝国衰亡"（declinatio imperii）的理解模式。这得到之后的马基雅维利、圭恰迪尼等人的继承。吉本是"帝国衰亡"模式研究的最著名的人。

本文译自拉丁文，见 Marsile de Padoue,《〈和平的保卫者（小卷）〉与〈论帝权转移〉》（*Oeuvres mineures*：*Defensor minor. De translatione Imperii*），Colette Jeudy and Jeannine Quillet ed., Paris, 1979, 页370–433。翻译过程中参考了该编本的法译本和 Cary Nederman 的英译本。本文注释中的文献部分来自英译本的注释。

本文包括十二章，目录如下：

第一章，叙述的意图。

第二章，罗马帝国如何历经33任皇帝，在罗马持续354年5个月而不变。

第三章，东方人，即波斯人、阿拉伯人、迦勒底人和其他边境民族，如何落入罗马帝国的支配（dominio）。

第四章，主要民族如何从前面所述的境地奋起反抗。

第五章，帝权从希腊人转移至法兰克人的开端和授权。

第六章，在罗马教宗圣扎伽利（Zacharias）时代，丕平（Pipinus）如何从宫相升任法兰克的国王。

第七章，法兰克国王丕平如何应罗马教会的请求，进军意大利，反对伦巴底国王阿斯图弗斯（Astulphus），并将之打败，恢复罗马教会的世俗财产。

第八章，在教宗阿德里安（Adrianus）时代，查理大帝（Karolus Magnus）如何成为罗马城的恩主（patricius），并被视为罗马宗座（sedis apostolicae Romanae）的决定者。

第九章，罗马帝权从希腊人转移至法兰克人的事实。

第十章，罗马帝权从法兰克人或高卢人转移至日耳曼人。

第十一章，帝国的日耳曼选帝侯如何设立。

第十二章，后记。

第一章

在我们写作的名为《和平的保卫者》(*Defensorum pacis*) 的著作中，我们谈到了罗马或其他统治权（principatus）的建立、新的转移和其他变化，并指出它们应当且能够如何在法律上（de iure）根据理性得到实现。现在，我们希望谈谈《论帝位转移》(*de sedis Imperialis translatione*)，①这部著作由令人尊敬的罗马总督科罗纳的伦道夫（Landolphus de Columpna）依据某些编年纪和历史著作辛勤整理而成。他的作品在某些方面和我的观点并不相同，尤其是在没有充足

---

① Landolph of Cononna, "de sedis Imperialis translatione," M. Goldast ed., *Monarchia Sancti Romani Imperii*, 3 vols., Frankfurt, 1611 – 1614, vol. 2, pp. 88 – 95.

证据的情况下，他根据自己的观点所理解的帝国法权（iura Imperii）问题。

因此，我会首先讨论罗马帝权的转移，通过哪个人或哪些人，以什么方式，它确实从罗马人转移至希腊人，而后从希腊人转移至高卢人或法兰克人，最近又从法兰克人或高卢人转移至日耳曼人。

然而，需要首先注意，罗马帝国（Imperium Romanum）有时仅仅指罗马城的（Romanae Urbis sive civitatis）君主或国王统治（monarchiam seu regalem principatum），例如在它起源时的情形，下文将清楚叙述这些。

罗马帝国有时还指对于整个世界（totius mundi）的普遍或一般的君主统治（monarchiam），或至少包括大部分行省，例如罗马城统治（Romae urbis principatus）兴起过程中的情形。我们将更多在这个意义上处理有关转移的问题。

因此，依照先后次序，从最初事件开始。首先，我们将叙述罗马城的起源以及罗马君主统治的卑微开端。其次，我们将叙述罗马扩张和发展为遍及全世界的君主统治或最高统治（monarchiam seu principatum supremum）。随后，我们将描述，在后来的时期里，帝国如何从这个所在地转移至其他所在地，或者从这个民族转移至其他民族。因此，关于罗马城的起源和早期结构，让我们从公认的历史著作中引用相关记录。①这些历史著作告诉我们，埃涅阿斯（Aeneas）在伟大的特洛伊城被摧毁后逃脱，经海路到达意大利，并在现在的罗马城所在地创建了罗马统治（Romanum Imperium）。这个地方使他高兴，他就在此繁衍出罗马民族的后代。据他们记载，随着时间的推移，埃涅阿斯的后裔成长为最优秀的参天大树，伸展枝叶，

---

① Martinus Polonus, "Chromcon imperatorum et pontificum," L. Weiland ed., *Monumenta Germanmae Historica*, Hanover, 1839-1921, vol. 22.

覆盖了大地的所有区域。正如芥子种子微小却成长惊人,高过其他杂草。在它的荫蔽下,所有国王、世俗君主和僭主,以及所有他们的人民,都得以安享美好的和平。

罗马人作为埃涅阿斯的后裔,通过军队训练、军营纪律、军事行动、和平自由、培养正义、崇敬法律、结盟邻国、议事老成以及高尚言行,使全世界臣服于他们的命令。因为,从罗慕路斯王到奥古斯都·恺撒,历经七百余年,罗马人民使勇敢而有力的军队遍及整个世界,以他们的德性(virtute)蹂躏世上所有王国。任何人读到他们的伟大事迹,读到的似乎都不只是某个民族的事迹,而是整个人类的事迹。他们相信,人类德性和命运(virtus atque fortuna)相互斗争,才建立起他们的帝国。

第二章

某些人认为,罗马帝国始于尤里斯·恺撒,但准确来说,应该始于屋大维·奥古斯都——罗马首位皇帝。因为,根据真实历史,虽然尤里斯·恺撒是罗马君主统治(Romanorum monarchiam)的首位施行者,但他与其说是皇帝,不如说是共和国的侵犯者和篡夺者(violator et usurpator)。也正因此,他并未被列入罗马皇帝的祷文之中。

帝权保留在罗马,历经33任皇帝,历时354年5个月,未加变动,直至君士坦丁大帝时期。君士坦丁在他统治的第七年,改变了帝权所在地(sedem Imperii),将其迁移至东方拜占庭的某座城市,这座城市现名君士坦丁堡,根据帝国法律享有旧罗马的专权(praerogativa)。根据某些历史著作记载,君士坦丁在那里建立了帝国首都,并将罗马和某些意大利行省交给了圣西尔维斯特(Silvester),当时的罗马大祭司,以及他的继承者。在圣西尔维斯特的敦促下,君士坦丁还授予罗马城的教士以元老的尊荣（senatorias dignitates），这些根据的都是我们前面引用过的史书记载。

我们刚提到过的那些罗马教会的教士，现在被称作枢机主教（cardinales），但在圣西尔维斯特之前，他们仅仅被称作罗马教会的教士或者祭司。他们的头衔关涉的并非他们的地位和尊荣，而是他们的事工（titulos），即他们的职责，包括讲道、埋葬殉道者、洗礼和听受告解。

这些头衔在圣西尔维斯特之前早已得到采用，比如圣格肋多（Cletus）、圣阿纳格肋多（Anacletus）、圣狄奥尼修斯（Dionysius）以及圣玛塞利诺（Marcellinus）时代。但在圣西尔维斯特时代，他们所获的头衔才对他们的地位有益，并帮助他们获得君士坦丁时代元老院所具有的尊荣和特权。任何人读过我们的《和平的保卫者》，都会看到事实是否如此。

与此相关，我们需要注意波兰的马丁（Martinus Polonus）在他的《编年史》所列的枢机主教人数，他认为有52位，分别为6位大主教、28位长老和18位执事。① 其中某些人由大祭司任命，比如大主教，他们在举行仪式时坐在教宗旁边，尊享主教坐席。

某些人是教宗的助手，比如长老，他们在每周的弥撒和日课中协助教宗。某些则是特定职责的履行者，比如执事，他们履行管理职责，要给教宗穿衣并在祭坛旁协助教宗。在这个头衔设立之后，首先通过圣格肋多，随后通过圣阿纳格肋多，然后通过圣玛塞利诺，出现了越来越多的枢机主教，但这与我们现在的主题并不相关。

历史学家认为，正是圣西尔维斯特，首先将这些教士命名为"枢机主教"。在此之前，正如前面所述，他们被称作罗马城的长老，这在优西比乌（Eusebius）的《教会史》（*Ecclesiastica Historia*）中记

---

① Martinus Polonus, "Chromcon imperatorum et pontificum," p. 407.

载得很清楚。① 作为罗马教会长老的诺瓦提阿努斯（Novatianus）也这样说过，他渴望成为大司祭，试图阻止圣科尔内留斯（Cornelius）升任教宗。

第三章

君士坦丁和继任的罗马皇帝们保持了东部的和平统治，直到皇帝赫拉克利乌斯（Heraclius）统治的第二十年，这时东方所有民族都已脱离拉丁人的统治。然而，因为我们并不知道他们脱离的原因和方式，我认为以下描述颇为合适，即从统治和崇拜方面着手，描述东方民族如何以及为何要使自己彻底摆脱希腊人和拉丁人的统治。因为赫拉克利乌斯的僭主统治（tyrannicus principatus），东方人，即波斯人、阿拉伯人、迦勒底人以及其他边境民族，才要脱离罗马帝国的统治。

在对阵波斯人的战争中取得巨大胜利之后，赫拉克利乌斯以极度残忍的统治压迫波斯人和其他东方民族。这导致他们齐心协力，抓住任何机会起来反抗。为了摆脱对罗马帝国的服从，他们遵照穆罕默德（Mahometus）的建议，采信异教，穆罕默德那时正与富饶、强大的波斯人结成联盟。考虑到不同的教义、信仰或教派，他们不会从其他的统治者重返最初的领主。正因此，他们追随了雅洛贝罕（Jeroboam）的先例，雅洛贝罕让追随他的十个部落转信一种全新宗教，以便他们不会重返他们古老和应得的统治者。

希腊人采取了同样或类似的行动，希望摆脱罗马教会的役使，他们在服侍教会期间，信奉其他宗教或采用其他仪式，有意犯下各

---

① Eusebius of Cesaria,《教会史》(*Ecclesiastica Historia*), trans. St Jerome, in J. P. Migne ed., *Patrologia Latina*, Paris, 1844–1864, vol. 19。

种错误。他们保护和煽动教会分裂,其中杰出的包括聂斯托利派(Nestoriani)、尤提希特派(Euticites)、阿里乌斯派(Ariani)、雅各派(Jacobites)以及以便尼派(Hebionitae)。在这些前面提到的发生了叛乱和造反的区域,人民或民族发生的事情就是如此。为了使反叛得以持续,他们诱使追随者不仅脱离帝国,而且放弃基督教。他们只接受某些与摩西律法和福音书共有的内容,因为它们能够在《古兰经》中得到理解。

值得注意的是,某些异端教派对穆罕默德和基于《古兰经》的撒拉逊人律法(legi Saracenorum)非常友好,例如聂斯托利派,穆罕默德下令对之礼敬相待。

因此,理查德(Richardus)在他的《编年史》中叙述道,某位名叫塞吉阿斯(Sergius)的希腊聂斯托利派修士,长期指导穆罕默德。这也导致在撒拉逊人的统治下,聂斯托利派拥有大量修道院。①

第四章

我已描述了东方民族摆脱希腊人和拉丁人统治的原因和方式,现在让我们来看看哪个民族是前面所提到的反叛的领导者。他们的胆量不仅展现在叛乱和造反,而且还侵入罗马帝国统治区域,并怀有敌意地接近皇帝驻地。

理查德在他的《编年史》中、马丁(Martinus)、伊西多尔(Isidorus),以及阿德摩尼乌斯(Admonius)在《法兰克人史》(*de gestis Francorum*)第四卷都同意,这场胆大妄为的行动的领导民族来自

---

① Richard of Cluny, "Chronicon," E. Martene and U. Durand ed., *Veterum Scriptorum et Monumentorum…Amplissima collectio*, Paris, 1724 – 1733, vol. 5, pp. 1158 – 1174.

阿拉伯和高加索山脚。① 根据哲罗姆（Jeromimus）的《编年史》，这个民族被称作纳巴泰人（Nabathea），源自以实玛利（Ishmael）的大儿子拿伯（Naboth）。因此，他们不应该被称作撒拉逊人，而应该被称作哈革尔人（Agareni）或者以实玛利人（Ismaelites）。②

这个部族劫掠了帝国的大量地区，甚至远至叙利亚（Syria）和约旦（Judaea）。皇帝赫拉克利乌斯派出庞大军队抵抗他们，却被敌军屠戮殆尽，帝国军队有十五万战士惨遭屠戮。尽管如此，敌军据说还算仁慈（humanitatem），通过使节将所有的劫掠物归还给了皇帝。

然而，赫拉克利乌斯拒绝了归还的劫掠物，并获得来自高加索山脉的阿拉尼人（Alani）的帮助，据前面提到的历史著作所述，阿拉尼人曾因受亚历山大大帝压制而被限制在高加索山地区活动。赫拉克利乌斯因此征募了一支军队，聚集了大批战士。两名统帅率领着撒拉逊人，集结了二十万大军参加战斗。两军对阵准备战斗，他们甚至能够在近距离看到对方。但是，就在发生战斗的前天晚上，希腊军营中的5002名士兵被发现死在他们的营床上。惊恐和害怕席卷了剩下的士兵，他们四散逃亡，留下整个帝国，向敌人敞开。

赫拉克利乌斯收到有关这场可怕灾难的报告后，完全失去了能够抵抗的信心。他因悲痛而病倒，看来非常绝望，并陷入疯狂，根据某些历史学家的记载，他犯下了近亲乱伦（Euticetis maculatur）

---

① Richard of Cluny, "Chronicon," Chapter 3. Martinus Polonus, "Chromcon imperatorum et pontificum," Isidore of Seville, "Chronicon maius," in J. P. Migne ed., *Patrologia Latina*, Paris, vol. 83, pp. 1017 – 1158. Admonius of Fleury, "Gesta Francorum," 4.22, in J. P. Migne ed., *Patrologia Latina*, Paris, vol. 138, pp. 627 – 798.

② 这里是在引用哲罗姆对于优西比乌《教会史》的翻译，前揭，页315 – 598，689 – 692。

之罪，与他姐姐的女儿马蒂娜（Martina）结婚。但根据其他历史学家确切记载，赫拉克利乌斯甚至在战争之前就已犯下了这桩罪行。

紧接着，阿拉伯人和纳巴泰人获得与他们王国相邻的罗马各行省各民族的支援，即迦勒底人、阿莫尼特人（Amonites）和莫阿布人（Moabites）的支援，他们的军队迅速扩大，而穆罕默德则是阿拉伯人的领袖，这些事件都记录在理查德的《编年史》之中。①

这位穆罕默德，据说受过巫术训练，但我相信，他更多是受他自己的明智（prudentia）驱使，在蔑视帝国的借口下，说服以上各个民族放弃他们原先的生活方式，转向他自己的生活方式，所有这些都是为了扩大他自己的统治。他还以多种方式欺骗人民，使他们转变信仰。他声称，他们只有放弃基督信仰，遵守他的教诲，才能保有他们的统治权（principatum）。他还假装他身上拥有某种神圣天赋，通过向他们显示幻觉来欺骗他们。人民普遍认为他是先知。

通过这类欺骗手段，他还引诱了某个来自霍拉桑省（Khurasan）名叫卡蒂贾（Khadijah）的高贵而有权势的寡妇。他说服她嫁给他，正是通过她，穆罕默德才变成这个地区的统治者（principatum）。他还欺骗很多犹太人，使之相信他是他们的救世主。

因此，通过这类花招，通过他自己的权力，通过宽松的法律联姻，通过对未来的大量应许，他引诱了各个民族。通过军队的权力，他强迫他们遵循他的信仰。按照穆罕默德向他们颁布的律法，这些武装反抗帝国的民族，应当强迫所占领的任何土地都遵循穆罕默德的律法。他们把任何拒绝执行的人交出杀害。他们从阿拉伯进入埃及，并将埃及人民引入歧途，随后穿行进入非洲，做了同样的事情。他们甚至来到西班牙，强迫西班牙人放弃他们古老的信仰。这样，他们的人数倍增，数不胜数，更多是通过战争暴力而非布道来实现。

---

① Richard of Cluny, "Chronicon," p. 1161.

第五章

赫拉克利乌斯死后,皇帝在东方的权力和统治已然崩溃,正如我们所见,帝权保持在希腊的君士坦丁堡,直到君士坦丁六世(Canstantine VI)及其儿子利奥(Leo)的时代,从君士坦丁大帝开始,共历经33任皇帝,加上君士坦丁大帝统治的23年,共历时451年又2个月。帝权从罗马转移至希腊之后,持续的时间便是如此。

在皇帝利奥三世(Leo Ⅲ)时代,帝权从希腊向法兰克转移在某种程度上已经发生。因为历史学家的不同叙述,这段转移的历史通常并不为人所知。这次转变的起源或开端并不为人所知,因此我们需要认识和注意这次转移的最初原因,这便是在皇帝利奥三世与罗马教会之间,就教会圣像崇拜所发生的争论。

皇帝利奥三世说,绝对不应该崇拜基督和圣徒的圣像,因为这被视为某种偶像崇拜。但是,格列高利三世(Gregory Ⅲ),当时是罗马教会的牧首,则声称基督和圣徒的圣像应当受到崇拜。

皇帝利奥三世为了维护他的主张,竟然从君士坦丁堡来到罗马,移除并摧毁了所有他在罗马找到的基督和圣徒的圣像,他还宣判用火烧掉它们,并且这样做了。为此,大祭司格列高利三世对皇帝利奥三世进行了绝罚,并且促使整个阿普利亚地区(Apulia)、整个意大利和西方摆脱利奥的统治,放弃他们对利奥的服从。在处理这些事件时,他为他们做了所有他能做的,也做了超出他应该做的。我知道他正式免除了他们的税收,凭借的不是权威,而是轻率。他还在罗马召集了大公会议,将圣像崇拜确定为教义,并对违犯者宣判以绝罚。

据说,利奥临终遗言仍然坚持他的观点,他的儿子君士坦丁五世(Constantine V)继任皇位,与他父亲观点相同。这位皇帝并不支持罗马教会，于是教宗司提反二世（Stephen Ⅱ）授权将罗马帝权从希腊转移至法兰克。这发生在丕平（Pipinus）的生涯之中，他不久之后变成了法兰克国王，而且比大祭司活得更长。因此，如果某些人说罗马帝权从希腊转移至法兰克发生在这位司提反的时代，他必须理解，在这个时期，这次转移虽得到授权，但事实上却并未完成。在教宗司提反时代，罗马帝权转移至法兰克得到授权，罗马教士也取得了法兰克人的支持和善待。

第六章

马特（Karolus Martellus）之子丕平战斗英勇，奉行正统教义，在行为正直方面表现尤为突出。据说教宗扎伽利（Zacharias）将他从宫相提升为法兰克王国的主人。这是某些教士的记载，但他们这是在篡夺本属于其他人的权威。

据说这位扎伽利废黜了法兰克国王希尔德里克（Childericus）的王位，并非因为他的罪恶，而是因为他太过软弱，难以驾驭巨大权力。他还用前面提到的丕平，查理大帝的父亲来代替他。他解除了希尔德里克用以约束所有法兰克人的"忠诚誓言"。

但是，阿德摩尼乌斯（Admonius）在《法兰克人史》（de gestis Francorum）①中更为确切地写道，丕平是由法兰克人合法选举的国王，经由王国内各公国承认升任此位，并由兰斯（Remensis）的大主教卜尼法斯（Bonifatius）在圣梅达德（Sancti Medardi）修道院所膏立。

希尔德里克，当时名义上的国王，渴望远离放纵与闲暇，削发

---

① 事实上，这是某位无名氏对《法兰克人史》的续写，Amdonius of Fleury, "Gesta Francorum," in A. Duchesne ed., *Historia Francorum Scriptores*, Paris, 1636 – 1649, vol. 3, pp. 1 – 20。

成为修士。因此扎伽利并未废黜他。从理性原因来看,废黜一位国王和拥立另一位国王,绝不取决于某位主教、教士或者他们的集合,而取决于该区域内的所有居民,公民和贵族(civium et nobilium)或他们中的多数有效部分(valentiorem multitudinem)。正如我们在我们的《和平的保卫者》第一论第十二、十三、十五和十八章所指出和展示的那样。

因此,我们必须接受阿德摩尼乌斯的真实记录,反对教士们对这件事情的记载,他们对法兰克人的描述充满了偏见和错误。我们由此也就明白,帝权为什么以及怎样从希腊转移至法兰克。让我们简要探讨法兰克和日耳曼国王丕平的历史。

第七章

教宗扎伽利临死之际,同意丕平升任王位。当然,根据某些记载,即便没有他的同意,丕平仍是法兰克合法的国王。在扎伽利死后的公元768年,即建城以来1530年,正如我们之前所见,司提反二世(Stephanus II)成为大祭司,他凭出身从他父亲君斯坦丁(Constantinus)那里获得罗马血统。根据阿德摩尼乌斯在《法兰克史》第5卷中记载,司提反二世受到伦巴底国王阿斯图弗斯(Astulphus)的压迫,他来到法兰克求助于丕平,为了夺回阿斯图弗斯所侵占的罗马教会世俗领地。①

法兰克国王丕平按照相应尊礼(honore),出城三里迎接罗马教宗,并将他带到他的皇宫。随后,教宗详细向国王解释了他此行的原因,并详述了阿斯图弗斯对他的伤害。国王愿意为他效劳,为了满足他的愿望,国王集结大军,与教宗共同进军意大利,攻打阿斯

---

① Amdonius of Fleury, "Gesta Francorum," pp. 1–20.

图弗斯。阿斯图弗斯倾尽所有力量来迎战国王,并拒绝归还罗马教会的世俗领地。

因此,双方发动了战争,阿斯图弗斯和他的军队战败,被迫归还罗马教会的世俗领地。他交出王国中40位贵族作为人质,保证依照誓言归还罗马教会的世俗属地。

在这件事情之后,国王丕平作为胜利者欣然返回法兰克,教宗司提反也恢复为罗马宗座。但是,阿斯图弗斯未能遵守他向丕平做出的承诺,因此丕平返回伦巴底,攻打阿斯图弗斯,并将之围困于帕维亚(Pavia),强迫他履行承诺。随后,丕平夺去了拉文纳(Ravenna),以及包括博洛尼亚(Bologna)在内的总督区,并成功攻占了罗马地区的整个"王城区"(Pentapolis)。他事实上(de facto)将所有这些领地都交给了罗马教会。

教宗司提反接受这些好意,并注意到当时皇帝的软弱,因此,在他的盟友协助下,促成了罗马帝权从希腊人转移至法兰克人。他想到的并不是皇帝给予罗马教会的好处,而是力图实现将帝权转移至某个不相干而又遥远的民族,以便他可以更自由地统治意大利,因为希腊人受到压制,而高卢人又很少关心这些事。

因此,所有叙述帝权在教宗司提反时代从希腊人转移至法兰克人的著作,都应该从以下意义来理解,即在教宗司提反时代迁移只是得到授权。我们在下文将会看到,在下任教宗以及皇帝利奥三世的时代,转移在事实上(de facto)才得以完成。

第八章

直到大祭司司提反二世去世,罗马教会都处于丕平保护之下。丕平在统治的第十八年,生命走到了尽头。丕平的儿子继承了他父亲的王国,因伟大的德性而被称作查理大帝。我将跳过司提反二世之后的三任教宗的选任和生平。他们是保罗一世（Paulus I）、君士坦丁二世（Constantinus II）和司提反三世（Stephen III）。

阿德里安一世（Adrian I），罗马人，父亲狄奥多若（Theodorus），出生于拉塔大道（Via Lata）区。公元795年，或罗马建城以来1547年，他被选任为大祭司，之后统治罗马教会长达23年10个月又18天。当时，我们刚刚提到的查理大帝统治着法兰克王国和日耳曼王国，这位大祭司恳求查理大帝帮助罗马教会，抵抗伦巴底。因为，在伦巴底的国王阿斯图弗斯死后，他的儿子德西德里乌斯（Desiderius）继任为国王，步其父后尘，劫掠了罗马教会，占有了房屋、市镇、城堡以及其他罗马教会世俗财产，并强迫罗马人缴纳贡品和税收。

为此，阿德里安派遣使节枢机主教长老彼得（Peter）前往法兰克，恳求前文所述的查理大帝帮助抵抗德西德里乌斯。君主（princeps）热情地接待了使节，并召开贵族和高级教士会议，决定同意阿德里安的请求。因此，这位使节获得了阿德里安所希望的支持。国王集结大军，并亲自率领，克服重重险阻，穿过大海和高山，直扑伦巴底。他到达利古里亚（Liguria）和艾米利亚（Emilia）之后，即我们现在称作伦巴底平原的地方，随即安营扎寨，包围帕维亚城（Pavia）。如果历史记录可信，他还在那里度过了圣诞节。

最后，他留下军队，去往罗马朝拜。他在罗马和阿德里安共同庆祝复活节，举行复活节仪式之后，他回到包围帕维亚城的营房。他继续包围该城，并通过强攻将之攻克。他活捉了伦巴底的国王德西德里乌斯，以及他的妻子和孩子。德西德里乌斯和他的家庭臣服于查理的权力。意大利各个城邦也派出使节和信使，臣服于查理国王的统治之下。这些事使他感到满意。他随后出发去往罗马，恢复罗马教会的世俗财产，他同时出于慷慨（liberalitate），事实上（de facto）把斯波莱托（Spoleto）公国和贝内文托（Benevento）公国赠给了罗马教会。

大祭司阿德里安被国王这些善意行为打动,在罗马召集了由152位大主教和修道院院长组成的大公会议。他和整个大公会议决定,光荣的国王查理获得选举罗马大祭司和授予使徒宗座的权利和权力。他还授予查理以恩主(patritiatus)的尊荣,这使查理看起来是各个君主之父。

阿德里安还颁下教令,每个行省的主教和大主教都要经查理大帝授权。如果主教没有经过国王同意和授权,他将不能得到任何人的祝圣。他还对所有违抗该教令的人处以绝罚,除此之外,他们的财产还会被充公。但是,这位大祭司没有任何权威批准或实行以上任何事,其他主教和教士也没有,除非通过罗马人民的授权和委托(ordinatione atque mandato)。

没有记录显示,查理使用过这些得到承认的权利中的第一项,即选举罗马大祭司和授权使徒宗座的权利。或许因为,从他获得以上承认开始,他统治的四十年间,他没经历几位大祭司。在这段时间里,担任大祭司的只有前面所说的阿德里安和利奥三世,他们担任罗马教会牧首长达44年又几个月。然而,甚至查理自己都没发觉,他已经放弃或终止了受到承认的这项权利。

他获得承认的第二项权利,即任命主教的权利,他行使过好几次,这在他的传记的很多地方都有清楚的记载。但是,据说路易(Ludovicus,[译按]查理之子)放弃了这些权利。但因为我们要加快速度,展示写作帝权转移的意图,我们还是略过查理的伟大功绩吧。

第九章

阿德里安在罗马教会的保护者查理大帝统治期间去世,利奥三世升任罗马大祭司,他是罗马人,其父为阿斯图弗斯(Astulphus)。

公元819年，或罗马建城以来第1571年，这位大祭司在利塔里亚（Letania）身陷囹圄，并在罗马遭受瞎眼割舌之祸。虽然有守卫看押，在查理大帝的使节们的帮助下，即修道院院长吉罗（Girundus）以及他极为信任的斯波莱托公爵温吉苏斯（Vingisus）的帮助下，他还是逃出监狱。

据记载，这位大祭司凭借神圣的恩典，重新获得了他失去的肢体，即他的眼睛和舌头，理查德在他的《编年史》中这样写过，① 其他某些历史著作也这样叙述，大祭司能够确信这是真的，但没有其他可靠证据表明他拥有这样的神圣生命。他来到法兰克求助于查理大帝，教会伟大的保护者。查理以相应的尊荣迎接他，与他共同启程来到罗马，惩处对大祭司和罗马教会犯下的伤害，并恢复正义。

阿德摩尼乌斯在他的《法兰克人史》中更为完整地记载了这些事情，② 他说，国王刚到达距离罗马城12里名为门塔纳（Mentana）的地方，教宗就带着大批亲随在此迎接国王。因为查理大帝是罗马城的恩主，教宗以至为谦卑、极尽尊荣的方式迎接他，据史书记载，他们还在那里共进晚餐。教宗利奥和他的随从先行回到罗马城。第二天，教宗站在使徒圣彼得大教堂的台阶上，以罗马城的最高规格来接待查理，并以相应的次序，在合适的地点，安排了与公民同样多的外国人高呼赞颂宣布国王的到来。

教宗自己则带着他的教士和主教，在国王下马走上台阶时迎接。教宗进行演讲之后，在圣彼得大教堂向国王赠送了整部《诗篇》。这些事情发生在国王统治的第33年。此外，国王于七天之后，发表了演讲，向所有人说明他来到罗马的原因。随后，他每天都专心处理他来罗马要做的工作。

---

① Richard of Cluny, "Chronicon," p. 1, 161.
② Admonius of Fleury, "Gesta Francorum," 4.89.

无论对大祭司的控告有多严重，但因为没有合法的裁决者（probator），出现在所有人民面前并获得国王承认的仍然是这位大祭司。他进入使徒圣彼得大教堂，手持《福音书》，以圣三一之名，发誓证明自己无罪。

事实上，其他史书还写到，三位枢机主教将他们的手放在《福音书》上方，声称所有对大祭司的指控都是错的。他的申辩得到所有教士和人民的正式批准，并获得国王的合法确认。

阿德摩尼乌斯在他的《法兰克人史》中写到（同上），在同一天，某位名叫扎伽利（Zacharias）的修道院院长带着两名修士来到罗马。他们两人都来自东方，受耶路撒冷主教委派，一位来自橄榄山（monte Oliveti），另一位来自圣撒巴（Sancto Saba）。他们身上带着进入基督圣体安置所（Sepulcher）、基督受难地（Calvaria）和耶路撒冷城的钥匙，以及耶路撒冷城的旗帜。

查理热情地迎接他们，以仁慈和尊荣招待了他们几天。几天之后，他将他们送回巴勒斯坦，并以与国王权威相称的方式赠送其丰厚的礼物。

据某些史书记载，国王受使节的鼓动，回应当时的皇帝君士坦丁六世的请求，发动大军，扬帆出海，经当时统治巴勒斯坦和叙利亚的波斯国王的同意，收复了所有圣地。

当时，光荣的国王查理的声名得到颂扬，远播整个东方。因此，统治东方的波斯国王，渴望取得他的好感，通过信使和使节，赠给他昂贵的礼物。

国王查理作为胜利者，收复圣地，经由君士坦丁堡返回罗马。他和教宗利奥在罗马举行了盛大的圣诞庆典。

在著名的基督诞生之日，在圣彼得大教堂做弥撒期间，至为光荣的国王查理在虔诚祷告之后，教宗利奥庄严地做好举行庄严仪式所需要的所有准备，将皇帝的冠冕戴到了他的头上。所有罗马人民

用以下言辞向他欢呼:

> 生命和胜利由上天授予查理·奥古斯都,经上帝加冕,伟大和带来和平的皇帝。(Karolo Augusto, a Deo coronato, magno et pacifico imperatori, vita et victoria de caelo subministretur.)

所有史书都提到过这次由教宗举行的加冕,以及人民对皇帝的欢呼赞颂。随后,如同古代君主(principum),他普遍受到所有人的尊崇,并放弃恩主的头衔,而被所有人称为奥古斯都皇帝。

查理大帝统治罗马帝国十四年。在此之前,他统治了法兰克和日耳曼33年,这时史家仅称他为国王和恩主。但从第33年开始,在他加冕为皇帝之后,所有编年史,所有有关他的事迹的记录,以及所有史书,当它们提到他,都毫无例外称他为奥古斯都皇帝。

帝权这次转移的力度、正当性和坚定性,已经在我们的《和平的保护者》最后一章得到清楚阐释,这对所有人都显而易见。帝国这次从希腊人转移至法兰克人,并在法兰克人这里持续了七代时间,即七位皇帝的统治时间,历时至少103年。

第十章

皇帝阿尔努夫(Arnulphus),查理大帝后裔中的最后一位皇帝,软弱而无用。当时,暴君贝伦加尔(Berengarius)向意大利罗马教会发动战争,其他人也在很多地区攻击罗马教会,但皇帝却无力且害怕反对他们。实际上,据波兰的马丁和图森奇乌斯(Tusencius)记载,皇帝自己那时也迫害罗马教会。[1]

阿尔努夫的儿子还未受到祝圣成为皇帝,便被统治意大利的暴

---

[1] Martinus Polonus, "Chromcon imperatorum et pontificum," 4.87.

君贝伦加尔击败,并在维罗纳(Verona)被分尸,加洛林帝国的血脉完全灭绝。贝伦加尔变成意大利和罗马教会的统治者,教会受到严酷迫害,开始动摇。据伟大的历史学家克雷莫纳(Cremona)的主教希伽德(Sicardus)记载,首先因为暴君迫害教会,其次因为不是真正的牧首,而是唯利是图者,阿尔伯特(Albertus)之子若望(Iohannes)掌控教会。枢机主教齐心协力,在公元950年写信给萨克森公爵。因为他手握重权,统治整个阿拉曼尼亚地区(Alemania)。他还是虔诚的基督徒,信奉大公信仰,议事审慎,审判公正,信守诺言,战斗勇猛,行事正直,他还在所有宗教仪式中向上帝的教会奉献。

因此,枢机主教们向他请求援助,罗马教会在各种攻击之下已经摇摇欲坠,他们请求他的保护和帮助。于是,他集结大军,前往意大利,在与贝伦加尔交战中将其军队打败,并杀死了贝伦加尔。

此后不久,他便进军罗马,召集枢机主教会议,从枢机主教的发言中得知,教宗已经不可救药,他便建议教宗放弃教宗职位。但教宗仍然顽固不化,他便用武力将之围困在圣安吉洛(Sanctus Angelus)要塞,并强迫他退位。

随后,利奥八世(Leo VIII)成为罗马教会的牧首(pastor)。奥托保护了罗马教会的利益,不仅消灭了给教会制造麻烦的贝伦加尔,而且采取措施改革教会,因此之故,利奥刚刚当选,便授予奥托以前阿德里安授予查理大帝的地位和特权。他还召集了大公会议,在教士和人民面前,任命奥托为皇帝。在此之前没有选举,40年之后,皇帝选任制度才建立起来。帝权从法兰克人转移至日耳曼人就是这样发生的。奥托一世在得到授权成为皇帝之后,和平地统治了帝国八年。他的儿子和孙子也毫无争议地相继统治着帝国。

第十一章

在这些事件之后,奥托三世(Otto III)无子而亡。条顿民族的格列高利五世(Gregorius V),奥托的亲戚,成为大祭司。

据马丁记载,在这位大祭司的时代,首次出现由选举来任命的皇帝,共有七位日耳曼选帝侯,四位是平信徒,三位是大主教(同上,4.90,148)。

因为,前面已经有三位奥托通过世袭权继承了帝国,对于上帝教会和基督教信众的良好秩序来说,通过如下授权才会明智和有利:因为至上权力应当授予德性出众者而非出身高贵者,应该不是以世袭的方式,而是以推选的方式传递下去,这样才会被尊崇为帝国最有价值的职位。

因此规定,皇帝由七位选帝侯选出,之后由大祭司用皇冠加冕。如上所述,他们包括三位大主教和四位贵族。三位大主教曾经是现在仍然是皇帝的大臣,包括意大利大臣科隆大主教、高卢大臣特里尔大主教、日耳曼大臣美因茨大主教。四位贵族曾经服务于现在仍然服务于罗马皇帝,包括勃兰登堡侯爵、萨克森公爵、巴伐利亚公爵和波西米亚国王。有诗为证:

> 无论来自美因茨、特里尔还是科隆,
> 他们都是帝国的大臣。
> 此外,一位是宫廷侍者;一位是公爵,带剑者;
> 一位是财政官,侯爵;一位是管家,波西米亚国王。
> 他们世代相继,决定选立最高领主(Dominum summum)。

据日耳曼编年史清楚地记载，这项安排可追溯至1004年。①

第十二章

因此，从前面的叙述来看，十分清楚，在国王丕平和罗马教宗司提反时代，罗马帝权从希腊人转移至法兰克人获得授权。在阿德里安一世时期，查理大帝才成为罗马教会处置者（dispositorem）、罗马大祭司的选任者、罗马城的恩主。在利奥三世时期，查理大帝成为罗马皇帝，正是在这个时期，才确实发生了帝权从希腊人向法兰克人的转移。

最终，随着时间的推移和多年的转变，在罗马教宗利奥八世时期，帝权从法兰克人或高卢人的君主转移至日耳曼人君主。

后来，格列高利五世时期，罗马皇帝的选举被授予上述七位日耳曼选帝侯，直到现在，他们都在选举罗马皇帝，出于仪式而非必要性的考虑，罗马皇帝应由罗马主教加冕。这便是帝权向条顿人或日耳曼人转移的方式。

所有这些事件都包含罗马主教的意图（attemptata），并都在他们的同意（assentientibus）之下完成。什么是他们曾经和现在所拥有的力量（robur），我们的《和平的保护者》第一论第十二、十三章和第二论最后一章对之有过合理阐述，可供参考。

《论帝权转移》全文到此结束。

---

① Martinus Polonus, "Chromcon imperatorum et pontificum," 4.90.

马西利乌斯政治思想中的权力与无权

坎　宁（Joseph Canning）　撰
陆　炎　译

统治权力及其正当执行的正确定位，是马西利乌斯政治思想中的核心问题，也是他的首要关注，即维护和平的关键所在。①

他在《和平的保卫者》的开篇写道，他的目的是展现纷争的原因，尤其是意大利遭受苦难的深层原因，以便统治者与被统治者能

---

① ［译注］Joseph Canning, "Power and Powerlessness in the Political Thought of Marsilius of Padua," in Gerson Moreno – Riano ed., *The World of Marsilius of Padua*, Brepols, 2006, pp. 211 – 225。本文是在作者已发表的文章基础上修改而成，Joseph Canning, "The Role of Power in the Political Thought of Marsilius of Padua," in *History of Political Thought* 20. 1, 1999, pp. 21 – 34。Canning 教授将马西利乌斯放在中世纪晚期更广阔的思想背景中来考察，他研究中世纪晚期"法团"（"团体"）和"权力"的作品堪称经典，可参看 Joseph Canning, *Ideas of Power in the Late Middle Ages*, 1296 – 1417, Cambridge: Cambridge University Press, 2011. Joseph Canning, "The Corporation in the Political – thought of the Italian Jurists of the 13th and 14th Centuries," in *History of Political Thought* 1, 1980, pp. 9 – 32。

够更容易地生活于安宁之中。① 他在这部著作中展开论证说,统治权力掌握在正直者手中可以保证和平,掌握在邪恶者手中则会导致混乱。统治者的适当行为是"和平本身的动力因";任何妨碍都会产生纷争并失去安宁。②破坏和平的深层原因是教宗执行完满权力(plenitude of power),这是马西利乌斯的主要对手和问题,"亚里士多德及其他与之同时代或之前的哲人都没有发现这个问题"。③《和平的保卫者(小卷)》延续了权力主题。

本文的目标是深化我在其他地方阐发过的论证,权力和强制的主题处于马西利乌斯政治思想的核心:他主要关注自然、执行与权力的功能。④ 深入反思只会强化我的观点,我认为,从权力切入解读,能够更为精确地理解马西利乌斯的关注和意图。现代历史学家倾向于忽视这个进路。格沃斯(Alan Gewirth)本人说过:

> 马西利乌斯的教会观念的力量,同样可以在他对政治权力这类问题的解决中发现,他从全新的角度融贯而又出色地处理了这类问题。

但他却没有对这个洞见进行深入而有意义的阐发。⑤ 近几年尼

---

① Marsilius von Padua, *Defensor Pacis*, in Richard Scholz ed., *Fontes Iuris Germanici Antiqui*, 2 vols, Hannover: Hahnsche Buchhandlung, 1932/33, I. 1. 7。本文所引《和平的保卫者》都来自这个编本,引用时仅注出论、章、节号。所有英文译文都由笔者自行翻译。

② 《和平的保卫者》, I. 19. 3;《和平的保卫者》, II. 5. 7。

③ 《和平的保卫者》, I. 1. 3;《和平的保卫者》, I. 1. 7;《和平的保卫者》, I. 19. 3。

④ Joseph Canning, "The Role of Power in the Political Thought of Marsilius of Padua."

⑤ Alan Gewirth, *Marsilius of Padua and Medieval Political Philosophy*, New York: Columbia University Press, 1951, p. 9.

德曼(Cary J. Nederman)极为杰出地论证了以下解释:他强调,同意(consent)是马西利乌斯政治学理论中的主导概念,即马西利乌斯的公民共同体结构清晰地表达出了人民同意的观念。我主张的进路则提供了其他解释的可能性。[1]

这并不是否认马西利乌斯理论中同意的重要性,而是要论述其基础。对于马西利乌斯而言,权力是行动的原则,政治社会的动力,以人民意志和人民所任命的统治者的形式出现。实际上,同意可以被视为人民权力的表达。权力影响公民生活的好坏,通过统治者的行动,权力保护城市或王国。另一方面,同意提供了权力的起源,权力在此结构之中才得以执行。

政治共同体中的权力

马西利乌斯尤其关心,统治者的必要权力必须得到保障。确切地说,他的思想基础在于,法律是强制的规则,制定法律的权利属于不可分割的主权者或人类立法者。但法律本身并不能获得任何东西。它是统治部分(pars principans)的积极权力,赋予了法律以强制力。因此,统治者的安全问题变得至关重要。如果没有安全的统治,法律不能诉诸实施,也就不可能获得和平。[2]

马西利乌斯在《和平的保卫者》第一论第二章集中处理了统治者的安全(security)主题。他在严格、强制意义上讨论法律时说道:

---

[1] Cary J. Nederman, *Community and Consent: The Secular Political Theory of Marsiglio of Padua's Defensor Pacis*, Lanham, MD: Rowman & Littlefield Publishers, 1995.

[2] 统治部分的根本重要性,参 Georges de Lagarde, *La naissance de esprit laique au declin du moyen age*, Lauven and Paris: Editions E. Nauwelaerts and Beatrice - Nauwelaerts, 1956 – 1970, III: *Le Defensor pacis*, 1970, pp. 113 – 123。

> 我希望在最终和最合适的意义上来展示法律的必要目标。它的首要目标是获取正义和公共利益；第二个目标是为统治者尤其是世袭统治者的长期统治提供某些保障。(《和平的保卫者》，I. 11. 1)

法律的"第二个目标"由统治者自己的行动取得，通过在法律范围之内执行统治来取得。马西利乌斯继续说道：

> 统治者受到法律规范和限制，要比统治者通过自己的意志做出判断更为有利。因为如果他们遵守法律，他们便不会堕落，也不会受到责备，他们的统治因此会更为稳定、持久。(《和平的保卫者》，I. 11. 7)

这些段落显示，他没有将人法简单视为权力的表达；法律作为强制统治，是获得共同善这个目标的必要手段，而共同善则为稳定、持久的统治所必需。

马西利乌斯遇到共同善如何能真正施行的实践问题。他以斯巴达国王提奥旁普斯（Theopompus）为依法统治并避免过多权力的统治者典范：

> 他们说，当他的妻子问他［提奥旁普斯］，如果传给儿子的王国比从父亲那里所承继的更小，他是否感到耻辱。他回答道："你不应该这样说，因为我传下的王国将会持续更久。"提奥旁普斯这种前所未闻的审慎是多么崇高的声音！谁要是希望对其臣民在法律之外行使完满权力，多么应当注意这番言辞！很多没有听取这番言辞的统治者，都走向了灭亡。(《和平的保卫者》，I. 11. 8)

统治者和被统治者的安全都必须得到考虑。统治者执行的强制性法律，对于政治共同体的和平与生存是必需的，但是统治者必须不能根据一时兴起而行动。相反，他必须在法律制度范围内行动，他的权力虽是必需，却有限制。法律保护统治者的权力，统治者自身通过执行法律使共同体结合为整体。因此，这里存在某种循环推进的形式：人类立法者设立统治者，统治者通过执行权力保障公民全体（universitas civium）的生存。统治者的权力在法律范围内得到执行，法律也使统治者自身得到强化。人类立法者最终制定法律，但法律必须保护统治者，统治者则需要为共同善来将法律付诸实施。

政治共同体的生存使保障统治者权力成为必要，马西利乌斯使用生物和医学语言清楚地表达出这种必要性。当然，有机体形象的使用在中世纪政治观念中司空见惯。但是，马西利乌斯使用的优势在于他的医学背景。他认为，亚里士多德是将政治共同体类比为动物的权威，他还明确发展了这个类比的内涵：

> 亚里士多德在《政治学》第一卷第二章和第五卷第三章中提到，让我们假定，城邦类似于一个动物或动物的自然。正如动物依照自然得到良好安排，由相互有序成比例的各个部分所组成，为了整体善而在相互交往中行动，当城邦得到良好安排，依据理性建立起来，它也会由这类特定部分所构成。因此，动物（及其部分）与健康之间的关系，类似于城邦或王国（及其部分）与安宁之间的关系。①

政治共同体被设想为动物，只要各个部分功能正常，就能保持

---

① 《和平的保卫者》，I. 2. 3。参亚里士多德，《政治学》，W. D. Ross ed., *Politics*, Oxford: Oxford University Press, 1964, I. 5, 1254a28 – 1254b2, p. 7; 5. 3, 1302b33 – 1303a2, p. 151。

健康与和平的状态。因此，它的统治部分拥有完整而必需的功能，为了政治体的共同善而执行权力。

这种生物性理解包含了马西利乌斯的独特语言。如何对其语言进行分类尤其困难。虽然他使用了神学和经院哲学论文，对罗马法法学用语也有所涉猎，还能引用某些著名的教会法条文，但是，他还是大量发明了他自己的用语。① 他试图陈述他所感到的实在是什么。这就是他为什么求助于生物学和医学意象的原因，而且，这种做法对他非常有用。生物学论据本身毫无疑义，因为这就是万物之所是。但这种思考方式非常适合于人类社会的纯粹自然主义和此世的观念。此外，这意味着，马西利乌斯将政治共同体视为统一整体，即视为实体，而非各种人的集合。他关心的不是个体的同意，而是被视作有机体的政治体的统治和生存。

在第一论第十五章，马西利乌斯用生物学语言集中处理了统治者或政府的角色。公民全体（universitas civium）或其更有效部分（valencior pars）等同于灵魂。统治部分或政府（pars principans/principatus）是心脏，他们的角色是建立其他部分，通过强制使法律规定诉诸实施：

> 公民全体或其更有效部分的灵魂应当在城邦中最先形成，类似于心脏。随后在其中又设立了某种德性或形式，以积极的权力或权威建立起城邦的其他部分。这就是政府，它的德性在普遍因果关系之中就是法律，它的积极权力就是判断、命令、执行涉及公民正义和利益的审判。就此而言，亚里士多德在

---

① 我特别受惠于 Annabel Brett 在利兹（Leeds）IMC 2003 年会议中提交的论文，以及其后讨论中对这个问题的论述，还有对马西利乌斯采纳价值自由的语言的论述。参见 Canning, "The Role of Power in the Political Thought of Marsilius of Padua," 34。

《政治学》第七卷第六章中说,这部分是城邦最为必要的部分。①

他继续阐述道:"除非政府持存,否则公民共同体不能持续或持续长久。"(《和平的保卫者》,I.15.6)这是因为,政府的角色是解决摧毁城市、毁灭自足生活的争端。人民不可能将之留给自己。

在第一论第五章第七节,马西利乌斯再次重述,"城市的动力因(即身体的灵魂)"建立了政府的权威或权力(I.15.7)。随后通过有机体类比,他对此进行了详细阐述。他将统治权威类比于心脏的热度,将使用军事性或强制性工具的权威类比于动物的温度和气息。但是,他强调,必须允许统治者在法律范围内不断行动,以此来行使强制力量:

> 赋予某些人以统治的权威,这与心脏的热度相类似,而军事性或强制性的工具权力与温度(我们称之为气息)相类似,它在判断、命令与审判涉及公民正义和利益的事务时,应当受到法律规范。因为,否则,统治者的行动将不会朝向他特定的目的(即保存城市),这在第二章中已经得到证明。(I.15.7)

马西利乌斯通过使用生物学语言,阐明了统治者或政府通过权力的执行来保护城市的关键角色,这种权力由人类立法者、公民全体所授权,并且根据立法者制定的强制性法律来执行。统治部分(pars principans)通过行使间接或必要的物理性强制,使人类立法者的终极权力转化为行动。政府既通过它自身的行动,也通过任命城市中的其他机构或部分,直接保护公民的生命安全。

---

① 《和平的保卫者》,I.15.6。参《政治学》,7.8,1328b13-15,前揭,p.225。

马西利乌斯专注于为政治共同体的权力结构建立模型。统治的原初权力存在于人类立法者之中，通过统治者予以实施：

> 政府的首要公民或首要部分（即统治者），无论一人还是多人，都要通过本书所叙述的人类或神圣真理才能得到理解。他拥有集体地或分别地命令臣民大众的权威，只要依照法律就能拘束任何人；未经臣民大众或立法者的同意，不能做任何有悖法律之事；大众或立法者不应受到伤害，因为它所表达的意志构成了统治的德性和权威。(III. 3)

事实上，公民全体"拥有对违法者的强制权力"（I. 12. 6）。在某种程度上，只有同意才明确表达出政治共同体的在场，例如，公民全体会更乐意遵守它所同意的法律（同上）。但是，虽然公民全体的同意表达了人类立法者的意志，但却需要通过统治部分（pars principans）的机制来转变为权力的执行。① 政府机构只要得到设立，便会强制它由之获得权威的公民。在这个意义上，立法者的权力的来源，也就变成了臣民大众。

还有证据表明，马西利乌斯通过强调人类立法者对皇帝的认同，不断使同意屈从于权力。《和平的保卫者》题献给巴伐利亚的路易四世（Louis IV of Bavaria）（《和平的保卫者》，I. 1. 6），书中已经涉及"在权威方面的人类立法者或统治者"（legislator humanus vel ipsius auctoritate principans），而且已经接受立法者可以是一个或者多个。② 在《和平的保卫者（小卷）》中，这种认同更为明显。马西利乌斯解释说，行省团体已经将制定法律的权力转移给了罗马人民，使得

---

① 但是，Nederman 驳斥将《和平的保卫者》中意志与同意相等同的观点，参见 Carry Nederman, *Community and Consent*, 前揭, p. 51, n. 66。
② 《和平的保卫者》, II. 17. 9; II. 18. 8; II. 20. 2; II. 21. 1 – 8。

罗马人民成为整个世界的人类立法者。罗马人民又将其权威转移给了皇帝，

> 根据人类法律有一个立法者，这便是公民全体或其更有效部分，或者是被称为皇帝的罗马最高君主。①

在这个阶段，人民原初的同意处于极为不同的背景。理论上来说，世界各民族能够撤销他们对罗马人民的授权，罗马人民也能撤销将权力转移给皇帝的行为。以这种方式，马西利乌斯便能够主张，在《和平的保卫者（小卷）》第十二章第一节，他将这个模型应用到政府权威的建立，他已经在《和平的保卫者》第一论第十二章详细论述过这个问题。

教会的权力行使

马西利乌斯澄清政治共同体中权力的角色，为他主要关注的问题铺平了道路：要证明教会不能合法地拥有和行使权力。通过将权力来源最终限制在人类立法者之中，并将权力的直接执行限制在公民共同体内部的统治者之中，马西利乌斯试图摧毁教会对管辖权和统治权的主张权，因此避免了共同体内部存在两个立法者，避免了

---

① Marsile de Padoue,《〈和平的保卫者（小卷）〉与〈论帝权转移〉》(*Oeuvres mineures: Defensor minor. De translatione Imperii*), Colette Jeudy and Jeannine Quillet ed., Paris, 1979, p. 280。亦见 Marsilius of Padua,《〈和平的保卫者（小卷）〉与〈论帝权转移〉》(*Defensor minor. De translatione Imperii*), Cary J. Nederman ed., Cary J. Nederman and Fiona Watson trans., Cambridge: Cambridge University Press, 1993, 12.1, p. 254。本文所引《和平的保卫者（小卷）》都来自这个文本，引用时仅注出章、节和页码。

当时的争端之源以及和平的丧失。① 这涉及摧毁教宗对完满权力（plenitudo potestatis）的主张和教会法的整个结构。

但是，为什么教会不应该拥有管辖和统治的权力？教会制度可能有什么问题，例如，教会制度在规则和法律之下运行，为什么会使基督教共同体导向奴役？14世纪，教会实际上是拥有神圣管辖权和统治权的法团。教宗自身处于君主制的顶端。教会法通过拉丁基督王国而得以认识，它还与罗马法构成了共同法（ius commune）。教会在欧洲社会产生文明影响中扮演了重要角色。我们为什么要追问这些问题？为什么要试图摧毁在每个人生命中表现出积极意义的这些东西？

马西利乌斯笔下的教会的本性概念回答了这些问题。中世纪存在两种理解教会是什么的方式。狭义上来说，教会可以被视作通过教阶等级秩序来行使管辖权的教会制度。它的标志是：教宗的管辖权被视为拥有比世俗权力更高的权力。另一方面，教会能够等同于整个信仰全体，神职人员和平信徒，男人和女人，教士和人民。马西利乌斯极具洞察力地采纳了第二种观点：

> 再次，"教会"这个词还有其他含义，这个词的最初使用或那些最初采用这个词的人们的意图，揭示了它最真实和最恰当的用法，虽然这种用法如今没有得到广泛认可，也没有与现代用法协调。这种含义指出，只要是信仰并求告基督之名的信仰团体，这种团体的所有部分，都是教会，无论处在何种形式的共同体（甚至民主制）之中。这是该术语最初使用的含义，也是使徒时代和最初教会的习惯用法。因此，使徒在《哥林多前书》中写道："给在哥林多神的教会，就是在基督耶稣里成圣，

---

① 《和平的保卫者（小卷）》，2.5，p.180；《和平的保卫者》，I.17。

蒙召作圣徒的,以及所有在各处求告我主耶稣基督之名的人。"(《和平的保卫者》,II. 2. 3)

教会本质上是以信仰连接起来的纯粹精神体。在这类团体中,教士和主教的强制权力毫无立锥之地。事实上,如果涉及马西利乌斯所说的他们的"本质权威"(即他们的教阶权力),所有教士和主教都处于同一层级:

> 现在来探讨教士的特征,无论是一个还是多个,我们都称之为祝圣圣餐(即基督的肉和血)的权力,以及赦免或约束人类罪恶的权力。我们应该称之为与教士的本质相关或不可分离的权威。我认为,在所有可能的情况下,所有教士都拥有类别上相同的特征,相比于前面提到的教士,罗马主教或其他人并不拥有更高的权威。因为只要涉及这种权威,无论是一个还是多个,主教与教士并无不同。(《和平的保卫者》,II. 15. 4)

他继续说:"诸如'教士'和'主教'这些词汇,在原初教会中含义相同。"(《和平的保卫者》,II. 15. 5)随后,马西利乌斯进一步论证,这个精神教会的教士也必须贫穷。

我们很难确定,当马西利乌斯创作《和平的保卫者》与《和平的保卫者(小卷)》时,教会关于贫穷与财产之间的争论有多重要。从13世纪中期以来,这已经成了支配性的问题。它提出了基督教社会中最为复杂的问题。权力被视为与财产权相联系,而贫穷则与无权力相联系。但是,使徒贫困的支持者以积极的方式考察了权力和无权力,物质的缺乏能够带来精神的满足,而权力和财产被视为有害于宗教生活。使徒贫困的反对者则将财产和权力视作教会在尘世存在不可分割的部分,有助于完成引导信徒获得拯救的使命。马西利乌斯写作的时代,这个争论已经成了陈年旧事。他的作品的间接背景是有关方济各会贫穷的争论，尤其是教宗约翰二十二世和方济各会灵修派之间的冲突。

但是，这场论战的根源，可以追溯至13世纪50年代和13世纪60年代时巴黎大学中非修道院神职人员（secular clergy）与修士之间的争论。① 事实上，贫穷和富裕的问题构成了对中世纪基督教的持续挑战。《新约》对于财产明显持模棱两可的态度。事实上，有关贫穷的争论是古老的，但马西利乌斯带来了某些新的甚至独特的东西，因为他提供了新的政治和法律论据，支持遍布西方基督教会的贫穷运动。事实上，马西利乌斯有关权力本性的作品，在他处理贫穷和无权力的伪装之下，得到极为明确的表达。

马西利乌斯在《和平的保卫者》第一论中，提出了公民共同体的普遍、自然的模型。但是，他关心的城市、王国或帝国，事实上都具有基督教特性。② 这是他担忧教宗的主张权的原因，这也是他没有简单地忽视这个问题的原因。他为什么在《和平的保卫者》的最大部分（即第二论），使用基督争论来驳斥教宗的主张权。他为什么如此在意公民权威应当控制外在的宗教形式。教宗的职位可以执行强制管辖权，马西利乌斯坚持，这不是由耶稣基督所建立，而是君士坦丁通过皇帝的赠礼而建立，马西利乌斯相信它有效而真实：

> 罗马祭司的教令或历史证明了我的论述，在他们身上，能发现某种由他们所认同或批准的罗马人的皇帝君士坦丁的特权，

---

① For example, Kerry E. Spiers, "The Ecclesiastical Poverty Theory of Marsilius of Padua: Sources and Significance," in *Il pensiero politico*, 10.1, 1977, pp.6-7. Seoalso Marino Damiata, "Funzione e concetto della poverta evangelica in Marsilio da Padova," in *Medioev* 6, 1980, pp.411-430.

② See Janet Coleman, *A History of Thought from the Middle Ages to the Renaissance*, Oxford: Blackwell, 2000, p.136.

他以此赠予罗马大祭司西尔维斯特（Sylvester）对世界上所有教会、所有其他教士和主教的强制管辖权。因为所有罗马教宗以及其他教士和主教，都确定赠予有效，他们因此必须承认，正是君士坦丁最初拥有这种对他们的管辖权和权力，尤其因为，凭借《圣经》的言辞，他们并不拥有任何对教士和平信徒的管辖权。(《和平的保卫者》，II. 11. 8)

君士坦丁作为皇帝，能够将这种强制管辖权授予教宗。他这种做法是否明智又另当别论。① 罗马帝国兴盛之时，罗马主教通过统治者的承认来行使其权威。只是随后帝国权力衰落，尤其在皇帝宝座空缺的危急时期，教宗秘密宣称，通过神法拥有不合法的完满的强制权力，这项权力不仅针对教士，还针对世界上所有政府、民族和个人（《和平的保卫者》，II. 22. 20）。这就是马西利乌斯认为教宗对帝国权力特别危险的原因。这也与当时的写作时代相关：约翰二十二世和本笃十二世（虽然后者试图解决问题）声称存在空位期，因为他们并不将路易四世视为皇帝。教宗的所有有效的强制管辖权都将不得不来自人类立法者或统治者。由于他们的职权的本质属性，教士和主教没有强制管辖权，但是他们能够通过任何人类立法者（无论是否明智）授权。

马西利乌斯承认，首席主教的存在在实践上非常有益，罗马教会对此拥有突出的历史主张权。但是，从他自己的时代来看，鉴于当时教宗权力的各种有害后果，马西利乌斯强调，这类首领将会受到限制，不应拥有强制管辖权，在教会中建立首席主教的权威属于有信仰的人类立法者或统治者。他们根据教会的大公会议的建议和

---

① 君士坦丁授予罗马主教很多权力，但他并没有义务授予这些权力：《和平的保卫者》，II. 22. 10。

决定,而大公会议由立法者依法召集。① 不仅如此,在马西利乌斯看来,具有管辖权结构的教会教阶制度是纯粹的人类制度。②他用这个模型来分析教会共同体的所有功能:人类立法者(这里指有信仰的人类立法者)或公民信仰团体选出那些能够升任教会职权的人,任命教士和其他教会阶层,同时也能将之废黜:

> 我希望能够表明,选举和批准某人升任圣秩属于第三种意义上的判断,即人类立法者在完美信仰共同体中的决定,这样做的同时,也就是任命主教或助理牧师来管理特定地区的信徒(这也可以应用于其他位阶更低的教会职务),同时可以将之废黜或罢免圣职。我们能够通过同样或类似的论据来证明这个问题,在第一论第十二、十三和十五章中,我们表明,统治者的立法和建制属于公民全体。我们有必要改变证明的小前提,以便证明中的"法律"和"统治者"这些术语被以下表述所代替,即"选举和批准某个人升任圣秩,任命他来主持某个民族和行省,因为犯罪或其他合理原因可罢免其圣职"。③

马西利乌斯相信信徒们的辨识能力。人类立法者的权威在这些方面可能转变成皇帝或国王的权威,正如马西利乌斯支持法国君主在任命教会职务和分配教会利益时所示。④ 简而言之,他希望,人类立法者或统治者通过其权威,在宗教事务中保留所有管辖性和强制性权力,使所有教会职务都有相同的来源。这样,共同体的政府结构的完整性将会得到保障。

---

① 《和平的保卫者》,II. 22. 11;II. 22. 6;II. 22. 9。
② 比如《和平的保卫者》,II. 15. 10。
③ 《和平的保卫者》,II. 17. 11;另参《和平的保卫者》,II. 17. 9。
④ 例如,《和平的保卫者》,II. 17. 17;II. 17. 15;II. 28. 17。

这是马西利乌斯坚持教士应当贫穷的背景，因为他们缺乏强制权力。他非常强调这个主题，《和平的保卫者》第二论第十一章和十四章专门处理贫穷问题，对此他支持修士的观点。他的基本论据非常简单。因为基督和使徒是贫穷的，所以，教士也应当像基督一样贫穷：

> 因此，重视贫穷的状态，蔑视尘世，这对于每个完善的人都是适宜的，尤其是基督的信徒及其在牧灵职位上的继承者。（《和平的保卫者》，II.11.3）

马西利乌斯明显将贫穷和无权力联系起来，他说，基督将教士或主教的职务与统治者相互区分，并且避开了世俗财产（II.11.2）。相反，财产和权力相互伴随，统治者需要财富来支撑他们的权威：

> 相反，外在不幸的贫困状况不适合于统治者，因为他要适应好臣民尊敬而坏臣民害怕的状态，如果应该，他也需要能够对法律的反叛者和违反者采取强制措施。如果身处贫穷、卑贱的境况，他就不能方便行事。因此，传福音的职务也不适合于他。（II.11.7）

财富和权力属于公民共同体而非教会的管辖范围。马西利乌斯认为，贫穷包含着无权力。因此，他要求教士和主教（包括罗马主教）应当贫穷，这摧毁了教宗完满权力（plenitudo potestatis）的基础，[1] 它使这个主张的含义与后果都变得空洞。正如马西利乌斯用极为尖刻的讽刺语言说道：

---

[1] Marino Damiata, Alvaro Pelagio, *Teocratico scontento*, *Biblioteca di Studi Francescani*, Florence: Studi Francescani, 1984, p. 8.

但是，让罗马主教及其继任者以及其他教士、执事和属灵职务都努力模仿基督和使徒吧，只需通过简单地放弃世俗统治和尘世财产的所有权。（《和平的保卫者》，II. 26. 19）

贫穷争论是马西利乌斯反对教宗的论著的核心。

很难确定，马西利乌斯的写作是否受到方济各会的影响。他可能的确受到了影响。但他的观点也同时存在其他不同来源。他在作品中并未直接提及圣方济各。但是，在约翰二十二世及随后的本笃七世的统治时期，他的确知道很多教宗派与灵修派（以及其他方济各派）之间关键性争论的情况和论据。事实上，《和平的保卫者》第二论第十二章和第十四章，尤其显示出马西利乌斯拥有涉及这场争论的相关问题的深入知识。例如，他激烈反对约翰的以下论据：事实的单纯使用（simplex usus facti）是不可能的，而且道德上必须存在使用权（ius utendi）。马西利乌斯和批评教宗的方济各会修士结盟，后者用以下观点批评异端的教宗：

> 单纯使用或合法拥有某个事物与前面提到过的所有权相分离，也与涉及某个事物及其任何方面的主张或禁止的权力相分离。因此，如果任何人声称，没有前面所提到的所有权，就不能拥有事物及其使用，那么，我们就清楚必然地得出结论，这是丧失理智的异端。任何说从中只感到了没能实现基督的教导，就是明显的谎言。正如我们所言，应像逃离堕落和异端那样逃离它们。（《和平的保卫者》，II. 13. 5）

这就是教宗的敌人方济各会的言辞。

马西利乌斯在论著中说明了政治共同体中权力建立的基础，他的思想整体也保持了连贯性。的确，政制的所有可能形式都包含在他的模式之中，从君主制、王制或帝制，到共和制。但是，当这个模式应用于处理教会问题，尤其是涉及权力的教宗问题，才在他的思想中具有决定性的重要意义。他的权力理论，通过揭示人类共同体生活的合适结构，使他令人满意地证明了，教宗和教会并没有任何自主的权力。这是"教宗在这方面没有权力"的例子。如果这得到广泛的认识，教会的不合法权力便会消失。通过指出纷争的原因，马西利乌斯便能够将之摧毁。通过揭示权力的合适位置和建构性使用，他最终摧毁了教宗具有破坏性的完满权力（plenitudo potestatis）。只有这样，才会有和平的机会。

马西利乌斯的帝国问题

尼德曼(Cary J. Nederman) 撰
陆 炎 译

一

帕多瓦的马西利乌斯的名字与他的主要著作《和平的保卫者》(完成于 1324 年)紧密相联,① 学者们有时没有注意到作者的其他

---

① 本文的缩略版最初提交给 1994 年 5 月在密歇根的卡拉玛祖举办的第 29 届国际中世纪研究大会。与会者和听众的评论,尤其是 Constantin Fasolt、Robert Benson、Jim Blythe 以及 Steve Lahey,对于这篇论文的形成极有价值,来自《政治思想史》期刊的匿名批评者提供的建议也非常有帮助。[译注] Cary J. Nederman, "From *Defensor pacis* to *Defensor minor*: The problem of empire in Marsiglio of Padua," in *History of Political Thought*, 1995 (16), pp. 313 - 329。Nederman 对马西利乌斯的经典研究集中在他的论文集 *Community and Consent: The Secular Political Theory of Marsiglio of Padua's "Defensor pacis."*, Lanham, Md., and London: Rowman and Littlefield, 1995。他还将马西利乌斯的帝国问题放在更广阔的思想史背景中进行了考察,"Empire and the Historiography of European Political Thought: Marsiglio of Padua, Nicholas of Cusa, and the Medieval/Modern Divide,"

几部政治著作。①这些著作中最为重要的是《和平的保卫者（小卷）》（*Defensor minor*），写作于《和平的保卫者》（*Defensor pacis*）完成后约十五年。1326 年，马西利乌斯被迫离开法国，并最终离开意大利，寻求德意志国王和选帝侯巴伐利亚的路德维希（Ludwig of Bavaria）的庇护。②在路德维希的宫廷，马西利乌斯在创作《和平的保卫者（小卷）》之前，似乎少有作品问世。现代学者多年前就已经意识到《和平的保卫者（小卷）》的存在，人们在一个世纪前辨认出了手稿，由萨利文（James Sullivan）和瓦卢瓦（Noel Valois）各自独立发现，这是多重独立发现的经典例子。③

一般认为，《和平的保卫者（小卷）》只是《和平的保卫者》的摘要。④但马西利乌斯自己没有这么说过。因为缺乏正式的序言，《和平的保卫者（小卷）》没有提供任何有关它的目的或性质的最初

---

in *Journal of the History of Ideas*, 2005（66.1），pp. 1 – 15。需要指出的是，Nederman 在此使用的 community 除了指"共同体"，还指的是 Universitas，可译为团体、法团。如马西利乌斯的经典表达 universitas civium，Nederman 直接翻译成 community of citizens，为了保持作者行文的统一性，本文将 community 都译成共同体，读者注意即可。

① 例如，这些作者虽然非常依赖于马西利乌斯，但从未直接提及他的其他作品，如 Quentin Skinner, *The Foundations of Modern Political Thought*, 2 vols., Cambridge, 1978。James M. Blythe, *Ideal Government and the Mixed Constitution in the Middle Ages*, Princeton, 1992。Antony Black, *Political Thought in Europe*, 1250 – 1450, Cambridge, 1992。*The Cambridge History of Medieval Political Thought*, 350 – 1450, J. H. Burns ed., Cambridge, 1988。

② 叙述这个时期历史事件和马西利乌斯生平的最好的综论性著作是 Carlo Pincin, *Marsilio*, Turin, 1967。

③ 这次发现的经过，参 C. K. Brampton, *The Defensor Minor of Marsilius of Padua*, Birmingham, 1922, p. v, n. 3。

④ 例如，Alan Gewirth 称其为"他的伟大著作的摘要"，*Marsilius of Padua and Medieval Political Philosophy*, New York, 1951, p. 22。

线索。开篇很简单：

> 题为《和平的保卫者（小卷）》这本书，最初由帕多瓦的马西利乌斯在完成《和平大保卫者（大卷）》（*Defensor pacis major*）之后选编而成。①

事实上，《和平的保卫者（小卷）》大量引用参照了《和平的保卫者》。但是，这些参照本身并不能证明两部著作的联系。

马西利乌斯的研究者基本上不同意这两部著作的这种关系。根据某派学者的思想，《和平的保卫者（小卷）》表现出对《和平的保卫者》学说（或者至少其中的关键部分）的深刻转变。因此，鲁宾斯坦（Nicholai Rubinstein）指出："《和平的保卫者（小卷）》显示出马西利乌斯在政府观念方面的转变。"②相反，其他学者则认为，《和平的保卫者（小卷）》只是《和平的保卫者》学说的重复和确认。拉伽德（Georges de Lagarde）评论道："《和平的保卫者（小卷）》论述的所有内容都包含在《和平的保卫者》之中。"③这两种解释区别的关键问题最终在于，马西利乌斯是否承认所谓帝国统治的"绝对主义"原则。④我们最初在《和平的保卫者》中读到的马西利乌斯是共和主义者，但

---

① Marsiglio of Padua,《和平的保卫者（小卷）》(*Defensor minor*); Marsile de Padoue,《〈和平的保卫者（小卷）〉与〈论帝权转移〉》(*Oeuvres mineures: Defensor minor. De translatione Imperii*), Colette Jeudy and Jeannine Quillet ed., Paris, 1979, p. 172;《论帝国著作集》(*Writings on the Empire*), C. J. Nederman ed. and trans., Cambridge, 1993, p. 1。

② Nicolai Rubinstein, "Marsilius of Padua and Italian Political Thought of His Time," in *Europe in the Late Middle Ages*, J. R. Hale, J. R. L. Highfield and B. Smalley ed., London, 1965, pp. 74 – 75。

③ Georges de Lagarde, *Le Defensor Pacis*, Louvain, 1970, p. 268。

④ 这个争论的概览，见 Marino Damiata, *Plenitudo Potestatis e Universitas Civium in Marsilio da Padova*, Florence, 1983, pp. 170 – 175。

无论是权宜之计还是哲学重估，他在晚期学术生涯转变成了拥护帝国的反共和主义者。①相反，第二种解释进路认为，马西利乌斯一直都是绝对主义者，即使是在《和平的保卫者》的文本中，因此，《和平的保卫者（小卷）》只是更明晰地阐释了作者长久以来的信念。②

值得注意的是，无论双方分歧多大，有关《和平的保卫者（小卷）》本身性质，他们都支持相同的基本前提：他们都赞同《和平的保卫者（小卷）》是有关帝国政治理论的作品。它表现出对罗马帝国和皇帝统治的正当性的承认。格沃斯（Alan Gewirth）承认：

> 《和平的保卫者（小卷）》中的学说代表了马西利乌斯因与巴伐利亚的路德维希的联系而在帝国理论上的让步。③

威尔克斯（Michael Wilks）同样认为：

> 在《和平的保卫者（小卷）》中……罗马皇帝是人类立法者的选择，立法者将其权力转移给了皇帝。④

---

① Nicolai Rubinstein, "Marsilius of Padua and Italian Political Thought of His Time," pp. 67 – 75。Alan Gewirth, "Republicanism and Absolutism in the Thought of Marsilius of Padua," in *Medioevo*, 1979 (5), p. 26 and passim. David R. Carr, "Marsilius of Padua and the Role of Law," in *Italian Quarterly*, 1987 (28), p. 9.

② Jeannine Quillet, *La Philosophie Politique de Marsile de Padoue*, Paris, 1970, p. 19, pp. 84 – 85, pp. 87 – 88 and passim. de Lagarde, *Le Defensor Pacis*, pp. 267 – 269, 153 – 155。Michael Wilks, *The Problem of Sovereignty in the Later Middle Ages*, Cambridge, 1963, pp. 110 – 113, p. 186 and passim.

③ Alan Gewirth, *Marsilius of Padua and Medieval Political Philosophy*, p. 131.

④ Michael Wilks, *The Problem of Sovereignty in the Later Middle Ages*, p. 111.

奎叶（Jeannine Quillet）发现，《和平的保卫者（小卷）》是"马西利乌斯帝国学说的根源"。①这种对《和平的保卫者（小卷）》特征的一致解释，正是我要挑战的。相反，我想论证，马西利乌斯在《和平的保卫者（小卷）》中给出了与《和平的保卫者》相同的学说。马西利乌斯在《和平的保卫者（小卷）》中认为，普世帝国也可能是政府的正当形式。但他很快就做出了规定：帝国统治绝非必然，帝国和皇帝的权威严格依赖于被统治者的同意这个更为基本的原则。马西利乌斯能够为帝国（以及德意志皇帝的权力）辩护，同时自己也无需献身于帝国政治理论。

我相信，这能够帮助我们理解《和平的保卫者（小卷）》中的以下这个段落，马西利乌斯在此直接暗示了这部著作与《和平的保卫者》的关系。它用逻辑术语表达了这种关系：

> 对于所有这些主题和论证，这本以《和平的保卫者》为基础的小册子，通过必要的逻辑推论和演绎，使我们能够回忆并阐明很多东西。②

《和平的保卫者（小卷）》是《和平的保卫者》基本原则的应用，它源于《和平的保卫者》，并合乎逻辑地与之保持一致。这并不意味着《和平的保卫者（小卷）》缺乏新意或者没有任何独立价值。③相反，马西利乌斯通过把他在《和平的保卫者（小卷）》中的学说与

---

① Jeannine Quillet, *La Philosophie Politique de Marsile de Padoue*, p. 265.
② Marsiglio of Padua,《和平的保卫者（小卷）》, 16.4。
③ Cary J. Nederman, "Introduction," in *Writings*, pp. xx – xxiii. C. J. Nederman, "Tolerance and Community: A Medieval Communal Functionalist Argument for Religious Toleration," in *The Journal of Politics*, 1994 (56), pp. 901 – 918. Carlo Dolcini, "Osservazioni sul Defensor Minor di Marsilio da Padova," in *Atti della accademia delle scienze dell'Istituto di Bologna*, 1975/6 (64), pp. 87 – 102.

《和平的保卫者》联系起来,证明了他早期著作的原则如何能够在具体语境中得到应用。我们甚至认为,《和平的保卫者》所包含的更高理论安排,在《和平的保卫者(小卷)》之中才得到了具体表述。《和平的保卫者(小卷)》揭示了该书的理论框架如何面对帝国的具体情况。

二

为了评价马西利乌斯在《和平的保卫者(小卷)》中对帝国的微妙态度,我们首先需要知道《和平的保卫者》中的一般理论框架。《和平的保卫者》由三部分或三篇论文构成。第一论(Dictio I)讨论政治权威的起源和本性;第二论篇幅几乎是第一论的四倍,批判性地考察和驳斥了代表教会(尤其是教宗)利益的各种主张;第三论简要概括了之前讨论得出的有用的、值得强调的结论。

但是,前两论的划分并不意味着《和平的保卫者》由两篇相互分离、各自独立的论文构成。它的核心主题使整部论著结合为整体:和平与自足的政治共同体作为人类的幸福,由于教宗在世俗世界的统治而受到威胁。《和平的保卫者》的论证力量直接证明了教宗试图干涉世俗事务的破坏性影响。第一论从这个角度入手,规定必须支持加强世俗共同体的稳定性和统一性,以便反抗教宗的干涉。第二论提出用大公会议统治高于教宗和教士的教会学说来代替教宗君主制。

《和平的保卫者》最为突出的特征是处理中世纪意大利与其他欧洲社会联系的背景。①马西利乌斯论述了,教宗的阴谋当时在意大利

---

① 以下段落概括了我要捍卫的观点,这个观点在《共同体与同意》第一章中有详细阐述。参拙著,*Community and Consent*: *The Secular Political Theory of Marsiglio of Padua's Defensor Pacis*, Lanham, 1994, pp. 1424。

人尽皆知,而且具有破坏性作用,他还相信,教宗政策背后还包含了对所有世俗政府的相同的侵蚀计划。①因此,马西利乌斯的驳斥有着普遍的诉求。马西利乌斯希望,世俗权威应该在教宗支配全球的计划实现之前,停止和推翻教宗世俗权力的扩张。《和平的保卫者》直接呼吁拉丁基督教王国的君主和公民,恢复教宗在教会治理范围内的恰当(且极为有限)的角色。

马西利乌斯为了使这个诉求尽可能广泛,他建构了具有"一般"(generic)特征的世俗政治理论。与时人不同,马西利乌斯避免表达出对特殊制度安排的偏好。相反,他明确声称这个问题并不重要:

> 对于节制政府是最好的,而疾病政府是最坏的,以及其他相关的优缺点,我们现在并不关心对于这个问题的讨论。(《和平的保卫者》,I. 8. 4)

同样,《和平的保卫者》用宽泛而含混的术语来描绘政治共同体,比如交替使用 civitas[城邦]和 regnum[王国](《和平的保卫者》,I. 2. 2)。

有些学者认为,马西利乌斯有意模糊使用这些术语,意味着《和平的保卫者》并不建立在任何理论原则基础之上。②这就言过其实了。事实上,《和平的保卫者》第一论提出了健康或秩序良好的世俗共同体的基础规范性概念,而不考虑它的制度性安排。马西利乌斯坚持认为,世俗生命的主要幸福在于,和平地享受尘世存在的物质和道德成果,这只要在人类联合成完美的政治社会时才能实现。③

---

① 《和平的保卫者》,I. 1. 2,I. 19. 4 – 12。
② 参 Conal Condren 的评论:"《和平的保卫者》不是一部政治哲学著作。" C. Condren, *The Status and Appraisal of Classic Texts*, Princeton, 1985, p. 189。
③ 《和平的保卫者》,I. 3. 5,I. 4. 3 – 5。

但是,为了实现它,人类必须使用他们的理性和自由意志,以便同意他们赖以生存的公共安排。马西利乌斯认为,公民与非公民的区分首先在于,对于法律以及他们所臣服的统治者,他们具有同意或拒绝的能力。

因此,《和平的保卫者》宣称,在政治共同体中,人类立法者或者至高权威的本源是公民全体或者其更有效的部分(valentior pars)(《和平的保卫者》,I.12.3)。更有效的部分这个术语的含义引起了广泛争论,但它既不应当被理解为早期版本的多数民主原则,也不应当被理解为贵族学说,即更好的公民应当在公共决断中拥有更大比重。①相反,马西利乌斯坚持强调同意(consensus)的重要性。它允许每个或所有公民都有机会同意、修正甚至否决立法或其他公共事务。他认为,多数公民都拥有同样的理性能力,将会同意涉及共同善的事情(《和平的保卫者》,I.13.5-8)。只有喜好争论的少数人才会拒绝接受政治体的决定,他们被描述为"缺乏自然"(naturam orbatam)(《和平的保卫者》,I.13.5)。更有效的部分这个术语似乎是指,全体中排除了少量没有理智的灵魂后的其他所有人。

马西利乌斯的规范性理论直接显示出他对教宗权力的批评。政治共同体的建立和维持来源于人类理性和意志能力的使用,而非任何形式的神圣授权。因此,教宗或任何教士,其地位与政治体其他部分相同。如果某些教士干涉世俗政府或立法的正常运行,例如,他作为上帝授以圣职的仆人,拥有特殊的权力,他就否定了其他公民在共同联合中的地位,最终会将他们的意志变成他自己的意志而

---

① 参见 de Lagarde, *Le Defensor Pacis*, 前揭, pp. 141-145, 深入分析了早期经院学者如何理解和使用这个术语。Conal Condren 提出, valentior pars 这个术语具有内在的多变性和不稳定性,见氏著,"Democracy and the Defensor Pacis: On the English Language Tradition of Marsilian Interpretation," in *Il Pensiero Politico*, 1980(13), pp. 305-309。

奴役他们。因此，所有公民都有义务维护共同体的和平与正当的组织机构，这要求他们抵制教宗和教士对世俗领域的入侵（《和平的保卫者》，I. 19. 13）。

三

马西利乌斯的《和平的保卫者》的理论框架具有的"一般"特征，扩展到了对帝国统治的系统探讨。的确，他把《和平的保卫者》献给了巴伐利亚的路德维希（《和平的保卫者》，I. 1. 6）。甚至在1326年逃往路德维希宫廷寻求庇护之前，马西利乌斯就已经偏向于路德维希——通过他与斯卡拉家族以及维斯孔蒂家族的联系。但马西利乌斯在《和平的保卫者》中表明，相比于其他特殊的政府形式，他并没有更加支持对全世界的支配。

> 既然全世界不可避免出现地域上的相互分离，尤其是人类说不同语言，在风俗习性上存在广泛差异，那么，全世界所有人都只有单个最高政府更有利，还是全世界在特定时间的不同区域有不同的政府更有利？这个问题值得深入研究，但它不是我们现在关注的问题。（《和平的保卫者》，I. 17. 10）

马西利乌斯没有在普世帝国统治这个问题上表明立场，在当时的背景下，这让人感到非常奇怪。这表明在马西利乌斯心目中，原则比论辩具有优先性。马西利乌斯在第一论对帝国毫不关心，这个态度表明，反对教宗的世俗管辖权始终是更值得称赞的目标，他只是将路德维希的事业看作实现这个目标的手段。马西利乌斯认为，路德维希和帝国并不是作为某种伟大的帝国理想的化身，而是在与教宗统治权的斗争中的有益盟友，路德维希事实上是14世纪20年代仅有的能够与阿维尼翁（Avignon）抗衡的伟大欧洲领导者。①

马西利乌斯是否将普世帝国政府视为某种原则？既然他赞同西塞罗的自然法学说，其中包含建立在理性基础之上的广泛义务，②那么，马西利乌斯可能会捍卫帝国作为与人类本性最为相容的政府形式。③但他在这个问题上的讨论是模糊而开放的。他怀疑，政府的多样性反映了某种神启的马尔萨斯机制：

> 上天可能倾向于多样的政体，以便人类不会过度繁殖。因为人们可能想到，通过战争和传染病，自然调节了人类和其他动物的繁殖，这样，地球才能够满足对它们的养育。就此而言，代代相继（eternal generation）的论证将会得到强烈的支持。（《和平的保卫者》，I. 17. 10）

第二种观点明显涉及巴黎阿威罗伊主义者（Parisian Averroists）的信仰，马西利乌斯知道并且改写了他们的观点。④很少有人注意到，马西利乌斯察觉到了某种超自然力量在这个进程中起作用：为了供养他的子民，上帝以他的智慧赋予政治和社会多样性，这种多

---

① 马西利乌斯事实上在献给路德维希的题词中写道："经过勤勉而紧张的研究之后，我写下了这些句子，我认为它们会对陛下有所帮助。"见《和平的保卫者》，I. 1. 6。

② Cary J. Nederman, "Nature, Justice and Duty in the Defensor Pacis: Marsiglio of Padua's Ciceronian Impulse," in *Political Theory*, 1990 (18), pp. 615 – 637.

③ Aeneas Sylvius Piccolomini 在他的《论罗马帝国的兴起与权威》（*De ortu et auctoritate imperii romani*）提出了这个说法。参 Cary J. Nederman, "Humanism and Empire: Aeneas Sylvius Piccolomini, Cicero and the Imperial Ideal," in *The Historical Journal*, 1993 (36), pp. 499 – 515。

④ Jeannine Quillet, "L'aristotlisme de Marsile de Padoue et ses rapports avec l'aver - roisme," in *Medioevo*, 1979 (5), pp. 81 – 142.

样性引发了纷争，控制了人口。但需要强调的是，马西利乌斯自己完全没有接受这种观点。他只是将之作为某种可供思考的观点而提出。支持阿威罗伊主义的立场，将会直接使他致力讨论某种明确的地域性准则（geographical norm）。

如果我们将政治统治的最终判断放在特定的地域单位，同样很勉强，当马西利乌斯在第二论中回到普世主义问题时，这尤为明显。这里问题的关键是基督教的普世性。马西利乌斯指出，某些教宗的支持者从基督信仰的统一性来捍卫教宗的首要地位，诉诸教区与教会作为整体的类比：

> 正如在单个教区应当只有单个主教……为了维持信徒的统一，也应该只有一个普世基督教会的首脑。（《和平的保卫者》，II. 27. 4）

但马西利乌斯回应道，这个类比没有效力，因为它的论证基础是：属灵普救论（spiritual universalism）应当必然蕴含世俗普救论（temporal universalism），即强制权力必然要求能够执行普世信仰的命令。

> 我们的支持者的推理包含了，整个世界必然只有唯一的首脑，但这既不能作为权宜之计，更不真实。因为，人类能够和平地共同生活，每个行省都有单一政府就已经足够……但对于永恒救赎来说，所有人必然只能接受一个强制性审判，虽然这对于信徒来说似乎更为必然，但这并没有得到证明。对于信徒来说，普世统治者比普世主教可能更为必然，因为普世统治者更高更好地维持信徒的统一。（《和平的保卫者》，II. 18. 15）

这段话几乎没有包含威尔克斯在其中所发现的马西利乌斯对普世帝国的无条件支持。①马西利乌斯仅仅承认，比起普世教会的单个首脑，单一世俗政府的实际情况更有说服力。但在第一论中，他的论证转向了必然性，相比于区域性或地域性的政府，普世帝国的出现并没有必然基础（无论是属灵的还是世俗的）。马西利乌斯没能始终支持任何根据特定地域来确定政府形式的解决办法，我认为，这既涉及辩论目的，也涉及他的政治原则。如果马西利乌斯表示偏爱城邦政制，就会排除国家君主制或普世帝国，这会使马西利乌斯失去首要事业（教廷改革）的潜在支持者。马西利乌斯写作《和平的保卫者》的意图，意味着他的写作对象是孔德朗（Conal Condren）所谓的"全体公爵，即从帕多瓦到巴黎、从弗兰德斯到佛罗伦萨的所有基督教王国、行省或城市的领导者"。②因此，他不愿意表达出确定的偏好就不令人吃惊了。

但这种实用主义考虑也与马西利乌斯的重要原则相符合：共同体的同意（共同体的理性或意志的明确行动），这是政治权威唯一正当及有约束性的来源。因此，所有立法必须在公民面前制定，在公开的公共讨论之后，由公民批准。同样，所有统治者必须由公民全体选举和审查。如果要坚持宪政或地域性安排的必然性，将会偏离只有共同体才能决定自身政治认同这个目标。马西利乌斯认识到公共决定与政治进程的偶然性，普遍存在于他的政治理论的"一般"进路的关键地方。

---

① Wilks, *The Problem of Sovereignty in the Later Middle Ages*, 前揭, p. 112。他在这段话的基础上给出自己的看法：马西利乌斯得出结论，他早期认为共同体可能足以确保世俗和平，这不能应用于基督教社会。这里只有一个普世统治者，皇帝而非主教才能满足这个条件，考虑到救赎问题，这是必然的。

② C. Condren, *The Status and Appraisal of Classic Texts*, p. 196.

四

巴伐利亚的路德维希为了维持对王位的控制,反对其他各种声索,必须与教宗斗争,与其他德意志王国斗争。他为了巩固对德意志的控制,在14世纪30年代后期,让他的儿子勃兰登堡的路德维希(Ludwig of Brandenberg)与蒂罗尔和卡林西亚(Tyrol and Carinthia)的女公爵玛格丽特·马乌尔特施(Margaret Maultasch)联姻。①这个计划有几个需要解决的问题,它们都是由德意志国王与教会的不稳定关系所致。首先,玛格丽特必须与波西米亚王子约翰·亨利(John Henry)离婚,他们在小时候就已经结婚,并且宣称绝不背叛他们的结合。其次,必须举行婚姻的神圣仪式,以便新的王朝结合得到许可。再次,玛格丽特与小路德维希的婚姻存在血亲结合的问题。因为教会声称,只有教会才能使任何类型的婚姻合法化。但是,路德维希和他的家族、同伴一直受到教宗的绝罚,他们便担心这桩婚姻产生的联合以后将会遭到破坏。它们构成了《和平的保卫者(小卷)》要处理的中心问题。马西利乌斯最后拒绝了教会在绝罚、特许血亲联姻、主持婚姻仪式等问题上的权威。

最后,《和平的保卫者(小卷)》首先不是帝国政治理论作品——如果我们将之与中世纪为帝国辩护的典型作品比较,如但丁的《帝制论》(*De monarchia*)或贝本堡的卢波德(Lupold of Bebenberg)的《论王国和帝国的权利》(*De iuribus regni et*

---

① 讨论《和平的保卫者(小卷)》创作的语境,参 Jeannine Quillet, "Defensor minor. Introduction Générale," in *Oeuvres Mineures*, Quillet and Jeudy ed., pp. 142 – 168; Nederman, "Introduction," in *Writings*, pp. xvi – xviii。

imperii)。①如同《和平的保卫者》，反对教会控制世俗事务的主张是《和平的保卫者（小卷）》论证的动力。教宗及其仆人声称，为了永恒救赎，他们能够在现世生活中用各种方式来惩罚和强制人类，马西利乌斯在《和平的保卫者（小卷）》的前十一章着重对此进行了强烈批评。除了这些章节，马西利乌斯几乎没有提到罗马帝国、罗马皇帝、罗马人民或其他与路德维希头衔直接相联的因素。马西利乌斯诉诸的机制和原则本质上与《和平的保卫者》相同："公民共同体或其更有效的部分"——而非教士——在现世建立起拥有强制力量的法律；这个共同体被马西利乌斯称为"立法者"，立法者是"强制违法者的源初恰当的权威"；任何统治者或法官拥有强制权力，但只能在立法者授权的基础上才能有效行动：

> 因为强制违法者的权力不是他自己的，而是他人赋予的，而且能够潜在被同样的人民所撤销。（《和平的保卫者（小卷）》，1.4-5）

从这些原则中，马西利乌斯得出结论，不仅教士不能篡夺强制立法和执行的权力（包括绝罚），而且他们要在所有与其世俗人格、财产以及教会财物相关联的事务上都臣属于立法者。

在《和平的保卫者（小卷）》第十二章，马西利乌斯开始处理罗马帝国的具体情况。这个讨论的语境非常重要。马西利乌斯刚刚讨论完了大公会议作为教会的最高立法权威。只有大公会议能够决定信仰的基本原则，建立教会适合的仪式与圣职：大公会议代表所

---

① 考察马西利乌斯时代更加传统的帝国概念，参 Black, *Political Thought in Europe* 1250-1450, pp. 92-108; J. H. Burns, *Lordship, Kingship and Empire: The Idea of Monarchy* 1400-1525, Oxford, 1992, 第5章及其他地方。非常有趣的是，这些论文都没有把马西利乌斯放在帝国理念的追随者之列。

有基督徒监督普世教会的治理。①马西利乌斯得出结论，"罗马主教的优先性受到有信仰的人类最高立法者的承认"，教会通过大公会议机制来代表运行，而不是通过独立于信徒的共同意志（通过圣彼得的遗产）来单独授权运行（《和平的保卫者（小卷）》，11.3）。大公会议，而不是教宗或枢机主教团，才是教廷的所在地。

但教会和大公会议的普世特征，会面临某些明显的实践与制度性问题。如何能够召集这个会议呢？谁拥有权威来承当召集的任务？马西利乌斯几乎不能诉诸教宗或任何教士团体，因为他刚刚把教廷等同于大公会议的执行机构，因此不能依照自己的意志来行动。任何行省或国家的统治者都没有威望（更不用说权力）召集信徒代表的普世集会。强迫所有基督徒集会，要求统治者的强制权威（至少原则上）扩展到基督教王国的所有领土。只有以下统治者满足这个标准：罗马皇帝。

这是马西利乌斯在《和平的保卫者》中没有得出的重要结论，他在那里只是声称：

> 有信仰的人类最高立法者的权威，或者授予这项权力的个人或人格（person or persons），只能召集大公会议，任命合适人选作为代表，使之按时集会，主持会议，并使会议圆满结束。（《和平的保卫者》，II. 21. 1）

马西利乌斯在《和平的保卫者（小卷）》重复了这个说法，但现在认为，这个个人或人格（person or persons）是单独的会议体，

---

① 《和平的保卫者（小卷）》，7.2。讨论马西利乌斯的大公会议的代表概念，参 Cary J. Nederman, "Knowledge, Consent and the Critique of Political Representation in Marsiglio of Padua's *Defensor Pacis*," in *Political Studies*, 1991 (39), pp. 21-23。

有权力联合全世界的基督徒。

> 最高的人类立法者,尤其从基督时代到现在……现在、曾经、将来都是应当服从强制法律的人类共同体或其有效部分的规定,在每个区域、每个行省都是如此。因为这种权力或权威由行省共同体或其有效部分,转移给罗马人民。罗马人民因其杰出德性,拥有了对世界所有领域立法的权威。如果罗马人民将它的立法权威转移给统治者,统治者就同样可以拥有这种权力……(《和平的保卫者(小卷)》,12.1)

我们在此遇到马西利乌斯对于王权法(lex regia)仅有的明确论述,即皇帝的权力来源于人民。这是某些学者回顾性阅读《和平的保卫者》的方式。[①]但马西利乌斯在《和平的保卫者》中没有使用王权法,甚至在《和平的保卫者(小卷)》中,他也只是以某种做了很大改动的形式来使用。

马西利乌斯的王权法,其要点在于证明,在不违反同意政府的基本原则的基础上,某个当代统治者能够获得召集真正的基督徒普世大公会议的权限。由于这个理由,马西利乌斯谨慎地证明了,罗马皇帝的权力被基督自身和他的门徒所承认为正当的。它们的言辞

> 证明了,在永罚的威胁之下,每个人都被劝导要遵守和服从上文所述的权力,也要遵守上文提到的人民和他们的统治者。(《和平的保卫者(小卷)》,12.2)

[①] Wilks, *The Problem of Sovereignty in the Later Middle Ages*, p. 113. J. A. Watt, "Spiritual and Temporal Powers," in *The Cambridge History of Medieval Political Thought*, p. 419.

换言之，帝国据说在基督救赎计划中占据特别的位置，它广泛的支配力可能预示了基督教的普世性。马西利乌斯甚至提到古希腊和罗马教会在这种联系中结束分裂，他或许相信，希腊人在原则上同样要继续臣服于罗马皇帝（《和平的保卫者（小卷）》，12.4）。罗马皇帝从他的人民获得其权威，拥有维护普世信仰的唯一专权与立法权。正是在他的命令之下，大公会议得以召集并处理相关事务。正如马西利乌斯在《论帝权转移》中所证明的，当时德意志的帝国职位作为权力转移的合法结果，直接继承自它们的意大利对应者，①他建议路德维希行使他的权利并履行他的责任，从整个基督教王国召集信徒的大公会议，以便确认信仰（同时批准德意志国王为他的儿子和王朝所做的计划）。

五

没有证据表明，以上所引文字明显承认了帝国主权或绝对主义原则。事实上，马西利乌斯谨慎地强调了罗马声称具有最高统治权的偶然性。相反，《和平的保卫者（小卷）》把与罗马人民相符合的权力（授予了罗马皇帝）完全视为委托：

> 立法的权威或权力（即罗马人民及其统治者）已经持续了很长时间，应当继续合理地得到持续，直到它被各个行省团体从罗马人民所撤销，或者被罗马人民从它的统治者所撤销。我们认为，如果这种权力在行省团体通过他们自己或他们的代理人，得到充分聚集，他们或其有效部分，对于撤销进行了深思

---

① Marsile de Padoue,《论帝权转移》(*De translatione imperii*), in *Oeuvres Mineures*, Quillet and Jeudy, ed.，前揭，第12章。

熟虑，就能够撤销。(《和平的保卫者（小卷）》，12.1)

马西利乌斯此处论述权威的地位时参照了《和平的保卫者》第十二章，这里涉及的是立法程序，他坚持认为，任何公共决定必须在公共场合得到明确表述，并得到被统治者的同意。因此，即便在《和平的保卫者（小卷）》中，同意也优先于所有其他获得权威的理由：罗马帝国享有专权，因为这些专权已经通过同意行为得到了授权，由臣服于罗马的公民团体所自由赋予。

马西利乌斯所述，是历史上从未出现过的情形，即早期帝国的统治通过同意而非征服得到扩张。他反对以下观点，即认为罗马支配权的起源是僭主式的、不正当的，他回应说：

> 很多行省，看到了罗马统治的好处，希望和平与安宁地生活，于是自愿选择臣服，受上文提到的罗马人民及其统治者的保护。因此，在《马加比一书》（*I Maccabees*）中，马加比（Judas Maccabee）和他的兄弟以及全体犹太人民，自愿臣服于罗马人的统治。世界其他行省也能够归于同样的模式。(《和平的保卫者（小卷）》，12.3)

马西利乌斯模糊地提到未具名的"年代纪和历史书"和《圣经》，来支持自己的主张。但是，他讨论的关键不在于他的主张的准确性。他只是证明，罗马帝国符合由他的理论所要求的合法性标准。① 马西利乌斯最关注的还是公共同意理论原则：他认为帝国的扩张是同意的典范，因此是他的理论的应用。他的论证在于拥有逻辑性力量，而不是经验性力量：所有合法统治依赖于同意，罗马帝国

---

① 我们没有必要由于马西利乌斯不是称职的史学家而指责他；他只是沿袭了那个年代历史写作的典型标准而已。

是合法的，因此，罗马帝国依赖于同意。如果大前提和小前提是真的，马西利乌斯就要寻求历史证据来支持他的结论。即便他没有找到这类证据，他的主张在他自己心中仍然有效。

《和平的保卫者（小卷）》第十二章之后，马西利乌斯进一步的说法，即罗马统治者基本等同于罗马人民及其立法者这个观点，就被视为理所当然。后面的讨论转变为解除婚姻、特许血亲结合等更为技术化的问题。为了解决这些问题，他重新确认了他在《和平的保卫者（小卷）》开篇确立的人法和神法之间的区分（《和平的保卫者（小卷）》，1.2-4）。人法关涉的是现世生活的奖赏与惩罚，神法则对于获得救赎是必要的。所有有关小路德维希和玛格丽特的婚姻的特许与授权，必然都属于人法范围之内。马西利乌斯认为，离婚和结婚属于公民事务，他讨论了特许血亲结合也属于人类法令管辖的事务。

马西利乌斯的理论基础只是在《和平的保卫者（小卷）》的最后部分作出了调整。他明显假设，皇帝能够直接制定人类法，不经过公共同意或咨询。比如，他认为：

> 按照人法，立法者是公民共同体或者其更有效部分，或者是称为皇帝的罗马最高统治者。（《和平的保卫者（小卷）》，13.9）

同时，在《和平的保卫者（小卷）》的结论部分，马西利乌斯论述道，制定和执行人法的"权威与强制权力""属于公民全体或称为罗马皇帝的最高统治者"（《和平的保卫者（小卷）》，16.4）。在这些断断续续的论述的基础之上（还有其他几处这类文字），《和平的保卫者（小卷）》被视为支持帝国绝对主义的作品。但这种解读似乎言过其实了。因为，马西利乌斯极其谨慎，没有用皇帝来完全替代公民全体（Universitas）。共同体权力与皇帝权力之间的相等关系，必须返回到第十二章，马西利乌斯在此处讨论了权威的转移问题：皇帝（以罗马人民为中介）受到来自共同体的委托（trust）才拥有了立法权力。因此，罗马统治者绝不能独立于原始的立法者而行动；罗马统治者的立法必须保留"公民全体的同意"这个标准的真实性。如果他逾越了其权威的界限，他的权力可能被撤销或返回它们的源头。通过使用"公民全体或罗马元首"（universitas civium vel princeps Romanus）这个表达方式，马西利乌斯杜绝了任何错误地将皇帝作为绝对或自治权力的尝试。

无论如何，把这些论述视为皇帝的立法专权，作为帝国权力的理论，都是曲解马西利乌斯。相反，正如马西利乌斯自己所表明的，在《和平的保卫者（小卷）》之中，皇帝的权力只提供了《和平的保卫者》基本原则的具体运用的实例。当《和平的保卫者（小卷）》涉及人类立法的创制或执行时，马西利乌斯通常都引导读者返回阅读《和平的保卫者》第一论相关段落的完整讨论。因此，他似乎将皇帝概念视为完全符合并且来自其共同体立法权力的理论。这种权力有条件地转移给了罗马统治者，这时人类共同体可能选择使用保留给他们的公民同意。只有授权是无条件的，因此是不可撤销的，它才是无效的。马西利乌斯并不认为，立法权和管辖权的所有权力都必须转移给罗马之手。他在《和平的保卫者》I.17（《和平的保卫者［小卷］》16.4 也引用过）论证道，政府的至高权威，并不意味着压制拥有更少管辖权或立法权的团体。①即便帝国统治下的共同体批准了皇帝拥有立法和审判的最终权威，他们也并不因此完全放弃了立法和审判的权利。皇帝的至高管辖权是权力转移的结果，他不能主张，这会导致皇帝垄断了政府权力。

---

① 这个问题可参 Nederman, *Community and Consent*, 前揭, 第 6 章。

六

如果用马西利乌斯要求我们阅读的方式去阅读,《和平的保卫者(小卷)》就不像是作者思想转变的结果,而是拓展并运用了他15年前写作《和平的保卫者》时形成的原则。某些学者察觉到的这种不一致,最终证明只是建立在对马西利乌斯政治理论的错误期盼的基础之上,他们认为马西利乌斯必须最终支持某种政府系统或者统治形式。这种期盼对于多数其他拉丁中世纪的政治理论家来说是合理的。但从以上讨论和其他实例来看,马西利乌斯挫败了我们的期盼:因为他的论证的"一般"特征,他的进路在他的同时代人之中非常特别。他的思想的这种"一般"特征并没有随着时间而改变。《和平的保卫者(小卷)》说明,当要求为了论辩而支持既定的世俗统治者时,"一般"结构如何能够得到应用。

非常简单,这意味着《和平的保卫者(小卷)》没有反映任何思想的转变,马西利乌斯也没有放弃"真正"的共和原则。毫无疑问,马西利乌斯对于政治学的"一般"说明也适用于支持共和政体,例如存在于很多中世纪意大利城市的情况。但是,我们必须不能忘记孔德朗观察到的马西利乌斯论证的本性:

> 如果他关心的是反对普遍存在的敌人,那么,范围有限的问题,无论是帕多瓦的还是巴黎的,都只能限制他的受众范围……他通过询问,人们如何能够跨越基督教王国明显的制度多样性来进行诉求,并在所有方面都被视为紧迫的而言来规定某个共同敌人,他的立场的逻辑力量得到了极为清晰的展现。[①]

---

① Condren, "Democracy and the Defensor Pacis," pp. 312–313.

我们在解释的过程中，忽视了马西利乌斯思想中的辩论和修辞力量。他的原则要从任何具体历史和制度安排中抽象出来，因此，是否成功实现目标依赖于他的原则的清晰性。正是这些原则，无关于共和主义或任何其他特殊的统治系统，保持了马西利乌斯作品的连续性。

　　这也补充回答了这个问题：马西利乌斯是罗马法学者（Romanist）吗？如果这个问题意味着"马西利乌斯的政治理论促使我们倾向于罗马帝国的统治，而不是其他政治实体"，回答便是否定的。他不仅避免使用中世纪支持罗马帝国权威的典型学说，还努力赞成公民同意作为皇帝行使权力的先天限制，这明显是反帝国原则的。如果我们用其他方式处理这个问题，即"普世罗马帝国的统治能够在马西利乌斯的思想基础上得到辩护吗？"我们的回答必然是肯定的。《和平的保卫者（小卷）》证明了，正如没有任何原则会导致我们总是偏向于帝国，同样也没有任何原则能够排除它的合法性，只要它的建立和运行符合马西利乌斯所奠定的原则。学者们在论述马西利乌斯对罗马帝国的态度时，普遍采纳"非此即彼"的论点，这忽略了马西利乌斯的思想的复杂性。[①]马西利乌斯的政治理论就像变色龙，不能用这类简单的术语进行归类。

[①] 这种错误二分的典型是 Gewirth, "Republicanism and Absolutism in the Thought of Marsilius of Padua."

中世纪晚期亚里士多德注疏中的大众主权问题

希罗斯（Vasileios Syros） 撰
陆 炎 译

亚里士多德政治哲学中最吸引人也最有争议性的是他的大众主权学说。① 在《政治学》第三卷，亚里士多德论述道，比起少数优

---

① 我想感谢 2002 年国际中世纪会议帕多瓦的马西利乌斯分会的参与者，尤其是 Anthony Black, Bettina Koch, Gerson Moreno – Riano, Cary Nederman, Jurgern Sarnowsky 以及 John Ward，感谢他们许多有益的对话和建议。我也感谢 William Courtenay 的类似帮助，因为他，我有机会讨论有关马西利乌斯在巴黎的背景的几个重要方面，同样感谢 Peter Edwards, Johannes Fried, Roberto Lambertini, Chris Schabel 以及 Marco Toste。我同样也受惠于 George L. Mosse 安排的一项慷慨的研究基金，这使我能够在威斯康星大学历史系继续我对晚期中世纪和早期现代政治思想史的研究。［译按］本文最初为作者提交给 2002 年国际中世纪会议帕多瓦的马西利乌斯分会的会议论文，收录于《帕多瓦的马西利乌斯的世界》，参 Gerson Moreno – Riano ed., *The World of Marsilius of Padua*, Brepols, 2006, pp. 227 – 248。作者做了少量修改后更名发表：Vasileios Syros, "The Problem of Sovereignty of the Multitude in Marsilius of Padua and Some Other Aristotelian Commentators," in *Archive for Medieval Philosophy & Culture*, 2009 (15), pp. 307 – 331。作者这里使用的"大众主权"的英文原文为

秀者，人民中的大多数是主权者，他彻底地讨论了这个主题。通过穆尔贝克的威廉（William of Moerbeke）的拉丁译本（约 1260 年），中世纪的西方世界接触到了《政治学》，从此以后，亚里士多德的观念便促进了对政治共同体功能的深入讨论。正如预期的那样，存在良好秩序的政治共同体中的大众角色，是注疏者们关注的问题之一。本文意在通过论述某些中世纪晚期思想家阐述亚里士多德大众主权理论的方式，例如帕多瓦的马西利乌斯、奥弗涅的彼得（Peter of Auvergne）以及沃代蒙的尼古拉（Nicolas de Vaudemont），阐明中世纪晚期政治哲学对亚里士多德理论中大众角色的接受。

对于亚里士多德来说，如果分别处理，多数人（polloi 或 plethos）中的每个人可能并没有高尚品质；① 但当他们所有集合起来时，他们集体作为非个体性的身体（body），就有超过少数优秀者的品质，因为每个人都能够分享他人的善和道德明智。多数人展现出

---

the sovereignty of the multitude，研究主权问题的学者很少使用"大众主权"这个表达。作者使用 multitude，似乎是为了能够涵盖更为宽广的思想史脉络，既指亚里士多德笔下的"多数人"（Many）以及"民众"，也指后来出现的作为整体的"人民"（People）。我们在翻译的时候作出区分，分别对译。

① 这里的论述涉及亚里士多德的集体智慧和民众（plethos）主权，相关著作参 Egon Braun, "Die Summierungstheorie des Aristoteles," in *Jahreshefte des Osterreichischen Archaologischen Institutes in Wien*, 1959 (43/44), pp. 157 – 184，重印刊载于 *Schriften zu den Politika des Aristoteles*, Peter Steinmerz ed., Hildesheim/New York: Olms, 1973, pp. 396 – 423; Egon Braun, *Das III Buch der aristotelischen Politik Interpretation*, Vienna: Voehlau, 1965; Antoine Leandri, "L'aporie de la souverainete," in *Aristote politique: etudes sur la Politique d'Aristote*, Pierre Aubenque and Alonso Tordesillas, Paris: Presses Universitaire de France, 1993, pp. 315 – 329; J. T. Bookman, "The Wisdom of the Many: An Analysis of the Arguments of Books III and IV of Aristoteles," in *History of Political Thought*, 1992 (13), pp. 1 – 12。Echart Schurrumpf, *Die Analyse der Polis durch Aristoteles*, Amsterdam: Gruener, 1980。

自足的知觉,能够比少数专家更好地评判音乐和诗歌,至少在任何情况下都不会更差。它们会受到多层面的检验:某些人欣赏这一部分,某些人欣赏另一部分,他们合起来就欣赏到了对象的全部内容。这同样能够应用于人民中的大部分群体。正如亚里士多德所言,人们拥有有关真理的自然直觉,通常他们也的确达到了真理(《修辞术》,1355a15-17)。这类观念反映了亚里士多德的常识(common sense)原则的影响,这个说法看来非常可信。①

根据亚里士多德的看法,梭伦(Solon)将"最必要"的权力授予人民(demos),他们有权选任行政官,并在其任职结束时对之进行审查。如果人民不享有这类基本权利,必定与奴隶无异,转而成为政府的敌人。但是,即便给予了这些权利,梭伦仍然把某些官职保留给贵族和有能力行事之人,建立起了遏制措施(《政治学》,1274a15-21)。在亚里士多德看来,梭伦政制是节制与中道政制的典型,战神山议事会(Council of Areopagus)代表寡头制,选举执政官的方式代表贵族制,而公民大会代表民主制(《政治学》,1273b35-1274a3)。在亚里士多德心中,多数人虽然不是专业人员,但却能够像法官(kritai)一样发挥功能,判断事情已经发生或未曾发生、将会发生或不会发生、存在或不存在(《修辞术》,1354b13-15)。

亚里士多德称赞梭伦,因为梭伦赋予了民众(plethos)权威地

---

① 有关对亚里士多德哲学中的常识(sensus communis)原则的意义的评价,参 Klaus Oehles,"eine studie zur geschichte des begriffs der allgemeinen meinung," in *Antike und Abendland*, 1961 (10), pp. 103-129, and in Klaus Oehler, *Antike Philosophie und byzantinisches Mittelalter. Aufsatze zur Geschichte des griechischen Denkens*, Munich: Beck, 1969, pp. 234-271。另参 Hanns-Dieter Voigtlander, *Der Philosoph und die Vielen. Die Bedeutung des Gegensatzes der unphilosophischen Menge zu den Philosophen (und das Problem des Argumentum e consensu omnium) im philosophischen Denken der Griechen bis auf Aristoteles*), Wiesbaden: Steiner, 1980,尤其是"政治中的大众"一章,pp. 573-579。

位，但又对其进行了最大程度的限制，作为防止权力滥用和制度败坏的防护措施。亚里士多德主张，法律不受激情的影响，因此是对抗败坏为异常状态的必要保障（《政治学》，1286a17 - 20）。归于集体智慧的原则无论具有多么决定性的重要意义，亚里士多德都明确说，其价值仅限于官员的选举和对任期结束时的官员进行审查，他并没有容许民众（plethos）具有立法者的权力。

在对古代民主功能的批评中，亚里士多德集中关注法（nomos）的统治与公民集体意愿的统治之间的矛盾，前者由规定普遍规则的法律构成；在关注具体情境的平民法令（psephismata）中则论及后者。①法律应该像统治者那样，在所有事情上都拥有主权权威（《尼各马可伦理学》，1137b13 - 14）。在亚里士多德看来，这是健康政制能够存在的最为基础的先决条件。因此，任何将最高权威建立在平民法令而非法律基础之上（明显指雅典民主制）的政制都会变成专制制度。只要人民在所有事情上都是主权者，他们便会转变为独裁者，不是作为个人，而是作为集体，成为政治煽动家扩大影响力的盲目牺牲品，政治煽动家自身就会变成主权者。② 这个原则想要有效，亚里士多德在此

---

① 《尼各马可伦理学》，1147b32。此外还有： 《尼各马可伦理学》，1134b18 - 24；1141b23 - 28。

② 《政治学》1292a18 - 37, Aristotelis Politicorum libri octo: cum vetusta translatione Guilelmi de Moerbeka, Franciscus Susemihl ed. , Leipzig, 1872。比较《尼各马可伦理学》，1152a19 - 23。参 Martin Ostwald, From Popular Sovereignty to the Sovereignty of Law: Law, Society, and Politics in Fifth - Century Athens, Berkeley: University of California Press, 1986。Barry S. Strauss, "Aristotle's Critique of Athenian Democracy," in Essays on the Foundations of Aristotelian Political Science, Carnes Lord and David K. O'Connor ed. , Berkeley: University of California Press, 1991, pp. 212 - 233（esp. p. 215f. ）. David Cohen, "The Rule of Law and Democratic Ideology in Classical Athens," in Die athenische Demokratie im 4. Jahrbundert v. Chr. Vollendung oder Verfall einer Verfassungsform?, Walter Eder ed. , Stuttgart: Steiner, 1995, pp. 227 - 244. A. R. W. Harrison, "Aristotle's Nicomachean Ethics,

提出了两个基本条件。首先,他表示德性并不普遍内在于每一位民众不如。正如他所说,与少数智慧者相比,我们并不清楚,多数人的集体优势是否能够存在于所有民主制和大众之中(《政治学》1281b18—22)。亚里士多德补充了以下条件,当民众的品质不具有奴性时,集体意愿才比专家更好(1282a14-17)。亚里士多德认为,毫无疑问,某些民族(但不是大多数民族)存在着多数人与少数人之间的清晰区分。倘若这个原则毫无区别地应用于所有民众,它就也能应用于野蛮动物的群体,因为某些民族就像野兽(1281b15-21)。

中世纪晚期政治思想发展出解释亚里士多德的大众主权学说的清晰线索,本文将重新看待与之相关的一系列问题。①

Book V, and the law of Athens," in *Journal of Hellenic Studies*, 1957(77), pp. 42 - 47。关于 psephismata 问题,参 Mogens Hermann Hansen, "Nomos and psephisma in Fourth - Century Athens," in *Greek, Roman, and Byzantine Studies*, 1978 (19), pp. 315 - 330, 收录于 Mogens Hermann Hansen, *The Athenian Ecclesia. A Collection of Articles* 1983 - 1989, Copenhagen: Museum Tusculanum Press, 1989, pp. 161 - 177, 其中提供了简明有益的文献。

① 拜占庭政治思想的先驱,见 Michael of Ephesus 对《政治学》的评注,它以抄件(scholia)的形式保存在《政治学》的柏林手稿之中。Michael 的论述集中关注大众和少数富人之间的关系。Michael 认为,如果大众的总数像单个善良而又正义的人,他们便不会对少数人和富人行不义。通过这种方式,当大众聚集起来时,会包含和拥有好人或最好的人身上所发现的全部德性和所有属性。因此,他们不会对富人行不义,不会在穷人之间分配富人的财富。Michael 的评注见《亚里士多德的政治学》(*Aristotelis Politica*), Otto Immisch ed., *Bibliotheca Scriptorum Graecorum et Romanorum Teubnerana*, Leipzig, 1909, 重印于 1929。本书相关段落及其评注的英译文,见 Ernest Barker, *Social and Political Thought in Byzantium, from Justinian I to the Last Palaeologus: Passages from Byzantine Writers and Documents*, Oxford: Clarendon Press, 1957, pp. 137 - 139。大众集体智慧原则的使用方面,我们在 Georgios Gemistos Plethon 那里发现了非常有趣的重点转变,他论证说,受训练和受教育者组成有限的咨询性会议,作为理想君主制的支柱,有其存在的必要性。这类会议将为政治共同体提供最能胜任的顾问,因为这个人看到

作为亚里士多德的注疏者，奥弗涅的彼得全面处理了政治共同体的政府中大众的角色，他的观念构成了随后讨论亚里士多德相关概念的基础。彼得（12世纪40年代—1304年）长期在巴黎从事艺术和神学方面的工作，1296年到1302年间他是神学教师。① 作为多产的作家，他受到托马斯·阿奎那启发，虽然与通常的看法相反，他从来没有加入过多明我会。他写作了大量亚里士多德作品的注疏和问题集，完成了大量阿奎那未完成的论著，包括他的《亚里士多德〈政治学〉评注》（*Exposition on Aristotle's Books of Politics*）。

彼得在《〈政治学〉评注》中引入了两种大众之间的重要区分，即兽性的大众和良好秩序的大众。这个区分随后得到《政治学》的其他注疏者的赞同，并在随后讨论大众主权的主体中扮演了重要角色。② 在彼得的叙述中，兽性大众的主要特征是缺乏理性——既是

事情的这一面，另一个人则看到另一面，他们合起来，便能把所见观点的各个方面相互比较。Gemistos 批评人民大众没有相互借鉴或只是轻易地理解事物，部分原因在于其数量，部分原因在于其中数量最多的部分缺乏教育。他还批评他们没有先进行理性反思就给出他们的投票。相关讨论见 Barker 专著，p. 208。

① James Blythe, *Ideal Government and the Mixed Constitution in the Middle Ages*, Princeton: Princeton University Press, 1992, p. 76f. Norman Kretzmann ed. , *The Cambridge Translations of Medieval Philosophical Texts*, Cambridge: Cambridge University Press, 1988 – 2002, vol. 2 *Ethics and Political Philosophy*, Arthur Stephen MacGrade ed. , 2001.

② 有关综述，参 Jean Dunbabin, "The Reception and Interpretation of Aristotle's *Politics*," in Norman Kretzmann and others ed. , *The Cambridge History of Later Medieval Philosophy: From the Rediscovery of Aristotle to the Disintegration of Scholasticism*, 1100 – 1600, Cambridge: Cambridge University Press, 1982, pp. 723 – 737。有关对奥弗涅的彼得的政治哲学的概要论述，参 Lidia Lanza, *Aspetti della ricezione della Politica aristotelica nel XIII secolo: Pietro di Alvernia*, Studi Medievali, 1994 (35), pp. 643 – 694。另参 Connor Martin, "The Commentaries on the *Politics* of Aristotle in the Late Thirteenth and Early Fourteenth Century, with Reference to the Thought and Political Life of the Time," University of Oxford, 1949, 未出版的

就个体而言，也是就整体而言。它的成员生来生活在专制统治之下，因此没有权利参与政治共同体的事务。相反，非兽性大众的每个成员都倾向于德性，在这种情况下，全体大众要比少数好人更为明智，在政治生活中有其地位。①

如果没有受到贬低，人民的集体比少数好人判断得更好，考虑到亚里士多德对这个论题的怀疑，彼得认为，亚里士多德的结论并不是对所有制度都有效，尤其是君主制，因为在君主制里，人民必须服从道德优越者，并且没有任何权利选举或惩罚君主。②

亚里士多德论述了大众因其更大的集体德性而应当统治，彼得在讨论这个问题时，抓住了两种类型的大众之间的区分。一种大众包括少数智慧而明智的人，以及其他虽然没有智慧但却能受到说服接受理性的人。这种大众应当统治，应当选举并能够惩罚统治者（同上，页727）。彼得反对兽性大众的统治，他们难以被说服。难以被说服的大众虽然有权力，但性情暴躁。相反，另一种大众满足统治的两项主要前提条件：如何执行的知识，以及抵御敌人的权力（同上）。

彼得在《〈政治学〉问题集》（*Questiones*）中，最终详细阐释了这个问题。他在此处理了全体大众还是少数有德者应当统治的问题。在彼得看来，少数有德者能够辨识什么对政治共同体更好，他们应当统治，因为他们服务得最好，而且努力培养政治共同体存在的目

博士论文。对于其结论的概括，参 Connor Martin, "Some Medieval Commentaries on Aristotle's Politics," *History*, 1951 (36), pp. 29 – 44。

① Blythe, *Ideal Government and the Mixed Constitution in the Middle Ages*, p. 79.

② Dunbabin, "The Reception and Interpretation of Aristotle's *Politics*," pp. 726 – 727.

标,即追求德性的生活。彼得补充了支持少数有德者统治的其他论据,这个论据成立的基础假设是,与理想共同体最接近的政治共同体更好,因此,贵族统治比大众统治更好,因为它更接近君主制。但另一方面,大众比少数好人展现出了更高的明智,而且拥有作为他们行动的执行标准的共同善。此外,大众拥有统治的三个主要前提条件:明智、德性和权力。①

但是,对彼得来说,这并不意味着大众应当拥有绝对权威。首先,大众只是因为其中包括智慧者才具有明智和德性,智慧者起到类似于生命有机体中心脏的功能。其次,大众统治需要满足全体一致这个条件,就像是单个人在进行统治。这个论证导致彼得维护单个明智而有德者的统治的至高性,他会在大众选举中获得权威和必要的权力,强迫反叛的臣民、抵御进攻的敌人。② 大众应当选举明智和有权力的国王,这样,他们也会容易和更愿意服从他们自己所选出的统治者。在国王失职时,他们也有权利惩罚他,因为惩罚应当由其行动会引起受罚者最小怨恨的人来实施。③

同样的思考也存在于沃代蒙的尼古拉的《〈政治学〉问题集》(Questiones)之中,大众选举和君王权力也是他讨论的核心。尼古拉是14世纪下半叶巴黎大学艺学院的教授,他的《〈政治学〉问题集》直到最近还被错误地归于布里丹(John Buridan)

---

① 奥弗涅的彼得,《〈政治学〉问题集》,转引自 Blythe, *Ideal Government and the Mixed Constitution in the Middle Ages*,前揭,p. 80f.。参 Dunbabin, "The Reception and Interpretation of Aristotle's *Politics*",前揭,pp. 732 - 734。

② 《问题集》,卷三,前揭,p. 295。参 Mario Grignaschi, "Quelques remarques sur la conception du pouvoir legislative dans la scolastique," in *Revue Belge de Philologie et d'Histoire*, 1983 (61), pp. 783 - 801。

③ 《问题集》,卷三,前揭,p. 295。

名下。① 尼古拉的主要思想继承了奥弗涅的彼得的学说，但他的论证主旨反映出他非常关注政治共同体的一致性与统一性，他的表述也比彼得的讨论更为复杂和有力。尼古拉赞成区分兽性大众和秩序良好的大众，但与彼得不同，他将兽性大众视为完全感官性的，因而不能参与理性，相反，"可说服的人"则能够导向理性。② 尼古拉非常不同意大众拥有选举统治者以及在统治者犯错时对之进行惩罚的权利。大众常常缺乏明智，但明智是选举统治者的本质要求，大众统治在关涉重要事务时常常无效。此外，正如尼古拉所言，给予大众选举和惩罚统治者的权力，这就自动意味着邪恶者不应当拥有对于更优秀者的主权权威，而选举则可能引发斗争与分裂。③

根据尼古拉的看法，完善的君主应当拥有德性、明智和权力。政治体经过选举委托，应当兼有明智和权力，还要强迫好人履行他的义务。最后，尼古拉强调，法律在政治共同体的维持中具有至高无上的重要性，因此，要对君主权威进行限制。虽然他没有对君主制进行有力捍卫，但在原则上承认君主统治是最理想、最好的政府形式。他强调真正的君主应当发挥法律的解释者的功能，拥有良好的法律知识，当他有意蔑视法律时，就应当受到惩罚和罢黜（同上）。尼古拉认识到理想君主制的困难，他在任何政制中都强调法律的价值，君主制也不例外，虽然君主能够便宜行事而完全不受法律影响（同上，页52）。

---

① John Buridan, *Quaestiones super Octo Aristotelis Politicorum Libros*, Paris 1513, 重印于 Frankfurt, 1969。这部著作的作者问题，参 Christoph Flueler, *Rezeption und Interpretation der aristotelischen Politica im spaeten Mittelalter*, 2 vols, Amsterdam and Philadelphia: Gruener, 1992, vol..I, p. 132f.。有关评注的内容，见 Mario Grignaschi, "Un commentaire nominaliste de la Politique d'Aristote: Jean Buridan," in *Anciens Pays et Assemblees d'Etats*, 1960 (19), pp. 123 – 142。

② 《问题集》，卷三，前揭，pp. 33 – 34、40。参 Dunbabin, "The Reception and Interpretation of Aristotle's *Politics*," pp. 735 – 737。

③ 《问题集》，卷三，前揭，p. 40。

尼古拉将最好的法律看作君主和秩序良好或非兽性大众之间结合的成果（同上，页 58 - 59）。秩序良好的大众具有明智，因此在那些既存法律没有规定的情形中，能够判断得更好（同上，页 33 - 34）。大众受到对共同体的爱所激发，具有很大的力量（同上，页 40 - 41）。这就概括了选举最好君主所必需的三种品质。尼古拉说，只有在这些条件下，选举才能服务于保护共同体的和平及其内部和谐。只要国王背离了依法律的统治，大众都有权使国王受到惩罚，这样就能够维持和平（同上，页 40）。

大众主权问题在马西利乌斯的《和平的保卫者》(Defensor pacis, 1324) 中具有突出的重要性。这部作品并非专门注疏亚里士多德《政治学》。大部分情况下，作者在讨论亚里士多德观点时极为自由，这导致他与《政治学》的观念差异很大。如下事实构成了解释这些差异的关键：和亚里士多德的注疏者不同，马西利乌斯在讨论类似问题时，并没有使用道德术语，他处理各类问题都是这样，例如，定义共同善，定义政治共同体的最终目的。①

在如何评价大众方面，马西利乌斯直接反对他的好友，据说是《和平的保卫者》的合作者冉顿的约翰（John of Jandun, 1285/9—1328）。② 约翰坚持认为，哲人与未经启蒙的群众之间存在鸿沟。他以柏拉图而非亚里士多德的方式构想出理想的统治者，根据伊斯兰

---

① Marsilius von Padua, *Defensor Pacis*, in Richard Scholz ed., *Fontes Iuris Germanici Antiqui*, 2 vols, Hannover: Hahnsche Buchhandlung, 1932/33。本文所引《和平的保卫者》都来自这个编本，引用时仅注出论、章、节号。我也参考了 Alan Gewirth 的英译本, *Defensor Pacis*, New York: Columbia University Press, 1956。

② 支持这个观点的, Noeal Valois, "Jean de Jandun et Marsile de Padoue auteurs du Defensor pacis," in *Histoire litteraire de France*, 1906 (33), p. 528 - 62; Ludwig Schmugge, *Johannes von Jandun* (1285/89 - 1328): *Untersuchungen zur Biographie und Sozialtheorie eines lateinischen Averroisten*, Stuttgart: Hiersemann, 1966, p. 95f.。

政治哲学的传统，约翰让统治者承担了使公民有德性的任务。统治者必须提供共同善，引导他的臣民朝向上帝的爱、知识和政治幸福（felicitas politica），在修辞术的帮助下，竭力将他们从负担中解放出来，指引他们朝向德性之路，激励他们保持信仰，服从他，并且为了共同善准备牺牲他们自己的生命。

约翰煞费苦心地支持智慧统治者的绝对优先性，在这方面，他是他的伊斯兰先辈如阿威罗伊的忠实追随者。① 在《〈形而上学〉问题集》（Questions on the Metaphysics）中，约翰讨论了人类的"等级"（orders）。他将那些沉思"分离实体"和上帝的人置于等级的顶层，这便是"沉思者"，即哲人。他们的功能在于，通过说服或修辞术的方式，引导大众朝向德性，因为大众倾向于邪恶，而且性情粗鲁、庸俗和散漫。②因此，

反对这个假设的学者，Alan Gewirth, "John of Jandun and the Defensor Pacis," in *Speculum*, 1948（23），pp. 267 – 272；Carlo Dolcini, "Marsilio da Padova e Giovanni di Jandun," in Diego Quaglioni ed. , *Storia della Chiesa*, IX: *La crisi del Trecento e il papato avignonese*（1274 – 1378, Cinisello Balsamo: San Paolo, 1994, pp. 435 – 446。

① 关于阿威罗伊，参 Martin A. Bertman, "Philosophical Elitism: the Example of Averroes," in *Philosophical Journal*, 1971（8），pp. 115 – 121。Martin A. Bertman, "Practical, Theoretical and Moral Superiority in Averroes," in *International Studies in Philosophy*, 1971（3），pp. 47 – 54。

② 相关文献参 Alexander Murray, *Reason and Society in the Middle Ages*, Oxford: Clarendon Press, 1985, p. 268。Schmugge, *Johannes von Jandun*（1285/89 – 1328），p. 68, 75, 100。另参 Roberto Lambertini, "Felicitas politica und speculatio: Die Idee der Philosophie in ihrem Verhaeltnis zur Politik nach Johannes von Jandun," in Jan A. Aertsen and Andreas Speer ed. , *Was ist Philosophie im Mittelalter?*, Berlin/New York: de Gruyter, 1998, pp. 984 – 990。Edward P. Mahoney, "John of Jandun and Agostino Nifo on human felicity," in *L'homme et son univers au moyen age*, 2 vols, Christian Wenin ed. , Leuven – la – Neuve: Editions de l'institut superieur de philosophie, 1986, vol. 1, pp. 465 – 477。

所有政治共同体之内的权力都必须属于哲人。①这些观点在约翰的《〈论灵魂〉第三卷评注》(Exposition on the Third Book of 'De Anima')中有深入的阐发。约翰在这部论著中为人类等级构造了四个层次。最低层由无知的普通人和农民组成,这些人仅仅使用他们的感觉和想象,或者,如果他们使用了其他能力,程度也非常小,几乎可以忽略不计。第三层是数学家,他们考虑数量、大小以及可解决的问题。②第二层是那些在自然科学中完美而卓越的人们。最顶层是形而上学家。③

如果要恰当判断马西利乌斯的主权概念,我们必须注意,亚里士多德的大众主权理论只适用于任命、审查统治者和行政官员。然而,马西利乌斯将这个学说的效力扩展到立法,比起亚里士多德,他分配给公民团体的权力更加广泛,因为亚里士多德只赋予人民以议事与审判的功能。

亚里士多德对于理想立法者的扼要描述,继承了古希腊传说中拥有智慧的立法者观念。在《政治学》第二卷,他列举了很多古希腊立法者,比如梭伦。④ 亚里士多德赋予立法者的任务,就是要为政治共同体的形成奠定基础,确定共同体全部功能的指导方针,设立成文和不成文的法律体系。⑤ 马西利乌斯有关大众主权的讨论则集中在立法问题,他的观点非常明确:正当的立法者,作为法律最

---

① Murray, *Reason and Society in the Middle Ages*, p. 268. Schmugge, *Johannes von Jandun* (1285/89 – 1328), p. 73.

② Murray, *Reason and Society in the Middle Ages*, p. 269. Schmugge, *Johannes von Jandun* (1285/89 – 1328), p. 54.

③ Murray, *Reason and Society in the Middle Ages*, p269.

④ 《政治学》,1283b36 以下;1286a22。参 Michael Gagarin, *Early Greek Law*, Berkeley: University of California Press, 1986。

⑤ 《政治学》,1273b26 – 74b26。参《政治学》,1266a39 – b8;1266b9;1327b36;1332b9;《尼各马可伦理学》,1102a7 – 12。这个问题也可参见 Eberhard Ruschenbusch, "Patrios politeia: Theseus, Drakon, Solon und Kleisthenes in

初的和恰当的动力因，就是公民全体（universitas）或充分代表它的更有效的部分（valentior pars）。①

Publizistik und Geschichtsschreibung des 5. Und 4. Jahrhunderts v. Chr.，" in *Historia*，1958（7），pp. 398 - 424。John J. Keaney，"Aristotle's *Politics* 2. 12，1274a22 - a28，" in *American Journal of Ancient History*，1981（6），pp. 97 - 100。参 Claude Mosse，"Comment s'elabore un mythe politique，Solon，'Pere fondateur' de la democratie athenienne，" in *Annales*，1979（34），pp. 425 - 437. Glenn R. Morrow，"Plato and the Law of Nature，" in *Essays in Political Theory：Presented to George H. Sabine*，Milton R. Konvitz and Arthur E. Murphy ed. ，Ithaca，NY：Cornell University Press，1948，pp. 21 - 22。

① 《和平的保卫者》，I. 12. 3。很多文献都论述了马西利乌斯的"人民主权"理论。我在此只引用少量处理这个主题的重要文献。Friedrich von Bezold，"Die Lehre von der Volkssouveraenitaet waehrend des Mittelalters，" in *Historische Zeitschrift*，1876（36），pp. 313 - 367。参 Friedrich von Bezold，"Die Lehre von der Volkssouveraet im Mittelalter，" in *Aus Mittelalter und Renaissance. Kulturgeschichtliche Studien*，Munich/Berlin：Oldenbourg，1918，pp. 1 - 49。另参 Otto von Gierke，*Die Staats - und Korporationslehre des Altertums und des Mittelalters und ihre Aufnahme in Deutschland*，Berlin：Weidmann，1881，iii：*Das deutsche Genossenschaftsrecht*，p. 603，608，615 - 616。Peter G. Kielmansegg，*Volkssouveraenitaet. Eine Untersuchung der Bedingungen demokratischer Legitimitaet*，Stuttgart：Klett，1977，pp. 59 - 65。Janet Coleman，"Sovereignty and Power Relations in the Thought of Marsilius of Padua and William of Ockham：A Comparision，" in *Revista da Facultad de Ciencias Sociales e Humanas*，Lissabon，1994（17），pp. 229 - 254。另参 Walter Ullmann，"Zur Entwicklung des Souveraenitaetsbegriffs im Spaetmittelalter，" in *Festschrift Nikolaus Grass zum 60, Geburtstag*，Louis Carlen and Fritz Steinegger ed. ，2 vols，Innsbruck/Munich，1974，vol. 1，pp. 9 - 27；"Der souveraenitaetsgedanke in den mittelalterlichen Krönungsordines，" in *Festschrift Percy Ernst Schramm*，Peter Classen and Peter Scheibert ed. ，2 vols，Wiesbaden：Steiner，1964，vol. 1，pp. 72 - 89。另参 Francis Oakley，"Legitimation by Consent：The Question of Medieval Roots，" in *Viator*，1983（14），pp. 303 - 335。Gaines Post，"Sovereignty and Its Limitations in the Middle Ages（1150 - 1350）"，in *XIII International Congress of Historical Sciences*，Moscow，16 - 23 August 1970，Moscow：Nauka，1970。

此外，马西利乌斯仅仅顺带（en passant）涉及了亚里士多德及其中世纪注疏者论述的大众主权理论有效性的限制问题。他认为，如果大众并不恶劣，虽然每个成员事实上都比有知识的人具有更糟糕的判断力，但如果将他们所有人聚集起来，他们便会有更好的判断力，至少不会更糟（《和平的保卫者》，I.13.4）。像奥弗涅的彼得和沃代蒙的尼古拉那样在兽性大众和非兽性大众之间做出区分的做法，马西利乌斯明显不会赞成。在马西利乌斯看来，公民多数作为统治者既不邪恶也不缺乏辨识力；相反，他们拥有健全的理智和理性，拥有对政制、法律以及其他制定法或习俗等事物的正当欲求，并受到这种需求驱使而行动。①

马西利乌斯在研究亚里士多德时注意到，所有人都由对自足生活的自然冲动所推动，自足生活只能在政治共同体之内得到理解。因此，他将政治共同体当成不可避免的自然必然性的必然结果，即政治共同体希望政体持存的部分必然比不希望政体持存的部分更重要（《和平的保卫者》，I.13.2）。为了支持这个观点，马西利乌斯诉诸自然欲求这个极为有用的原则：所有人都有对于自足生活的自然欲求，这也导致他们会通过任何方式来获得它，否则这种欲求就毫

---

① 《和平的保卫者》，I.13.3。在《和平的保卫者》第13章，马西利乌斯彻底驳斥了以下论题的反对者：制定或建立法律的权威属于公民全体这个论题。相关论据之一是这个假设：人民或公民全体遭受了邪恶与无知之罪。这个论据基于《传道书》（Ecclesiastes, I.15），"缺少的不能足数"。政治思想家 Ptolemy of Lucca 使用了上面提到的这段话，他得出的观点是，王权政府在堕落者的本性中才更有成效，因为人性必然以它应当所是的方式得到处置，在限制中抑制它的不稳定状态。通过这些思考，Ptolemy 得出结论，每个人都害怕的惩罚的大棒以及正义的严厉，对于治理世界并非必需，因为它们只是对人民和未受教育的大众才是有效的方式。参 Ptolemy of Lucca, *On the Government of Rulers*, James M. Blythe trans., Philadelphia: University of Pennsylvania Press, 1997, p.124。

无用处。①

此外，马西利乌斯借助西塞罗描述了政治共同体的最初起源。②自然不会阻止任何人去欲求自足的生活，他们都逃避对之有害的东西。正如所有其他种类的动物，自然赋予了他们通过躲避那些看上去有害的事物来保存他们自身，寻求和获得所有那些为适宜生存所必需的东西。③

马西利乌斯在对最初的共同体形式的论述中，出发点是廊下派－西塞罗的前提。在他看来，人们聚集成政治共同体，目的在于获得有益于自足生活的东西，躲避有害的东西。因此，那些能够影响和伤害所有人利益的东西，所有人都应该知道，应该被告知，这样，所有人

---

① 参 Gewirth 在《和平的保卫者》附录中对这个问题的讨论，Alan Gewirth trans., *Defensor Pacis*, New York: Columbia University Press, 1956, pp. 435 – 438。

② 参 Cary J. Nederman 的相关基本研究: *Community and Consent*, Lanham, MD: Rowman & Littlefield, 1995, pp. 44 – 46; "Nature, Sin, and the Origins of Society: The Ciceronian Tradition in Medieval Political Thought," 见 *Journal of the History of Ideas*, 1996 (57), pp. 3 – 26; "Nature, Justice, and Duty in the *Defensor Pacis* Marsiglio of Padua's Ciceronian Impulse," in *Political Thought*, 1990 (18), pp. 615 – 637。

③ 《和平的保卫者》I. 4. 2 非常清楚地参考了西塞罗的《论义务》(*De officiis*), I. 4. 11。讨论廊下派的 oikeiosis 学说，参 S. G. Pembroke, "Oikeiosis," in *Problems in Stoicism*, Anthony N. Long ed., London: Athlone Press, 1971, pp. 114 – 149。Troels Engberg – Pedersen, *The Stoic Theory of Oikeiosis: Moral Development and Social Interaction in Early Stoic Philosophy*, Aarhus: Aarhus University Press, 1990。另参参考文献丰富之作: Robert Radice, *Oikeiosis: Richerche sul fondamento del pensiero stoico e sulla sua genesi*, Milan: Vita e pensiero, 2000。廊下派哲学在拉丁中世纪的传播概览，参 Marcia L. Colish, *The Stoic Tradition from Antiquity to the Early Middle Ages*, 2 vols, Leiden: Brill, 1985。Gerard Verbeke, *The Presence of Stoicism in Medieval Thought*, Washington, DC: Catholic University of America Press, 1983。

就能够获得有益的东西,避免有害的东西。这类事情就是法律,正当的法律有益于大家共同的自足生活,相反,邪恶的法律会产生难以容忍的奴役、压迫和公民的不幸,进而可能引起政制的毁灭。① 法律的公共效用在于容易得到全体大众的注意,因为没有任何人会有意伤害自己,如果法律的制定是为了促进某个人或某些人的私人利益,而非促进他人或共同体的利益,任何人都能够对之进行审查和抗议(《和平的保卫者》,I.12.5)。但是,如果法律由一个或少数人制定,这样的情况就不会发生,因为他们只考虑他们自己的私人利益而非全部共同体的利益(同上)。马西利乌斯从中得出结论,大众对于共同体的欲求,考虑的是共同体借此能够保存的方式,而法律作为正义和有益的标准,则由统治者所颁布。否则,在大多数情形下,法

---

① 《和平的保卫者》,I.12.7。参 Ewart Lewis, "The Positivism of Marsiglio of Padua," in *Speculum*, 1963 (38), pp. 541 – 583. 另参 Quentin Skinner, "Political Philosophy", in *The Cambridge History of Renaissance Philosophy*, Charles B. Schmitt, Quentin Skinner and Eckhard Kessler ed., Cambridge: Cambridge University Press, 1988, pp. 389 – 452. James M. Blythe, "Civic Humanism and Medieval Political Thought," in *Renaissance Civic Humanism: Reappraisals and Reflections*, James Hankins ed., Cambridge: Cambridge University Press, 2000, pp. 54 – 55. 关于 Quod omnes tangit 原则,参 Gaines Post, "A Romano – Canonical Maxim, Quod omnes tangit," in *Traditio*, 1946 (4), pp. 197 – 251. Yves Congar, "Quod omnes tangit, ab omnibus tractari et approbari debet," *Revue bistorique de droit francais et etranger*, 1958 (36), pp. 210 – 259. Antonio Marongiu, "Quod omes tangit: Principe fundamental de la democratie et du consentement au 14e siecle," in *Album Helen Maud Cam*, 2 vols, Leuven: Publications Universitaires de Louvain, 1961, vol. 2, pp. 101 – 115. Antonio Marongiu, "Il principio della democrazia e del consenso (Quod omnes tangit, ab omnibus tractari et approbari debet) nel XIC secolo," in *Studia Gratiana*, 1962 (8), pp. 555 – 578. Ralph E. Giesey, Quod omnes tangit: A Post Scriptum, in *Post scripta: Essays on Medieval Law and the Emergence of the European State in Honor of Gaines Post*, Joseph R. Strayer and Donald E. Queller, Studia Gratiana/Institutum Gratianum, Vononiae, 15, Rome: Salesiano, 1972, pp. 319 – 332。

律在自然和技艺方面都会出现缺陷（《和平的保卫者》，I.13.2）。

马西利乌斯追随亚里士多德，强有力地为多数人的能力辩护，他们有能力正确地判断一幅图、一匹马、一艘船和其他技艺作品的质量，即便他们自己不能发现或生产他们（《和平的保卫者》，I.13.3）。这也是政治共同体的法律状况，虽然每个公民或多数公民可能并不是法律的发现者，但每个公民都能够判断他人所发现和提议给他们的东西，并能辨别什么内容应该被增加、减少和改变（同上）。马西利乌斯同意亚里士多德的看法，最好的法律是为公民的共同利益制定的法律，而且必须要通过全体公民或其更有效力的部分的批准，因为全体公民在理智和情感上的目标都是更加准确地根据事实（truth）作出判断，更加勤勉地注意他们的共同利益（《和平的保卫者》，I.12.5）。

比起奥弗涅的彼得的著作，马西利乌斯的政治思想中，大众和少数智慧者之间的差异更大。首先，明智本身并不意味着能够统治政治共同体并为之立法。他也没有区分服从的大众和命令的大众。马西利乌斯并不否认，少数智慧者在分辨应该施行什么实践事务，要比其他大众更加优秀。但是，这并不能得出智慧者的判断比全体大众更好的结论（《和平的保卫者》，I.13.4）。

为了证实这些观点，马西利乌斯诉诸亚里士多德的原则，即整体或至少每个团体在数量和德性上，都比其分开的部分更大。① 全

---

① 《和平的保卫者》，I.12.5。讨论马西利乌斯对这个原则的应用，参 Luigi Olivieri, "Il tutto e la parte nel Defensor pacis di Marsilio da Padova," in *Rivista critica di storia della filosofia*, 1982 (37), pp.65-74。参 Gillian R. Evans, "The Use of Mathematical Method in Mediaeval Political Science: Dante's Monarchia and the Defensor Pacis of Marsilius of Padua," in *Archives internationales d'histoire des sciences*, 1982 (32), pp.78-94（尤参 pp.89-94）。相同原则的类似使用，也见

体公民在理智和情感上，都有权审查提交的法律，法律的缺陷在更大量的人群中，要比其中的任何部分，能够更好地诊断出来（《和平的保卫者》，I. 12. 5）。因此，全体大众，既包含智慧者也包含缺少教育者，能够比少数智慧者判断得更好。大众公正地在重要事务中占支配地位，当然也包括立法在内（《和平的保卫者》，I. 13. 4）。人民或大众由政治共同体或城邦的所有团体所组成，比分别对待的任何部分都更为丰富。他们的判断比任何部分都更为安全，无论这个部分是普通百姓——如农民、工匠等其他这类人，还是协助统治者实行审判功能的职务——如律师、法学家和公证人，甚至贵族阶层，即由最好的人组成的群体，他们人数稀少，有的还被选任为政府最高官职（同上）。

在这个背景下，值得注意的是，少数人或一人统治得到支持的假设在于，调和少数人的观念比调和多数人的观念更容易，马西利乌斯反对这个论据。马西利乌斯论述道，少数人绝对不会像全体公民大众那样辨别或欲求公共利益，相反，如果法律的制定托付给了少数人的自由裁量，将会非常危险。因为，他们会作为个人或群体，根据私人利益而非公共利益行事。这种方式将会开启通往寡头制的道路（《和平的保卫者》，I. 13. 5）。个人可能因为无知、邪恶或二者兼而有之去制定恶法，更多以自身的私人利益而非公共利益为目标，法律也可能成为僭主之法。因此，制定法律的权威不应当属于少数

之于 Remigio Girolami 的《论共同善》（De bono communi）。参 Emilio Panella, "Dal bene commune al ben del comune: I trattati politici di Remigio Girolami," Memorie domenicane, 1985（16），pp. 1 - 198。讨论 Remigio 的政治理论，参 Charles T. Davis, "An Early Florentine Political Theorist: Fra Remigio de'Girolami," in Proceedings of the American Philosophical Society, 1960（104），p. 662 - 676. Maria C. de Matteis, La 'teologia politica comunale' di Remigio de' Girolami, Bologna: Patron, 1977。

人，因为他们在制定法律时，可能为了某些少数人的利益而非共同善而犯罪，正如寡头制的情形（《和平的保卫者》，I.12.8）。

此外，马西利乌斯也关心法律的遵守和执行法律的强制权力（potencia coactiva）。在他看来，个人加之于自身的法律会更好地得到每个公民的遵守。这类法律可以只是全体公民大众的命令和深思熟虑的结果。马西利乌斯在这里赋予了自由和专制以新的含义，这与古典及中世纪的传统有尖锐分歧。① 重要的是，他将自由等同于

---

① 参 Quentin Skinner, *The Foundations of Modern Political Thought*, Cambridge: Cambridge University Press, 1978, vol. 1 *The Renaissance*, 1978, pp. 53 – 66。Martin van Gelderen, "The Machiavellian Moment and the Dutch Revolt," in *Machiavelli and Republicanism*, Gisela Bock, Quentin Skinner, and Maurizio Viroli ed., Cambridge: Cambridge University Press, 1990, p. 220。中世纪"专制"（depotism）概念文献，参 Robert Koebner, "Despot and Despotism: Vicissitudes of a Political Term," in *Journal of the Warburg and Courtauld Institutes*, 1951 (14), pp. 275 – 302. Sven Stelling – Michaud, "Le mythe du despotism oriental," in *Schweizer Beitraege zur Allgemeinen Geschichte*, 1960/1 (18/19), pp. 328 – 346。中世纪观念史的简明概览，参 Melvin Richter, "Despotism," in *Dictionary of the History of Ideas*, Philip P. Wiener, 6 vols, New York: Scribner, 1973. Patricia Springborg, *Western Republicanism and the Oriental Prince*, Cambridge: Polity Press, 1992, pp. 284 – 285。讨论亚里士多德的自由观念，参 Daniel H. Frank, "Aristotle on Freedom in the *Politics*," in *Prudentia*, 1983 (15), pp. 109 – 116. Arno Baruzzi, "Der Freie und der Sklave in Ethik und Politik des Aristoteles," in *Philosophisches Jahrbuch*, 1970 (77), pp. 15 – 28。论古希腊的自由概念，参 Olof Gigon, "Der Begriff der Freiheit in der Antike," in *Die antike Philosophie als Masstab und Realitaet*, *Festschrift zum 65: Geburtstag von Olof Gigon*, Laila Straume – Zimmermann, Zurich/Munich: Artemis, 1977, pp. 96 – 161. Hans Joachim Kraemer, "Die Grundlegung des Freiheitsbegriffs in der Antike," in *Greiheit*, Josef Simon ed., Freiburg i. Br./Munich: Alber, 1977, pp. 239 – 270。论述中世纪自由概念的一般性著作，参 *La notion de liberte au Moyen Age Islam, Byzance, Occident*, George Makdisi ed., Paris: Les BellesLettres, 1985; *Das Problem der Freiheit im europaeischen Denken von der Antike bis zur Gegenwart*, Hans Freyer, Herbert Grundmann,

参与立法（《和平的保卫者》，I.12.6）。如果个人或少数公民以自身的权威将法律置于全体公民之上，成为专制者，公民便会丧失自由，并受到他人的专制统治，受到奴役支配（同上）。这类法律，即便可能是好的，也只会被勉强遵守，或者完全不被忍受和遵守，受到蔑视①的公民会起而反抗（《和平的保卫者》，I.12.6）。在这方面，马西利乌斯在涉及亚里士多德所讨论的法律执行问题时，视之为好政府（eunomia［良法］）的主要原则之一。②这展现了以下思想的重要性：马西利乌斯将全体公民大众看作内在于政治共同体的强制力量的唯一与最终来源。他愿意接受得到全体大众倾听或同意但益处更少的法律，因为这更容易得到每个公民的遵守和忍受。这样，每个人都会表面上为自己立法，因此不会反对而是平静忍受它（《和平的保卫者》，I.12.6）。

Kurt von Raumer, and Hans Schaefer ed., Munich: Oldenbourg, 1958; Herbert Grundmann, "Freiheit als religioeses, politisches und persoenliches Postulat im Mittelalter," in *Historische Zeitschrift*, 1957 (183), pp. 23 – 53。

① 值得注意的是，亚里士多德将"蔑视"看作政治共同体内部纷争的最大原因，参《政治学》1302b3。参 Kostas Kalimtzis, *Aristotle on Political Enmity and Disease: An Inquiry into Stasis*, Albany: State University of New York Press, 2000。

② 因此，人们或者推出相对于给定人民的良法，或者推出在绝对意义上的良法，参《政治学》1294a3 – 9。在《政治学》的拉丁文译本中，eunomia 被翻译成了 bona legislatio (1280b7, 1326a30, 1327a14 – 15) 或者 bona legum dispositio (1294a4)。马西利乌斯使用了后者。需要指出的是，亚里士多德将城邦比作不能自治者，城邦制定了适合的法规，拥有良好的法律，但不能维持它的法律。而政治共同体遵守它的法律，但这个城邦的法律又是坏的，类似于亚里士多德所说的坏人，参《尼各马可伦理学》1152a20 – 24。关于古希腊的 eunomia 观念，尤参 Martin Ostwald, *Nomos and the Beginnings of the Athenian Democracy*, Oxford: Clarendon Press, 1969, pp. 62 – 85. Victor Ehrenberg, "Eunomia," in *Aspects of the Ancient World: Essays and Reviews*, Oxford: Blackwell, 1946, pp. 70 – 93。

确实，正如亚里士多德及其中世纪注疏者所为，马西利乌斯坚持统治者的明智的重要性。但是，即便如此，在马西利乌斯看来，统治者拥有明智并没有赋予其绝对权威以合法性。马西利乌斯赞成全体公民持续控制政府组织的普遍模式——而非特殊的政制形式，虽然他也附带表达过对君主制的偏好（《和平的保卫者》，I.9.5）。马西利乌斯不承认亚里士多德对立法者和政府的区分。他在统治实践的两种基本功能之间做出了严格划分，即法律的形成与法律的批准。统一的大众虽然缺乏技艺性知识，但能够恰当地判断以及接受或反对由专家创立并提交给他们的法律。

虽然我们在此不能处理马西利乌斯的家乡帕多瓦城的政治现实对他的影响，但值得注意的是，马西利乌斯的政府模型表现出与意大利城市的制度组织的亲缘性。① 因为法律结构必然会不断扩充，法令和法律的制定便委托给了那些时间和知识来准备法律草案的人，

---

① 参John K. Hyde, *Society and Politics in Medieval Italy: The Evolution of the Civil Life*, 1000 - 1350, London: Macmillan, 1973, p.189f. John K. Hyde, *Padua in the Age of Dante*, Manchester: Manchester Universitiy Press, 1966, p.210f. Leopold Stieglitz, *Die Staatstheorie des Marsilius von Padua*, ein Beitrag zur Kenntnis der Staatslehre im Mittelalter, Leipzig/Berlin: Teubner, 1914, p.21, 24, 31, 41, 43, 51. Charles W. Previte - Orton, "Marsilius of Padua," in *Proceedings of the British Academy*, 1935 (21), p.149, 155 - 156. Antonio Toscano, *Marsilio da Padova e Niccolo Machiavelli*, Ravenna: Longo, 1981, p.11f. , p.39f. , p.67f. , p.81f. , p.97f. 。意大利城市国家的政治组织的一般考察，能够作为比较分析帕多瓦的宪政历史的适合出发点，尤参Mario Ascheri, *Istituzioni medievali*, Bologna: Il Mulino, 1999. Antonio padoa Schioppa, Il diritto nella storia d'Europa, Milan: CEDAM, 1995, vol.1: Il medioevo, 1995. Pietro Costa, *Iurisdictio. Semantica del potere politico nella pubblicistica medieval* (1100 - 1433), Milan: A. Giuffre, 1969。Quentin Skinner 的简述，"The Italian City - Republics," in *Democracy: The Unfinished Journey*, 508 BC to AD 1993, John Dunn ed. , Oxford: Oxford University Press, 1992, pp.57 - 69。

法律草案最后要提交给公民批准。①

我们还需考虑马西利乌斯的"集体智慧"观念，这显示出他的立法者模式与亚里士多德的模式对立。② 马西利乌斯对比了个人的明智和几代人的明智，这导致他对亚里士多德理想的立法者形象进行尖锐而含蓄的批评，"人类立法者"（legislator humanus）这个概念是他的批评的顶峰。借助亚里士多德的《尼各马可伦理学》《形而上学》《辩谬篇》，马西利乌斯强调，同时或前后相继的两个或两个以上的人，比单独个人能更好地作出判断和理解。在马西利乌斯看来，法律类似于由很多眼睛组成的一只眼睛，多人作出深思熟虑的考量，以便在审判中审判公正并避免错误。③

---

① Daniel Waley, *The Italian City - Republics*, London: Longman, 1988, pp. 75 - 76.

② 在支持多数人统治方面，马西利乌斯的论证显得与犹太政治思想家 Don Isaac Abravanel（1437—1508）非常相似。Abravanel 引用亚里士多德的观点，即真理通过多数人集合比通过个人的行使更容易达到，参《形而上学》993a30 以下，他支持某种依赖于多数人统治的政府模式（我将来计划深入阐述这两位思想家的亲缘性）。参 Benzion Netanyahu, *Don Isaac Abravanel: Statesman and Philosopher*, Ithaca, NY: Cornell University Press, 1998. Leo Strauss, "On Abravanel's Philosophical Tendency and Political Teaching," in *Isaac Abravanel: Six Lectures*, J. B. Trend and H. Loewe ed., Cambridge, 1937, pp. 93 - 129。

③ 《和平的保卫者》, I. 2. 3。讨论古希腊的进步观念，参 Eric R. Dodds, *The Ancient Concept of Progress and Other Essays on Greek Literature and Belief*, Oxford: Clarendon Press, 1973。Eric R. Dodds, "Progress in Classical Antiquity," in *Dictionary of the History of Ideas*, p. 623f.. Walter Burkert, "Impact and Limits of the Idea of Progress in Antiquity," in *The Idea of Progress*, Arnold Burgen, Peter McLaughlin, and Jurgen Mittelstrass ed., Berlin/New York: de Gruyter, 1997, pp. 19 - 46（论亚里士多德部分, pp. 30 - 36）。Ludwig Edelstein, *The Idea of Progress in Classical Antiquity*, Baltimore, MD: Johns Hopkins University Press, 1967. Ludwig Edelstein, "The Greco - Roman Concept of Scientific Progress," in *Proceedings of the Tenth International Congress of the History of Science*, Guerlac ed., Paris: Hermann, 1964, p. 47。Woldemar Graf

马西利乌斯认为，法律的首要功能在于接近完善地确定，那些涉及每个人的行为，什么是正义和不义，什么是有益和有害。无论个人多么聪明，这类判断都不能由单个人做出，因为任何个人，甚至任何某个时代的所有人，都不能够审查或记住所有由法律所规定的公民行为。在这种意义上，法律是多数人的集体智慧的产物。马西利乌斯认为，最初的审查者及其同时代所有遵守他的人，在有关公民行动方面的规定都贫乏而不完善，只是通过后来者的补充，才能达到完善。马西利乌斯指出，在公民正义和利益的科学中，个人单独靠自己能够发现或知道的东西，很少甚至基本没有，而且，与众多时代的人所遵守的相比，某个时代的人所遵守的也是十分不完善的。这种观点的根基在于，立法被视为人类在前仆后继中相互协助和补充而不断加以完善的技艺和学科（《和平的保卫者》，I. 11. 3）。

Uxkull – Gyllenband的旧著仍然非常有价值，*Griechische Kultur – Entstebungslehre*, Berlin：Simion, 1924。如果要对古代概念史进行较好的概览，参"Erfinder," "Fortschritt," in *Das Reallexikon Fur Antike und Christentum. Sachworterbuch zur Auseinandersetzung des Christentums mit der antiken Welt*, Theodor Klauser ed., Stuggart：Hiersemann, 1960. Adolf Kleingunther, *Protos Euretes：Untersuchungen zur Geschichte einer Fragestellung*, Leipzig：Dieterich, 1933。中世纪哲学家如何讨论亚里士多德在《形而上学》中对于发明的使用，Joachim Ritter, "Fortschritt," in *Historisches Worterbuch der Philosophie*, Joachim Ritter, Karlfried Grunder, and Rudolph Eisler ed., 12 vols, Basel：Schwabe, 1972, vol. 2, pp. 1032 – 1059（尤参pp. 1035 – 1036）。总论中世纪进步的观点，Johannes Sporl, "Das Alte und das Neue im Mittelalter：Studien zum Problem des mittelalterlichen Fortschritt – Bewusstseins," in *Historisches Jahrbuch*, 1930（50）, pp. 297 – 341, 498 – 524. Walter Freund, *Modernus und andere Zeitbegriffe des Mittelalters*, Cologne/Graz：Boehlau, 1957. Marie – Dominique Chenu, "Antiqui, moderni," in *Revue des sciences philosophiques et theologiques*, 1982（17）, pp. 82 – 94. Marie – Dominique Chenu, *La theologie au douzieme siècle*, Paris：Vrin, 1957, p. 386f. 。

相比于奥弗涅的彼得及其他在大众主权方面追随亚里士多德的注疏者，马西利乌斯并不认为兽性与非兽性/混合的大众之间的区别有什么重要性。在他看来，人民的多数在意政治共同体的持存，因此人民能够负责任地裁决政治事务。相反，奥弗涅的彼得将政治共同体的最终目标定义为德性，并认为少数有德者促进了政治共同体所需要的构建理性的目的，因为贵族制接近于君主制这种理想的政制。但是，少数有德者仅仅满足统治所需的三个先决条件中的两个，因此，大众具有补足性的功能，借助他们的参与，第三个条件就能得到满足，这就是由数量而来的权力。彼得论证道，多数人的明智与德性之所以存在，仅仅是因为其中包含智慧者。他归于大众的只是非常工具性的角色。依照这种观点来看，沃代蒙的尼古拉继承了他，将大众视为数量的力量之保证。马西利乌斯在涉及政治共同体的所有事务上为全体公民的绝对主权辩护。当然，根据马西利乌斯的看法，大众包含少量明智者，他们在实践事务上有闲暇、阅历和经验，能够制定法律。但是，少数明智者所发现的明智，要低于大众的集体明智，正如马西利乌斯所描绘的，在理想政治共同体内部，全体公民拥有绝对的最高权威。

马西利乌斯与彼得和尼古拉之间的另一个关键区别在于，如何使用人们热爱他们制定的东西这个原则。彼得和尼古拉作出这个推论，目的是证明大众更乐意服从他们自己选出的统治者，但马西利乌斯认为，关键不是对君主的服从和忠诚，而是制定法律以及公众对于法律的遵守。正如马西利乌斯所认为的，只有那些由全体公民制定的每个人加诸自身的法律，才能得到更好遵守。彼得认为，假设他们拥有反抗的正当理由，反抗的权利属于德性卓越者。相反，马西利乌斯相信，当统治者的判断、命令和执行有缺陷或者违法，必须通过全体公民或者由全体公民授权任命的人予以纠正（《和平的保卫者》，I.18.4）。他在这方面非常接近沃代蒙的尼古拉的学说。

沃代蒙的尼古拉认为，如果君主背离了法律的统治，大众就有权利惩罚君主，这样，和平与和谐才能得到更好的实现。

马西利乌斯对亚里士多德的大众主权原则的应用，以及他对政治共同体政府中大众角色的评价，与亚里士多德及其中世纪注疏者的政治观念彻底决裂了。我们对之进行适当考察，能够更深入地理解马西利乌斯的政治哲学基本原则，理解这些原则与亚里士多及其中世纪注疏者之间在政治理论的主要原则上的关联方式。

自由主义者如何挑起论战
——马西利乌斯与纷争的唯一原因

吉本斯（John P. Gibbons） 撰
陆 炎 译

在政治思想史范围内，《和平的保卫者》的作者帕多瓦的马西利乌斯作为伟大的先行者而广为人知。通常认为，这种说法意味着，他提出或采用的论证，将会变成后来的现代尤其是自由主义政治思想的主题或基础。这些主题包括高扬意志、同意和自由，以及随之而来的贬低德性和政制（regime）。马西利乌斯教导，基本的政治权威是人民或者"公民全体或其更有效的部分"，但这种基本政治权威不同于统治者或政府。政府并不以其自身的名义，而是以人民的名义作为执行政府而统治（I. 12. 3，I. 14. 8）。① 人们称马西利乌斯为先行者而非开创者，这个表达的通常含义在于，相比于其著名的后继者，他的教导不具有决定性，他的思想不太明晰，他与古典政治

---

① 本文对《和平的保卫者》的引用包括卷、章、段。本文关于马西利乌斯《和平的保卫者》和亚里士多德《政治学》的译文，都出笔者。

科学的断裂过于勉强。

曼斯菲尔德（Harvey Mansfield）反对这样解释马西利乌斯。他还认为，把马西利乌斯视为政治科学家，在学习其革新的同时也要（甚至更要）学习其犹豫，我们由此能够获得更多的教益。① 我们现在视为马西利乌斯的革新或先行的东西，可能是我们所熟悉、承认的，而他所犹豫的，更可能是早已失去了的禁忌（inhibitions），或者早已遗弃了的可能性。如果我们无法理解失去这些禁忌或遗弃这些可能性是否明智，我们就无法恰切理解或判断我们所熟知的东西。

我不认为这只是历史的或理论的兴趣。自由主义的特征长期以来都带有独断精神，这对后世毫无助益。曼斯菲尔德证明了，这种精神至少部分起源于反教权精神。② 而且马西利乌斯在精神性反教权的舞台上取得过众所周知的胜利。我相信，没人会认为，他在这方面比他的继承者具有更少的决定性或彻底性。

虽然作为反对者的自由主义能够保持其精神，但作为胜利者的自由主义却丧失了其勇气，丧失了其斗志，丧失了区分敌友的能力。有些人把诸如曼斯菲尔德这样的思想家当成了自由主义的真正敌人，这只能证明，他们是他们自己最糟糕的敌人。自由是自由主义的原则，但如果你无法解释自由为什么好，你就很难或不可能保持这个原则。如果你认为自由不需要在灵魂的适当秩序中获得支撑，你就更难认出（遑论反对）僭政。

在这篇短文章中，我想要指出，马西利乌斯的《和平的保卫者》有意引导读者弄清理性、自由和血气之间的关系。

---

① Harvey C. Mansfield, Jr., *Taming the Prince*, New York: Free Press, 1989, pp. 100–118。［译按］中译参冯克利译本，《驯化君主》，南京：译林出版社，2005。

② Harvey C. Mansfield, Jr., *The Spirit of Liberalism*, Cambridge, Mass.: Harvard University Press, 1978, p. 11 and passim.

我们不能脱离马西利乌斯本人对其著作谋篇布局的解释（I.1.8）来描述他的意图。他的著作分为三卷：第一卷，他将通过在人类心灵中发现的某些方法，来证明他的观点；第二卷，他将通过永恒真理的证言和某些神圣著作，来确证他相信他已经证明了的观点；第三卷，他将论述公民们（包括统治者和臣民）应该遵守的某些有益教导。他的著作划分的依据是人类境况，即依据人类心灵与神圣或永恒心灵之间的区分，以及人作为公民既是统治者又是臣民这个随之得出的事实。但在这个既定框架之内，马西利乌斯进而以他自己的意图来自由地划分和组织他的素材，他由此将每卷划分为章和段。当马西利乌斯在后面章节中征引前面的章节时，读者很容易发现他们所要寻找的内容。因为作者无须重复论述，这也能缩短或精简全书篇幅。

因此，马西利乌斯向读者传达了他的期待。当读者们忘记了他已经讨论过的内容，他们就要非常勤勉地依照他的交叉引用，把相关内容查出来。他使用交叉引用，不仅因为读者需要查找的指引，而且因为读者想要全书篇幅尽可能短。在指出了他关心精简篇幅之后，马西利乌斯随后（表面上）进行了重复说明。他假设后面出现的内容已经在前面出现时得到了充分处理，他不再提供相关证明，而是仅向读者指出相关的卷、章、段，以便读者能够很容易进行查证（I.1.8）。

马西利乌斯常常为他的读者设置"测验"或"练习"，想要从《和平的保卫者》获得教益，要求读者必须认出且完成"练习"（I.6.3）。在指出他的听众善忘却意图专心、认真地研读之后，马西利乌斯似乎重复了有关其全书卷章划分的论述。在反复阅读和思考之后，我们发现至少有三处值得注意的差别。第一处最为明显，在第一次论述时，马西利乌斯谈到他将引用卷、章，而在第二次论述时，他谈到他将引用卷、章、段。第二处差异是，在第一次论述时，马西利乌斯提到的是"读者们",而在第二次论述时,他提到的是"那位读者"。第三处差异是,在第一次论述时,他谈到发现所探寻的事物很容易,在第二次论述时,他谈到发现所探寻事物的确定性很容易。

我认为,这三处差异并不具有实质重要性。作为"读者们"的众多读者被称为个别的"读者",原因是他们具有相似性;关心发现所说的事物,也就是关心追寻所说的事物的确定性。我由此得出结论,我们应该特别留意我称之为马西利乌斯的完整交叉引用的地方,即引用卷、章、段的地方。① 在这篇论文中,我将简要讨论最先出现的两处完整交叉引用。

但是,在这样做之前,我想要简要地提及非常简短的一章(I.2),它直接承接了马西利乌斯有关其书谋篇的讨论。该章主题是全书"需要探寻的首要问题"。通过提出"是什么"这个问题,马西利乌斯暗示了存在着有待探究的自然秩序。他也声称他想要遵循这个秩序。但是,这种对自然秩序的探究被以下事实所打断,他在全书开篇引用某个作者时说到,他谈论的不是"城市",而是 regnum 或者王国。因此,马西利乌斯偏离了他预定的顺序,而去区分 regnum 的含义。这个区分表明,亚里士多德使用该术语指涉某种特别的政制,而马西利乌斯(以及他所引用的作者)使用它来指涉"每种温和政制的共同点"(I.2.2)。

马西利乌斯的想法似乎是这样:亚里士多德处理过威胁特定政

---

① 第一处完整交叉引用出现在 I.5.8。很奇怪,马西利乌斯最初在 I.1.8 作出论述之后,这段是第一个第 8 段,它还为读者引用了 I.14.8,即《和平的保卫者》的第八个第八段。这可能是巧合,或者也可能涉及马西利乌斯自信他在处理亚里士多德没有处理过的纷争原因,参见《政治学》1302b34-37。《和平的保卫者》总共有 104 处完整的交叉引用,大多数出现在显然很奇怪的 III.2。

制的纷争原因，而通过把两种治权引入每个城市，马西利乌斯则必须处理威胁所有政制的"唯一"纷争原因。因此，渴望安宁必定也是每种政制的共同点。从古典政治科学的观点看来，每种政制的"共同点"是奇怪且低于政治的，因为它不再具有政制的决定性要素，即声称与某种政制相联系的生活方式是最好的生活方式。

马西利乌斯表明这个开篇是有意的错误步骤，因为通过从"想要"做某事到"应当"做某事的突然转变，他迅速采用了亚里士多德的城邦与动物之间的类比，① 而且声称"谈论这个问题的所有人"（I.2.3）都能拥有我们在这个类比中所具有的"信念"。他记录了所有谈论健康和安宁的内容，以及"自然学生中的专家"所说的内容，但在这些讨论中，没有任何地方看上去像是人们所谓的政治学。马西利乌斯在能够处理纷争原因之前，必须重新发现政治。他的解决

---

① 马西利乌斯的著作在本世纪已经幸运地有了细心的译者和编者，我们能够依靠他们来查找《和平的保卫者》中的交叉引用。但他们有时又做得太过，比如，他们甚至推断我们的作者犯了错误，他们便暗自更改了引文出处。未来的编者或译者意识到以下问题将有益于读者：不要求全责备，马西利乌斯有时会开玩笑，而且认为不更改这些笑话或许更好。我担心，I.2.3中对亚里士多德的引用只是在开玩笑。解释笑话是沉闷的或者更糟，但是，我会作出评述。马西利乌斯论述了对其书所作的划分（这种划分反映了理性与启示之间的区分），以及读者在发现被探求的东西后会感到轻松，在此之后，他开始了对亚里士多德的首次引用，即"《政治学》的第一卷第二章和第五卷第三章"。作为引文出处，这是令人费解的：读者甚至不知道从何查起。为什么马西利乌斯提供了令人费解的引文出处？或许是为了指出，为什么他的处境需要或允许他偏离亚里士多德。亚里士多德在《政治学》中列举了城邦自足所需要的东西，"第五，这也是首要的，关心神圣之事，他们称之为祭祀"（《政治学》，卷七，1328b11-12）。马西利乌斯指出的引文出处是"《政治学》第一卷第二章和第五卷第三章"，如果将之理解成对《政治学》中特定段落或某些段落的引用，就是令人费解的；但如果将之理解成指涉关心神圣之事和所谓的祭祀之事，便没有错误。

方式不是各类政制的共同之处，而是某种特别的政制，它虽然不是最佳政制，但却由灵魂中最好秩序的思想所提供。

马西利乌斯第一处完整的交叉引用，出现在他依照亚里士多德描述和列举城邦各部分的过程之中。"护卫者"部分是城邦各部分之一，这部分的目的或目标是自由（I.6.9）。护卫者部分既需要反抗外部敌人，也需要镇压内部叛乱（I.5.8）。马西利乌斯引用亚里士多德来证明需要护卫者部分反抗外部敌人："自然的奴隶所组成的东西，不可能配得上称为城邦。"通过引入这个听上去不怎么哲学的论断，马西利乌斯提醒我们记住护卫者或血气部分，以及这部分在政治学中的哲学性运用。但他不仅只是提醒我们记住反抗外部敌人。他继续说道，需要这部分来镇压内部叛乱也来自亚里士多德，但因为他将在I.14.8中讨论相关内容，为了行文简洁，他在此处就不再涉及了。

第一处完整的交叉引用是向前引用，读者可能发现这非常引人注目，但又不完全令人吃惊。马西利乌斯讨论城邦各部分的不顺利开篇是精心安排的，引用前面的内容就是引用后来的内容。即便在表面上也表明，从马西利乌斯描述其著作的谋篇布局，到他讨论完美君主，这13章的内容具有上升到第一原理的特征。

我们引用的马西利乌斯那一章（I.14）描述了完美君主的品质。完美君主的特征在于具有道德德性，尤其是正义和明智。此外，正如亚里士多德的教导，明智和道德德性是一，且不可分割（I.14.2，I.14.10）。在确立完美君主的品质之后，马西利乌斯引入了讨论"护卫者"部分镇压内部叛乱之必要性的段落（I.14.8）。亚里士多德的叙述简短且简洁，而马西利乌斯却把这段（《政治学》1328b7）处理得极为艰难和晦涩。马西利乌斯做了三处调整进行澄清，一处是补充论证，一处是与亚里士多德其他地方的论述进行调和，一处词源学考察。没有受益于马西利乌斯之澄清的那些人或许相信，亚里士多德这样说针对的是参与共同体的那些人（或许还包括参与最完美思想共同体的那些人），而要想不服从统治者，就必须要有武器。① 但也有可能，马西利乌斯决意避免两种可能的误解：首先，护卫者或血气部分的权力应当比公民部分更大；其次，这种权力应当是君王自身的权力。

马西利乌斯像将军部署军队一样，精心部署亚里士多德的文段。为什么马西利乌斯用 I. 14 讨论完美君主的内容取代 I. 5 亚里士多德讨论城邦各部分的内容？我将提出两方面的理由：首先，使该段远离以下两处引用，一是需要护卫者部分来反抗外部敌人的引用，二是 I. 5. 8 亚里士多德有关奴隶论述的引用（因为，如果护卫者部分需要反抗外部压迫者，限制权力或阻止君主自身权力的使用又有什么意义呢？）；其次，指出有关完美君主的思考（它具有深思熟虑的特征），包括对其血气部分的限制，这要先于通常把马西利乌斯视为先行者的那些教导，比如在处理政制时宣扬有关共同利益的同意学说（I. 8）、把根本政治权威赋予"公民全体及其更有效的部分"（I. 12）。

在详细论述这个问题之前，我想阐明其中的预设。在处理城邦各部分时，正如其导师亚里士多德，马西利乌斯也处理了灵魂各部分。② 护卫者或血气部分是我们用来保障我们自由的部分，包括我

---

① 实际上，考虑到马西利乌斯对该段的精心部署，我们不可能避免这种理解。马西利乌斯在这一段与亚里士多德论述护卫者部分的必要性之间进行了调和，亚里士多德在这段刻画了"统治一切的君主"（Pambasileus）。有关这段意义的讨论，参见 Mansfield, *Taming the Prince*, 前揭, p. 41。

② 马西利乌斯确实被迫使灵魂中习性的部分与在城邦中建立的部分区分开来（I. 6. 9, 第二段），但即便做出这种区分时，他仍然说到，必须将之理解为只是"涉及这章及接下来的那章"，也就是说，其他地方必须不能做出这种区分。城邦各部分与灵魂习性之间的区分，要求某个具有难以想象的仁慈本性的人做了君主的工作（I. 7. 1）。

们对统治的抵抗，尤其是在面对外部压迫的统治时。但是，马西利乌斯在处理护卫者部分时，首先强调君主通过这部分来实施惩罚。正因如此，君主的执行权的意义就是，统治首先是执行法律。马西利乌斯对亚里士多德的理解，明显对护卫者部分进行了限制（它不比公民更大，也不属于君主自身），这也使得君主执行权的意义在于，君主代表他人或以他人名义进行惩罚性统治。

当然，马西利乌斯对公共犯罪的惩罚不是特别感兴趣，除了那些因其教士地位而豁免于惩罚的犯罪。马西利乌斯笔下君主惩罚的特征在于惩罚那些颠覆政制者（I.5.7）。他的意图仅在于处理"唯一的纷争原因"，这是基督启示的结果（I.1.7）。因此，马西利乌斯有关君主执行权的政治教导，我们应当理解为，想要惩罚教士，君主应当将自身限制在反教权主义所允许和要求的范围之内。尤其是，处理教士时不应当走向反映君主自身的血气或反教权主义。因此，至少对马西利乌斯而言，政府执行权的必要性是基督启示而非通常教导的结果。

为什么马西利乌斯以处理完美君主来代替处理护卫者部分？我们回到有关这个问题的临时答案。我们注意到，马西利乌斯不经意地以总结的方式结束了本章。马西利乌斯说，亚里士多德通过论述"未来君主"担任"最高职务"时必须具备三个条件：效忠于现有政制；有能力胜任最艰巨的职责；德性和正义（I.14.10）。在写完这部分之后，马西利乌斯提醒读者注意，他的教导已经偏离了亚里士多德。因为亚里士多德说过君主需要明确属于他自身的权力，而马西利乌斯在I.14中完全没提到这种权力。我们可以认为，马西利乌斯以讨论护卫者部分的权力取代了讨论君主自身的权力。但是，马西利乌斯只是表面上而不是实际上偏离了亚里士多德。为了证明这个观点，我们有必要暂时离开《和平的保卫者》，回到亚里士多德的《政治学》。

亚里士多德在讨论纷争原因的过程中，正如马西利乌斯所述，任何人想要在"最高职务"上进行统治,都需要具备三个条件:效忠于现有政制、胜任所司职务最艰巨职责的能力、德性和正义。但是,亚里士多德继续说,如果所有这三个条件无法齐备在一个人身上,就会产生困境(aporia)。这个困境涉及"做出区分如何是必然的"。亚里士多德没有阐明他所谓的区分是什么意思,他的意思或许是在人的统治与非人的统治之间的区分。亚里士多德用例子说明了这里的含混:

> 例如,某个人符合第二个条件而具有作战技艺(strategikos),但却没有德性而且不效忠于现有政制;还有人则既有德性又效忠于现有政制,我们将如何作出选择呢?①

亚里士多德的"作出选择"这个短语非常引人注目,它的意思不是"选择"而是"构造选择"。人们在政治学中或许会进行选择,但为了选择得好,必须使用智慧和明智来构造他们所要作出的选择。亚里士多德随后解决了他构设的困境:"我们应当从两方面考虑,哪些更常见,哪些更少见。"亚里士多德给出的表面规则是人们应该选择少见的,但通过考察他的例子,可以明显看出,这只是表面的、临时性的。他继续谈道:

> 例如将军,我们必须更看重经验而非德性,因为作战技艺世所稀有,而平等德性更容易找到。但监守和司库则相反,他们所要求的德性应该超出常人,至于计算财物的则是所有人共同具备的。

---

① 亚里士多德,《政治学》,1309a32 以下。[译按] 亚里士多德引文参考吴寿彭译本,略有改动。参见亚里士多德,《政治学》,吴寿彭译,北京:商务印书馆,1965,页277。

胜任"最高职务"的统治资格似乎从三个条件减少到了两个，即德性和知识。通过确定职务更像将军还是司库，智慧将会构造出选择。① 如果存在单一或主导性的最高职务，就需要智慧来确定这个职务更像将军还是更像司库。这种智慧离不开对非人类统治或自然、神圣统治的理解。因为如果非人的东西是不理智，又怀有敌意，人类统治就必须具有将军的特征，统治资格就是作战技艺（多数人不具备），共同德性就是公平（我们所谓的同情）。但是，如果非人的东西是理智性的，又对人友善，人类统治就更像司库，统治资格就是道德德性，完美君主就没有明确属于他自身的权力或能力。

我们重新回到马西利乌斯的《和平的保卫者》，对于马西利乌斯来说，完美君主的特征在于具有道德德性和明智，而没有任何属于他自身的技艺或能力。此外，即便涉及城邦或灵魂中护卫者部分所代表的"权力"，马西利乌斯仍然教导：君主的权力不应当比公民们更大，而且不应当属于他自身。

在《和平的保卫者》中，当人们发现和完善各种技艺，就首次出现了城邦的各个部分（I.5.5，I.6.9）。这些技艺作为技艺，具有特定的秩序，比如机械性技艺被规定为医学技艺（I.5.6）。城邦的秩序也像技艺的秩序那样得到规定，这种观点似乎合理。马西利乌斯的回答与亚里士多德相同，这些技艺不是被规定为建筑技艺，而是被规定为明智，而明智则与道德德性相融。② 完美君主的特征在于具有明智和道德德性，这就意味着，在政治学领域，没有人要比

---

① 这不是在说，某个被选择的人能够以这种方式"做出选择"。这类似于家庭，林肯的演讲《分裂之家》就是杰出的范例。林肯把选择确立为在忠诚于共和原则与不择手段的力量之间进行选择。在选择林肯时，选民并非只是在选举候选人，也是在选择某种灵魂秩序，力量在灵魂中从属于德性。这是城邦与灵魂之间的联系。

② Leo Strauss, *The City and Man*, Chicago: Rand McNally, 1964, pp. 23-25.

明智者自身做出的决议更好，或者在有权统治城邦上，没有任何技艺或科学高于明智。这不是说，道德德性的生活和明智是最高的生活方式，因为"思辨灵魂"的沉思生活比实践生活更高（I.4.1）。这并不否认，理论生活某种程度上能够指导实践生活。这只是在说，理论生活指导实践生活的方式根本不同于统治。在这方面，教宗主张"权力的完满"，这令人困惑。正如马西利乌斯所言，教宗可以主张统治者的选举能够依赖于"单独一人"的意志。马西利乌斯这个论断的基础在于，教宗表明他并不知道"选择的德性和理由"（II.26.5）。选择是人类统治的开端，这类选择既有德性也有理由，二者并不必然相符。

理论生活如何能够指导实践生活？我们再次回到马西利乌斯讨论完美君主时对护卫者部分的讨论。马西利乌斯坚持认为，护卫者部分的权力并不比公民们更大，它也不属于君主自身。为什么这不是具有明智和道德德性的君主能够自我决定的事情呢？他在惩罚易怒的教士时，在多大程度上能够声称这是他的血气使然呢？为什么他应当以"公民全体"的名义行使这种血气，而不是以他自己的名义并基于他自身的统治权力？如果我们想起马西利乌斯以"热爱铲除异端"（I.1.6）来描述巴伐利亚的路易，或许就能够对答案有所察觉。马西利乌斯或许预感到，君主具有属于自身的血气，这个论断必然导向否认理论生活高于实践生活，而这可能对理性、启示和政治来说都是灾难性的。①

马西利乌斯对完美君主的讨论，阐明了智慧、明智与血气之间的关系，他在构建执行政府时也有过类似表述。我将试图简要勾勒，

---

① Leo Strauss, "Marsilius of Padua," in Strauss and Cropsey, eds., *History of Political Philosophy*, Chicago: Rand McNally, 1963。［译按］中译收入《古今自由主义》，叶然等译，上海：华东师范大学出版社，2019。

这种关系如何展现了马西利乌斯的政治科学,以及为什么他的执行政府只是临时性方案。

马西利乌斯第二处完整的交叉引用,出现在他讨论法律的开篇(I.11.1)。正如他向来的风格,为了"证明"法律的必要性,马西利乌斯提出了大前提:

> 我们必须证明,在政治体中,没有它就无法正确地做出民事裁判(civil judgement),有了它才能恰当地做出民事裁判,尽可能地防止人类行为中的缺陷。

马西利乌斯认为,这个大前提是"准自明的,几乎不可证明",但他还补充道,它的确定性"能够且应当"从《和平的保卫者》I.5.7中获得。

马西利乌斯在对其书谋篇布局的最初描述中,几乎就已经确切地表明了这种交叉引用的形式(I.1.8)。马西利乌斯告诉读者们,他们从其他段落可以发现此处所说的"确定性",这是对此前段落的引用。但马西利乌斯还做出了虽然微小却意义重大的补充。读者们不仅"能够"而且"应该"发现这种确定性。马西利乌斯补充了这个义务,因为读者自身能够成为大前提或最初因。确定在政治体中证明某个东西是必需的,就等于变成了建国者或立法者。

初见之下,这种确定性的来源是什么并不明显。马西利乌斯在《和平的保卫者》I.5.7描述了城邦的"统治部分"是必要的(这个段落之后紧接着就是I.5.8第一处完整的交叉引用)。通过反思他所补充的大前提,我们就能够开始理解马西利乌斯的意图了。在这里,他谈到"在政体中"的确立(I.11.1);而在前面,他试图通过regnum [王国] 来理解政治学(I.2.2)。Regnum是所有温和政制的共同点,但它本身却不是某种政制。我们不可能创建或统治regnum,因为每种政制都是这种或者那种政制。"政体"(polity)也是各类政制的通名，但它同时也是某种特殊政制，指每个公民都适当参与统治的政制（I.8.3）。Regnum 指向了政治学中同一或共同的东西，但它自身却低于政治，而政体指向多样性，指向混合各类主张的需要。在他讨论法律和立法者的开篇，马西利乌斯决定性地转向了政体。

回到 I.5.7，读者通过这段文字可以理解这种需要证明的确定性。我们注意到，统治部分有必要节制公民行动的过度并将之降低到"相等或适合比例"。统治者需要某些东西来度量各种主张的"适当比例"。这种尺度就表现为法律，由"公民全体或其更有效的部分"所制定。这种尺度通过法律展现出灵魂，而各种主张就在灵魂中得到度量和混合，以便建立政体（I.15.6）。

马西利乌斯谈到"建立"或"建制"（establish or institute）的必要性。马西利乌斯的政治科学显然是制度性的政治科学。制度性建设比个人判断具有更大的耐受性和更长的持久力。在制度中，立法者必须选择某种可以依赖的东西来提供这种耐受性。马西利乌斯选择了意志。他的法律是否优良的临时性尺度在于它是否得到遵守，他认为，当每个人"似乎"使这种法律加诸其自身时，这种法律就能得到最好的遵守（I.12.6）。现代自由主义也认为意志是法律的来源，但其重点不同。现代自由主义认为意志是天赋的，或者实际上假设了自然确保我们人类愿意具有意志。马西利乌斯希望建立某种政制，它不仅鼓励和承受意志，同时把意志教化或改善为选择。这种现代自由主义预设自然会提供的东西，马西利乌斯则相信必须是智慧立法者的作品。

在描述统治部分的必要性时，马西利乌斯说到，在缺少正义尺度或"适合比例"时，就会产生"斗争以及随之而来的公民的分裂，最终导致城邦败坏，失去充足的生活"（I.5.7；I.3.4；I.4.4）。他证明统治之必要性的方式，不是构想"一切人反对一切人的战争"，而是"公民的分裂和城邦的败坏"。的确，马西利乌斯比现代自由主义者更关心灵魂的服从部分。① 但通过"公民的分裂和城邦的败坏",马西利乌斯指的是分裂成低于城邦的部分和不参与统治。确实也有可能,他把一切人反对一切人的战争等同于公民的分裂,前者导致了人们放弃统治的主张并且同意被统治,因此需要立法者和政治哲学发挥作用。

马西利乌斯面临的挑战是建立鼓励和支持意志的政体或政制,通过立法和选举,公民广泛参与到政制之中,而选举的是具有明智和道德德性的人。只有在这类政制中,马西利乌斯想要的执行政府才可能。在这样的政制中,人们期待君主隐藏他自己的血气,而且声称"护卫者部分"或血气是通过选举而赋予他(I. 14.8)。意志作为法律的支撑且表达在法律之中,确实是人类统治的开端。依赖于公民的"护卫者部分",君主坚持了人类的独特性,但隐藏了道德德性中的自由的特殊主张。这种政制类似于很多现代政制,反映出了马西利乌斯的意图。他清楚地断定,这是在他所面临的环境下有可能的最好政制。他从未声称过这就是最佳政制。

但如果没有道德德性,什么是意志的支柱或尊严呢?在这篇短文中,我们只能勾勒马西利乌斯答案的轮廓。

在《和平的保卫者》第二卷中,马西利乌斯叙述了人类的完善或完美的生活方式,对应于他在"第一卷"中讨论法律和完美君主(II. 11 – 14)。② 完美的生活方式是贫穷的生活。但是,贫穷中有价值的东西不仅是缺乏物品;自愿贫穷才是完美的生活方式。自愿贫穷不是自杀,而只是有意满足于基本需求(以及不愿像法律权利那

---

① Mansfield, *Taming the Prince*, pp. 109 – 110.
② 马西利乌斯在 I. 14.8 的以下断言提供了这两个讨论之间的联系:亚里士多德"想要"或"意愿"极度贫穷者应当能够进行统治,以便证明城邦的"护卫者部分"不应当是君主自身。

样去主张所有权）。完美的生活方式基于意愿，并给予意愿以最终支撑。但在这种自愿贫穷之中，基于对什么是基本需求的不同理解，我们能够看见两条不同的路线。福音书意义上的贫穷与统治绝不相容，它的基础在于极度蔑视尘世，而且认为只有通过启示才能达到完满。另一种贫穷在于理解获取有其界限，意愿只针对当下有基本需求的东西。这种自愿贫穷与统治是相容的，而与福音书意义上的贫穷不一致，而且认为可以通过理性达到完满。马西利乌斯并未努力调和这两条路线，因此似乎存在着两条无法调和的通向人类完善的路径。

马西利乌斯能够声称，教宗断言"权力的完满"是僭主性的宣称，他可以鼓励君主和其他公民以人类自由的名义予以抵制。就此而言，他是自由主义者。但他的自由主义完全不同于现代自由主义。有人认为基于启示的统治是僭主式的，但基于最智慧者的理性的统治同样也是僭主式的。自由的根基是人类意志，但意志的尊严反映出的事实，不在于我们根本不能知道什么是好的，而在于我们能够知道存在着两种伟大的选择，理性的完善与启示的完善，二者之中的任何一方都无法驳倒另一方的主张。

马西利乌斯背离了亚里士多德吗?

雅　法（Harry V. Jaffa）　撰
陆　炎　译

　　我相信,《马西利乌斯和中世纪政治哲学》是近年政治哲学领域最有用、最重要的著作之一。①作者勤勉而详尽的学识确保了它的有用,作者意图的严肃性则确保了它的重要。作者明确说道,他的意图并非好古癖对逝去过往的关注,而是为了理解活生生的当下。据作者所言,政治哲学的历史本身是哲学的一部分,因为它的任务是"理解我们自己的哲学任务"。作者指出,我们是什么,很大程度上

---

① Alan Gewirth,《马西利乌斯,和平的保卫者,卷一:帕多瓦的马西利乌斯与中世纪政治哲学》(*Marsilius of Padua, The Defender of Peace. Vol. I: Marsilius of Padua and Medieval Political Philosophy*), New York: Columbia University Press, 1951。[译注] Harry. V. Jaffa, in *Social Research*, vol. 19, no. 1, 1952, pp. 117 – 121。本文是雅法为 Alan Gewirth 的著作《马西利乌斯与中世纪政治哲学》所写的书评。原文没有标题,只是书评,汉译标题为译者所拟。Alan Gewirth 首次将马西利乌斯的《和平的保卫者》全书译成英文,在完成翻译的同时,他写作了这部研究著作,开启了英语学界系统研究马西利乌斯之先河。

由过去的思想家使我们成为什么所决定，在这个意义上，我们仅能通过理解他们来理解我们自身。他说，在理解我们自身的过程中，我们将会"至少部分地理解到某种永恒的结构"。因此，他显然反对一般的历史主义，后者认为，所有思想在本质上只与某个特殊的历史时代相关，他们也不会考虑思想者旨在就政治事务本质问题给出的最终答案。作者说，马西利乌斯主义（Marsilianism）提出了"永恒的问题"，为了理解这类问题，作者着手处理马西利乌斯主义是什么的问题，这也是其严肃性的标志。

本篇书评必须搁置对本书主题的阐发。作者认为，马西利乌斯是"政治哲学史上少数真正的革命性人物之一"。马西利乌斯的革命不仅在于"'教会'和'国家'关系理论中的激烈变革"，这当然在宗教改革及其之后的历史中产生了很多实践后果，但是，

> 更重要的是，有关人以及人的本性、行为、价值和社会政治关系方面一整套观念的激烈变革。（页 ix）

拙文要关注的，正是更为重要的理论原则层次上的变革。

在作者看来，马西利乌斯"完全背离了"（页 55）亚里士多德有关人类本性的观点，也因此打破了亚里士多德政治科学的全部常规方向。就其完成此项变革而言，他可与不容置疑的革命者马基雅维利、霍布斯相提并论。但作者并未处理某个重大困难。在《君主论》第 15 章，马基雅维利明确说过，他"完全"和前人决裂。此外，在《论李维》的前言中，马基雅维利还说过，他开辟了一条"任何人都没有"走过的道路。而霍布斯在《利维坦》的第 46 章中猛烈抨击亚里士多德的"虚幻哲学"。相反，马西利乌斯则认为，亚里士多德是"声名卓著的哲学家"中"最卓越的"，亚里士多德通过证明几乎完全理解了此世美好生活所必需的一切事物（《和平的保卫者》，I. iv. 3）。作者甚至注意到马西利乌斯提到"神圣的亚里士

多德"（页42），以此为据，作者证明马西利乌斯具有阿威罗伊主义（Averroism）倾向。阿威罗伊主义的证据非常具有说服力，这使我们对马西利乌斯的基督教信仰提出质疑，但我们无法质疑他的亚里士多德主义。除非马西利乌斯是在反讽，并隐藏了他真正的观点，作者并不这样认为，我也没发现任何相关证据。马西利乌斯自己必定没有意识到他与亚里士多德的决裂。但如果哲学的任务是认识自己（self‐knowledge），而哲人的标志在于他对自己思想基础的意识，那么，哲人便不能够提出他没有意识到的新原则。

就我所能发现的而言，所有声称马西利乌斯与亚里士多德决裂的证据都是间接的，主要在于从强调目的因向强调动力因的转变。确定的是，在《和平的保卫者》中，马西利乌斯几乎仅仅关心公民生活的必要条件及其动力因，和平高于一切。如果《和平的保卫者》类似于亚里士多德的《政治学》，仅仅是论述政治学的文本，作者归于马西利乌斯的理论方向的变革，可以从马西利乌斯吸收了有关这些主题的内容来推断，便是可信的。但是，正如作者征引马西利乌斯明确的论断时所说，《和平的保卫者》处理的是亚里士多德与其他古代哲人都没有预见到的独特历史问题：这个问题由基督教启示所造成，导致了教会－国家关系。这种关系产生出"'对人类有害的……堕落观点'，即罗马天主教会的教宗被授予'完满权力'（plenitude of power）"（页6、7）。它是导致政治体混乱的动力因，《和平的保卫者》的任务便是致力于反驳这种有害观点。

因此，在马西利乌斯看来，《和平的保卫者》可能仅仅是《政治学》中论述革命问题的补充。但是，马西利乌斯认识到，亚里士多德《政治学》在这方面不完整，这并不意味着亚里士多德的原则有任何不足，因为，根据亚里士多德的原则，人类疾病的动力因以及错误观点的数目，在本质上必定无限，因而不可预见。马西利乌斯特别关注产生纷争的动力因以及避免它们的方式，这或许指出了他的著作所要限定的范围。马西利乌斯对目的因的讨论很简短,作者承认,"《和平的保卫者》明显处理了城邦及其制度的所有四种原因"——而这些制度"最初从目的因中推论得出"(页35),这些都表明他完全接受亚里士多德的原则,也表明他对通过应用这些原则来解决实际问题的渴望,即如何避免教宗和教士的压迫。

然而,作者争论道,虽然马西利乌斯论及目的因,他借此表达的意思仅仅是这些目的由欲望所设定,实际上,这些目的由人的"生物的"或动物的欲望设定。因此,他说,在马西利乌斯看来,"自足的生活"作为公民生活的目的因,是人与"动物"(页55)共有的本性的欲求对象。马西利乌斯在此反复强调,亚里士多德区分了生活和好生活,动物与人类的生活也由此得以区别。如果马西利乌斯说过且本意在于人类与动物都有对充足生活的欲求,他就会取消该区分所包含的所有意义。

但是,我相信马西利乌斯在讨论的相关段落(《和平的保卫者》,I. iv. 2)的意思是,所有人在自然上欲求"自足的生活",因此要避免对生命有害的事物,所有动物同样如此。然而,即便是我和作者作出不同解读的这个段落,其含义也模棱两可,有段引言确信来自西塞罗(字句相同),这对我而言具有决定作用:因为西塞罗清楚地说过,自我保存的欲望才是人和其他动物共同具备的。我相信,这个事实比重建文本更为重要:马西利乌斯明显没有意识到他自己与西塞罗在这一点上的任何不同,西塞罗无论如何都参与了作者归之于马西利乌斯的那种革命,但作者却没有对此进行反驳。

在作者看来,正如马西利乌斯所设想,自然"总是基本的,而非完善的"。他说,对于马西利乌斯而言,"理性的使用总是意味着'超越自然原因'"(页55)。但又一次,在作者从《和平的保卫者》引用的相关段落(I. v. 3),马西利乌斯所说的仅仅是,就产生德性而言,人们必须要做的远远超出自然原因,这和众所周知的亚里士多德学说并没有矛盾，根据亚里士多德的学说，自然绝不是德性的动力因（虽然经常是目的因）。此外，"自然"这个术语含义为"基本的"和"不完善的"时，拥有极为正统权威的用法。例如，亚里士多德在《尼各马可伦理学》中说过，人在自然上与其说是政治性的，不如说是婚姻性的，因为家庭先于城邦，并比城邦更具必然性（1162a15）。如果无条件地接受这一点，便会与《政治学》第一章相矛盾，亚里士多德在此说道，城邦在自然上先于家庭和个人（1258a20）。

从两处的上下文来看，很清楚，亚里士多德的意思是，在某种情况下，就完善的次序或目的因而言，城邦在自然上先于家庭；在另一种情况下，就生成的次序上或动力因和质料因而言，家庭先于城邦。换言之，在生成的次序上，动力因和必要条件必定先于目的因和充分条件，同样，房屋的基础和工匠必定先于建成的房屋；相反，就完善或意图的次序而言，建成的房屋必定先于其基础（它从开端［ab initio］而言是房屋的基础）和工匠（他们从开端［ab initio］是房屋的建造者）。托马斯·阿奎那本人在评注《尼各马可伦理学》相关段落时毫不犹豫地说："在先和必要的事物关涉的似乎比自然更多。"（《〈尼各马可伦理学〉评注》, lib. Viii, lect. xii）因此，前马西利乌斯（pre-Marsilius）的亚里士多德传统在谈到"基本的"和"不完善的"时，如果没有显示出对目的因的传统学说有任何保留，这对我而言只是相沿成习的用法，在生物意义上作为"更为自然的"含义时尤其如此。

作者的论点是，马西利乌斯的理论方向表现出对亚里士多德的激进背离，即便我对该论点进行了上述反驳，但这本书仍然值得推荐，作者根据他的前提假设，依照《和平的保卫者》的展开路径，对马西利乌斯观点进行了严格、彻底和贯通的解释。此外，作者对中世纪传统的基本因素所做的文献汇编，简洁而具有洞察力，尤其是有关托马斯·阿奎那、阿威罗伊和奥古斯丁的传统,这将使本书对该领域的学者非常有价值。我们太缺乏相关研究著作帮助我们尝试理解如此复杂的伟大政治思想家。我没有将这个解释当成绝对的解释,我相信,无论支持还是反对,它都将极大增进我们对人类自由进程中这位伟大斗士的理解。

古典作品研究

《伯夷列传》中司马迁的义命困惑与德福探析

尚万里

《史记》首开纪传体例，列传之中又以《伯夷列传》居首。司马迁以"究天人之际，通古今之变"为撰史之志，本纪、世家、列传的首篇安排与其对"天人""古今"的探索密切相关。《伯夷列传》文本纠葛颇多，历代解释者各出机杼，往复辩难，其诠解繁复庞杂，遂使该篇天人之意隐晦不彰。本文拟对该篇记叙史实进行考辨，疏解该篇的章法、体例及在《史记》一书中的地位，进而探讨司马迁如此安排的用心。文章兼及司马迁的人生遭际与价值冲突，借之管窥司马迁的作传意图，释读其"究天人之际"的考量与决断。

夷齐史事考辨

姜亮夫先生曾对夷齐之事做过考证，认为："夷齐事可能有之，然诸书附会者至多……大抵出自杜撰者多，皆不足据。"① 司马迁

---

① 姜亮夫，《楚辞通故》（第二辑），昆明：云南人民出版社，2002，页87–88。

《史记》一书之中有两位"伯夷"。据《五帝本纪》与《陈杞世家》记载，唐虞之际，尧逊位于舜，时有伯夷，位居"秩宗"，掌宗庙祭祀。《伯夷列传》所述伯夷，是商周之际，武王伐纣之时"叩马而谏"者，两者其间已历千祀，并非同一人。各家论及伯夷处甚多，绝大多数所指为后者。

夷齐之事距司马迁写作《史记》的年代几经千岁之久。春秋战国时期，诸子蜂起，各据其说，相互攻讦，于夷齐故事，或删繁就简、仅取只言片语，或辗转增益、抒发长篇大论。面对久远且聚讼纷纭的夷齐传说，司马迁以"考信于六艺"为原则记述之。然而六艺所载是否属实，仍有很大疑问，兼之本篇记叙议论"颇谬于先贤"，故更增人疑窦，后世学者遂于此颇费思量。

司马迁作《伯夷列传》，直接精神源头可溯至孔子。《论语》之中，孔子多次称赞夷齐二人。如"求仁而得仁，又何怨"，"不念旧恶，怨是用希"。孔子多随机指点语，涉及伯夷以议论为主，事迹甚少，且谓其"饿于首阳之下"，未称"饿死"，遂为泥于儒家经书且善咬文嚼字者大开方便之门。①

孟子承孔子意旨，对伯夷亦不吝赞叹，虽有"伯夷隘"的批评，但毕竟推许其为"仁人""圣之清者""百世之师"，力赞他们对时

---

① 就笔者所见文献，似以西晋郭象首倡此义："论语曰：伯夷叔齐，饿于首阳之下。不言其死也。"（郭象注，《庄子注疏》，北京：中华书局，2011，页515）后世学者多循此说，宋代叶适云："孔子谓'饿于首阳'者，言其甘于贫贱而难之也，迁遂以为不食而死，怼而不知命，岂仁人之意乎？"（叶适，《习学记言序目》卷第二十，清文渊阁四库全书本）明代王直谓："《论语》未尝言其以饿而死也，而史迁何自知之？饿者岂必皆至于死乎？"（王直，《抑菴文后集》卷三十五《夷齐十辨》，清文渊阁四库全书本）清代梁玉绳谓："《论语》称'饿于首阳之下'，未尝称饿死……即云耻食周粟，亦止于食糈禄，非绝粒也……岂果不食而死欤？"（梁玉绳，《史记志疑》卷二十七《伯夷列传第一》，清广雅书局丛书本）

人及后世之影响："闻伯夷之风者，顽夫廉，懦夫有立志。"唯记其事迹云："伯夷辟纣，居北海之滨，闻文王作兴，曰：'盍归乎来！吾闻西伯善养老者。'"为《伯夷列传》所削。司马迁读孟子书，至"废书而叹"，可见阅读之熟、契悟之深，却不录孟子所叙夷齐之事，亦令人费解。①

战国时期，叙夷齐故事较详者还有《庄子》，其中涉及伯夷者凡四，然于《骈拇》《秋水》《盗跖》诸篇皆甚简略。《秋水》中提及"伯夷之义"，《骈拇》则谓"死名于首阳之下"，《盗跖》谓"辞孤竹之君，而饿死于首阳之山，骨肉不葬"，暗含嘲讽。惟于《让王》之中述之甚详、赞之甚力，且其基本情节已与《伯夷列传》近似，然该文并未述及伐纣之事，两人于"周之兴"时往见武王，见过之后，认为他并非有道者，遂不受其爵禄而去，北至于首阳山，甘受饿而死，并无列传中武王伐纣时"叩马而谏"之事。《吕氏春秋》所载与此大同小异。《庄子》一书，多托寓言以说事，《让王》所叙种种退位让王之举，更是令人匪夷所思，《吕氏春秋》该篇风格亦与此相类，其事大抵均为虚构，不足为信。②

韩非子亦引夷齐事作为论辩依据，其《奸劫弑臣》篇云：

---

① 宋人王安石作《伯夷论》，认为伯夷之事"出于千世之前，圣贤辩之甚详而明……伯夷古之论，有孔子孟子焉，以孔孟之可信而又辩之，反复不一，是愈益可信也"（《临川先生文集》卷第六十四，四部丛刊景明嘉靖本）。明人王直云："夫事不惟其实，所不合己意则削之，千载而下读于是一语，尚可想其迁就增损之情态，而何以传信乎？故曰当一以孟子为断。"（《抑菴文后集》卷三十五《夷齐十辨》）

② 清人袁枚因《吕氏春秋》在《史记》之前，遂以为"此一段可证《史记》之非"，其实是相当武断的。（袁枚，《随园随笔》卷十八《辩讹类》，清嘉庆十三年刻本）

> 古有伯夷叔齐者，武王让以天下而弗受，二人饿死首阳之陵。①

此处言"武王让以天下"予夷齐二人，这种说法或许是由尧让天下于许由、夷齐让国以及辞武王封爵这三个传说杂糅而成，明显言过其实。

此外，纵横家的著作之中，《战国策·燕策一》"人有恶苏秦于燕王者章"也引伯夷之例作为论辩依据，述其事云：

> 廉如伯夷，不取素餐，污武王之义而不臣焉，辞孤竹之君，饿而死于首阳之山。②

这与《史记·苏秦列传》所载略有差异：

> 廉如伯夷，义不为孤竹君之嗣，不肯为武王臣，不受封侯而饿死于首阳山之下。

司马迁以前的文献记载中，皆云"辞孤竹之君"。"辞"字于此可有二义，一是谦让、拒受，二是告别、离开。若是第二项，便难以确定夷齐二人身份是否为孤竹君之嗣。但在司马迁的描述之中，似已明确认定夷齐二人正是"孤竹君之嗣"无疑。后世虽有人考证夷齐谏武王事之有无，然极少有人对其身份产生怀疑，夷齐为"孤竹君之二子"，遂被视作一历史事实而传述下来。

但是，就列传中所载夷齐之事，历代仍有不少质疑。如"叩马而谏"之事，怀疑者大致有两种思路，一是从道义逻辑出发，坚持夷齐二人既为仁人，武王为天下伸张正义，亦是仁人，二人不可能

---

① 王先慎，《韩非子集解》，钟哲点校，北京：中华书局。1998，页106。
② 何建章，《战国策注释》，北京：中华书局，1990，页1090。

站在武王的对立面。比如，王安石认为：

> 天下之道二，仁与不仁也，纣之为君，不仁也。武王之为君，仁也。伯夷固不事不仁之纣以待仁，而后出武王之仁焉，又不事之，则伯夷何处乎？①

另一则纯从历史事实出发，推出司马迁叙述的悖谬之处：伯夷斥武王"父死不葬"，"与武王十一年伐纣事背驰"。② 据《史记·周本纪》载，文王崩后，武王即位，伐纣之事有两次。第一次是在九年之后，此次讨伐因武王认为"未知天命"而作罢。第二次则是在十一年之后，其时文王亦已逝十一年，不可能仍然"未葬"。所以，"叩马而谏"的真实性便大可怀疑。还有人则以为：

> 谏武王当于未举事之初，不当俟其戎车既驾而后出奇骇众于道路也。太公与己均为大老，出处素与之同，不於今日白首如新，方劳其匆匆扶去於锋刃将及之中也。③

此说虽出于臆断，亦有其合理之处，毕竟夷齐乃衰年老朽之人，于大军初出之际拦马，实令人难以想象。故宋人陈善说：

> 迁于著书勤矣，然其为人浅陋不学，疏略而轻信，多爱而不能择，故其失如此。④

或以为夷齐二人确有谏武王之事，不过却非伐纣之时叩马而谏。《左传·桓公二年》记："武王克商，迁九鼎于雒邑，义士犹或非

---

① 王安石，《临川先生文集》卷第六十四《伯夷论》，前揭，页4。
② 黄震，《黄氏日钞》卷四十六《读史》，元后至元刻本。
③ 王直，《抑菴文后集》卷三十五《夷齐十辨》，清文渊阁四库全书本。
④ 陈善，《扪虱新话》上集卷三，上海：商务印书馆，1939，页27–28。

之。"据《汉书·王吉贡禹传》:"昔武王伐纣,迁九鼎于雒邑,伯夷、叔齐薄之,饿于首阳,不食其禄。"即以此义士为伯夷、叔齐。① 然此说是否属实也颇可怀疑。明人徐经说:

> 《左传》武王克商,迁九鼎于洛邑,义士犹或非之,此并无其人,亦未有其事,益臧哀伯借此以讽鲁桓取郜大鼎于宋,纳于太庙之非耳。②

对此王直亦辩之甚详,其作《夷齐十辨》最后一条便是"《左氏春秋传》所载'武王迁鼎,义士非之'说亦误,"③ 可供参考,兹不赘述。

通过以上考证可以发现,司马迁在《伯夷列传》中所叙夷齐二人身份、事迹与先前典籍舛谬颇多,以致清人梁玉绳将该传全盘否定,谓"伯夷传所载俱非也",④ 不过也有不少人为司马迁辩护,认为夷齐之传并非司马迁所作,只是其采择旧传而成,如鹿兴世云:"或太史公时,夷齐已别有传,故史公不复立传欤?"⑤ 孙德谦云:

> 盖迁之作传也,用世所旧有者从而整齐之耳……于夷齐则于其传标著之,乃幸其有旧传也。⑥

---

① 杨伯峻,《春秋左传注》,北京:中华书局,1981,页90。
② 徐经,《雅歌堂文集》卷四《读伯夷传》,收于杨燕起主编,《历代名家评〈史记〉》,北京:北京师范大学出版社,1986,页546。
③ 王直,《抑菴文后集》卷三十五《夷齐十辨》,清文渊阁四库全书本。
④ 梁玉绳,《史记志疑》卷二十七《伯夷列传第一》,清广雅书局丛书本。
⑤ 鹿兴世,《史记私笺·伯夷列传》,收于杨燕起主编,《历代名家评〈史记〉》,北京:北京师范大学出版社,1986,页546。
⑥ 孙德谦,《太史公书义法·序》,收于杨燕起主编,《历代名家评〈史记〉》,前揭,页549。

高燮亦持此论：

> 盖伯夷之事，古籍所载大抵皆不足信，故子长……特标"其传曰"三字，"其传"者，盖旧传云。此子长之宏识也。①

这些解释力辩司马迁著史态度之谨严，但也恰恰表明，司马迁所录夷齐之事乃是有意而为，否则他人他作尚多，何不一并采摭？而且，这样的录述本身就是一种认可。即使所录夷齐事迹非真，但至少可以看出，或者司马迁认其为真，或者他希望后世观览之人认其为真。

总而言之，司马迁在作《伯夷列传》之时，尽管他声称自己"考信于六艺"，然六艺所载夷齐之事与他所述并不完全相合，可见他确实进行了有意识的采择。司马迁一贯有着明确的撰史宗旨，这种采择之标准也必与其宗旨相适应。若欲较为清楚地辨明《伯夷列传》成文与其著史宗旨之联系，就有必要对《伯夷列传》的章法结构、体例类型作透彻分析，更需跳出一篇之限，将其置于百三十篇之中，对其次第序列作全面审视。

《伯夷列传》地位、章法、体例与司马迁之心

唐代刘知几曾言：

> 夫纪传之兴，肇自史汉。盖纪者编年也，传者列事也……兹例草创，始自子长。②

---

① 高燮，《书史记伯夷列传后》，收于杨燕起主编，《历代名家评〈史记〉》，前揭，页550。
② 刘知几，《史通》卷二《列传》，收于浦起龙，《史通通释》，上海：上海古籍出版社，1978，页46。

列传体是司马迁之首创,其通行体例乃是以人为经,以事为纬,编织而就,这与《左传》以事为主的编年写作方式大相径庭。刘勰曾对这两种记述方式作过比较:

> 观夫左氏缀事,附经间出,于文为约,而氏族难明。及史迁各传,人始区分,详而易览,述者宗焉。①

司马迁始创列传体例,一改前人范式,遂为后世著史之典型,二十四史之作,无不因循此例。

《太史公自序》明白指出作列传之旨:

> 扶义俶傥,不令己失时,立功名于天下,作七十列传。

其意在述有功名之士,传之于后世,非仅"人臣"而已。司马迁著《史记》,于本纪、世家、表、书、列传之安排自有其统一用心,并非随意为之。学者一般也都承认本纪、世家、表和书其各体内部篇章存在一定次序。不过,由于列传人物林林总总、蔚为大观,而且篇数较多,许多相邻篇目之间似乎无甚关联,故有学者怀疑司马迁作列传,乃是随得随编,如清代赵翼认为:

> 《史记》列传次序,盖成一篇即编入一篇,不待撰成全书后重为排比……其次第皆无意义。②

这种看法并非主流,也遭到许多人反驳。如汪之昌便认为赵翼所举

---

① 刘勰著、范文澜注,《文心雕龙注》,北京:人民文学出版社,1958,页285。

② 赵翼,《廿二史札记》卷一《史记编次》,清嘉庆五年湛贻堂刻本。

之无意者,恰有义例。① 两派往复辩驳,各有理据。但总体而言,似以今人朱东润折衷群言,最为恰切。

> 曲解篇次,诚为不可,然遽谓其随得随编,亦未尽当。大要自四十九篇以上,诸篇次第皆有意义可寻,自五十篇以下,中经窜断,始不可解。②

若依此说,则至少列传前四十多篇的确经过司马迁的精心编排。既然如此,《伯夷列传》何以放在位置显赫的首篇?

事实上,历史上确实还曾经发生过争夺列传第一的闹剧。据清人《史记疏证》记载:

> 秦藩本题辞云:监本老子与伯夷同传第一,庄子与韩非同传第三。索隐本伯夷传第一,老子庄子韩非同传第二。正义本老子庄子伯夷居列传之首。③

因《史记正义》成书于唐代,此时崇奉道教,故而注者便欲通过重新编撰排序,提升老庄在列传中的地位,以迎合当政者。暂不论注者是否有阿谀之意,这种强行合传的做法对原文自身理路也是一种戕害。明代杨慎对此激烈批评:

> 按唐崇老教,谬取老子居列传首,而与《伯夷》合为一卷,

---

① 汪之昌,《青学斋集》卷十四《史记列传编次先后有无义例说》,汪氏青学斋刻本。
② 朱东润,《史记纪表书世家传说例》,收于朱东润,《史记考索》,上海:华东师范大学出版社,1996,页21-22。
③ 佚名,《史记疏证》卷三十九,清钞本。

甚为无谓……太史公叙述自有深意，岂宜妄为轩轾？①

尽管为古人排座次之举不值一哂，但至少这种做法认识到，列传第一的位置的确蕴有司马迁的价值考量。但为何列传之首要选择夷齐事迹记载而非前代功烈更为显著突出者？刘知几便对此颇为困惑：

> 至如皋陶、伊尹、傅说、仲山甫之流，并列经诰，名存子史，功烈尤显，事迹居多。盍各采而编之，以为列传之始，而断以夷、齐居首，何龌龊之甚乎？②

司马迁确实有他自己的独特考虑。今试将本纪、世家、列传第一篇略作对比便会有所领悟：

> 唐尧逊位，虞舜不台，厥美帝功，万世载之。作五帝本纪第一。

> 太伯避历，江蛮是适……嘉伯之让，作吴世家第一。

> 末世争利，维彼奔义，让国饿死，天下称之。作伯夷列传第一。

这些居于《史记》各个体例首位者都有一个共同特征，即具有"让"之德行。

毋庸置疑，夷齐兄弟让国，其高风亮节，十分难能可贵。但司马迁之意并非止于"贵让"。"让国"只是夷齐事迹的前半部分，后

---

① 杨慎，《史记题评》卷六一，收于杨燕起主编，《历代名家评〈史记〉》，前揭，1986年，页538。
② 刘知几，《史通》卷八《人物》，前揭，页238。

半部分"义不食周粟"以致"饿死于首阳山",在篇幅上亦大超前者。而且,司马迁并不仅是述其行事而已,观其属文,议论慷慨激昂,亦非只针对"让国"一事,尚有莫大委曲。欲明于此,我们还需对《伯夷列传》之章法、体例做考察之后,方可约略知晓司马迁用心何在。

《史记》有单传、合传之分,其传大多先标其人姓名、籍贯,序其事迹,最后往往于篇末以"太史公曰"发端,叙写对该人行状的评价。当然,少数合传如《游侠列传》《货殖列传》则先对所记之群体作一通观概论,再分写各人传记。但《伯夷列传》一篇,既不同于个人传记之先叙事迹后加评论,也不同于群体合传之先标总论后加分叙,该文全篇近千字,以议论开端,且以议论结尾,而述夷齐事迹者则置于文章中间,只有短短二百余字。诚如钱钟书先生所说:

> 此篇记夷齐行事甚少,感慨议论居其大半,反议论之宾,为传记之主。①

以致有人埋怨:

> 子长列传首伯夷自有意,但其传终篇反覆,自成议论,略涉伯夷,此名伯夷论可耳,以为传不伦也。②

此外,即便是其所发之议论,也与其他列传不同。在其他列传之中,司马迁分判剖析、褒贬爱憎,皆历历可见,惟独此篇当中,感慨不已,疑问不断,或肯或否,旁生侧出,摇曳生姿。这种章法也得到

---

① 钱钟书,《管锥编(一)》,北京:生活·读书·新知三联书店,2001,页496。

② 彭孙贻,《茗香堂史论》卷一,清光绪十年刻碧琳琅馆丛书本。

许多人赞许。明人唐顺之谓：

> 此传如蛟龙，不可捕捉。又曰势极曲折，词极工致，若断若续，超玄入妙。①

清人吴见思谓：

> 通篇以议论咏叹，回环跌宕，一片文情，极其纯密，而伯夷实事，只在中间一顿序过，如长江大河，前后风涛重叠，而中有澄湖数顷，波平若黛，正以相间出奇。②

这种感悟式的批评以艺术性的品鉴为主，美则美矣，却无助于把握作者意旨。

司马迁究竟为何以此种笔法行文？清代学者何焯一针见血地指出："《伯夷列传》，此七十列传之凡例也。"③ 此说为章学诚所继承：

> 《伯夷列传》乃七十篇之序例，非专为伯夷传也。④

> 传虽以伯夷名篇，而文实兼七十篇之发凡起例，亦非好为是叙议之夹行也。⑤

---

① 唐顺之，《精选批点史记》卷十，收于杨燕起主编，《历代名家评〈史记〉》，前揭，页540。
② 吴见思，《史记论文》第五册《伯夷列传》，收于杨燕起主编，《历代名家评〈史记〉》，前揭，页541。
③ 何焯，《义门读书记》第十四卷《史记下》，崔高维点校，北京：中华书局，1987，页215。
④ 章学诚，《文史通义》，叶瑛校注，北京：中华书局，1985，页50。
⑤ 章学诚，《乙卯札记·丙辰劄记·知非日札》，冯惠民点校，北京：中华书局，1986，页92。

这种看法具有普遍性，当今《史记》研究学者也基本认同。比如，张大可先生认为《伯夷列传》"其实质是一篇序赞论文……冠于七十列传之首，用以提示义例，也就是七十列传的一篇序论。"① 不过，即使将该文作为"凡例"来看，它也显得过于奇怪。盖一般凡例皆以说明性文字为主，用语客观明晰，尽量避免误解。而此篇中，语义明确、语调平稳的叙述极为少见，多数语句或设问，或反问，层层推进，一浪高过一浪，显见得作者情思郁积极为强烈，恰如鲠在喉，不吐不快，是以行文之时喷薄而出，一泻汪洋，使全文波澜恣肆，涌动着太史公的生命情思。

汉代班固对司马迁不无微辞，于《汉书·司马迁传》中批评他道："是非颇谬于圣人，论大道则先黄老而后六经。"显然这与司马迁在《伯夷列传》自谓"考信于六艺"相悖，然则他"谬于圣人"表现在哪里呢？此文当中，这显著地表现在对"伯夷之心"作何体会上。宋代理学大家程颐曾言："要说得伯夷心，须是圣人语：'不念旧恶，怨是用希。'"② 孔子对伯夷评价："求仁得仁，又何怨。"司马迁述夷齐之事，正是以孔子此语而起兴，谓"余悲伯夷之意，睹轶诗可异焉。"后叙夷齐事迹，谓其将饿死之际，作歌云：

　　登彼西山兮，采其薇矣。以暴易暴兮，不知其非矣。神农、虞夏忽焉没兮，我安适归矣？于嗟徂兮，命之衰矣！

于是两人饿死于首阳山。司马迁由此质问道："由此观之，怨邪非邪？"

---

① 张大可、梁建邦，《〈史记〉论赞与世情研究》，北京：华文出版社，2005，页206。
② 程颢、程颐，《二程遗书》卷十八，清文渊阁四库全书本。

前文已经提及，司马迁所述夷齐之事与之前文献所载均非完全吻合，而此"轶诗"亦是明证之一。遍考先秦典籍，未有如此轶诗，不知司马迁依据何在，则轶诗是否可信便成一大问题，由此夷齐到底怨否亦大可商榷。宋人陈长方谓此诗"陈古刺今，此意含蓄，此太史公文笔，非伯夷意也"。① 明人王直作《夷齐十辨》，第九辨"太史之误原于轻信逸诗"云：

> 然则世必有遭罹荼毒而作此诗者，非夷齐也。此诗误迁而迁误后世也。②

这两人都认为轶诗并非为夷齐之作，然皆未见确凿证据，乃出于臆测。令人惋惜的是，轶诗之真正作者究竟是何人，现已无法确切考证，只有暂且存疑。

如果单从传中所引轶诗来看，其中流露出来的怨意自然非常明显，这或许便是班固指摘司马迁"是非颇谬于圣人"的缘由。明代陈仁锡曾作调和之论：

> 孔子所云无怨者兄弟逊国，太史公所云怨者以暴易暴，之间原不相乖。③

但无论如何，他总还是认为夷齐是有怨的，而且所怨居然为武王的"以暴易暴"。武王一直被视为儒家理想君王的典型，我们可以想象此"怨"有多么惊世骇"儒"了。朱熹早就对此深致不满：

---

① 陈长方，《步里客谈》卷下，清守山阁丛书本。
② 王直，《抑菴文后集》卷三十五，清文渊阁四库全书本。
③ 陈仁锡，《陈评史记》卷六一，收于杨燕起主编，《历代名家评〈史记〉》，前揭，页540。

孔子论伯夷，谓求仁而得仁，又何怨？司马迁作《伯夷传》，但见得伯夷满身是怨。①

其弟子真德秀亦循师言："文公之说可谓至当，今特以其文而取之。"② 这几乎就等于全盘否定该文的思想价值了。不过，历来便不乏为司马迁作辩护者。宋人罗大经通过体认全文章法，认为司马迁乃以"怨"设问，中间虽似有怨，而引圣贤之语释疑，最终归结为"伯夷、颜子得夫子而名益彰，则所得亦已多矣，又何怨之有？"③ 明代杨慎或受此说启发，也对此文笔法做过类似分析，谓其"一篇之中，错综震荡，极文之变，而议论不诡于圣人，可谓良史矣"，并批评朱熹、真德秀："宋人不达文体，是以不得迁之意而轻为立论。"④ 清人方楘如、姚永概皆延续杨慎之说，而辩之愈详。⑤ 其文繁复，兹不赘述。其论一言以蔽之：夷齐无怨，司马迁也认为他们无怨。

这类说法似有"为圣人讳"的嫌疑，但夷齐是否果真有怨我们已不得而知，只有将此问题悬置。清人吴德旋说：

> 太史公岂果致疑于夷、齐之有怨乎？太史公怨者徒也，若

---

① 黎靖德，《朱子语类》卷第三十四"冉有曰夫子为卫君乎章"，明成化九年陈炜刻本。
② 真德秀，《文章正宗》卷二十《叙事》，清文渊阁四库全书本。
③ 罗大经，《鹤林玉露》甲编卷之六《伯夷传赤壁赋》，北京：中华书局，1983，页106。
④ 杨慎，《升庵集》卷四十七，清文渊阁四库全书补配清文津阁四库全书本。
⑤ 方楘如，《集虚斋学古文》卷一《伯夷列传解》；姚永概《慎宜轩笔记》卷四，收于杨燕起主编，《历代名家评〈史记〉》，前揭，页543－544、页547－548。

夷、齐之无怨，轶诗之不足据，则太史公固知之矣。①

但若说司马迁果真认为他二人无怨，既声称"考信于六艺"，又何必征引于古无稽而又怨气十足的轶诗？其实，明代李贽所说或更近于实情：

> "何怨"是夫子说，"是怨"是司马子长说。翻不怨以为怨，文为至精至妙也。②

《伯夷列传》一篇，实是司马迁借夷齐之酒杯，浇自己之块垒，司马迁固然是怨者，以怨者之眼观他人之苦，则他人亦莫不含怨。既然他煞有介事地将此事当作历史事实加以记述，并将其置于位置显赫的列传第一篇，那显然是有意使人相信：夷齐有怨，他自己更是有怨。然则，怨从何来，又如何化解？"人穷则反本，故劳苦倦极，未尝不呼天也。"怨到极至，在生命的极度困苦中，人自然会追问到天人之际，也正因着这重追问，生命的另一重境界才有可能开显出来。

天人之际："义""命"之间的困惑与抉择

司马迁出生于史官世家，其父司马谈承继祖业而为太史公。司马谈有着极为强烈的历史责任感，曾立志撰写一部伟大的历史著作。但史官在汉代地位卑微，不受重视，汉武帝封禅泰山，这种"接千岁之统"的大事，并未令司马谈从行。司马谈发愤将死，又深恐其先辈功名终绝于己，临死之际，恳切嘱咐司马迁，让他承继孔子作

---

① 吴德旋，《初月楼文钞续》卷一《读伯夷传》，收于杨燕起主编，《历代名家评〈史记〉》，前揭，页545。
② 李贽，《焚书》卷五《伯夷传》，明刻本。

《春秋》之绪,记述汉兴一统以来"明主贤君忠臣死义之士",不要废绝天下之史文。司马迁以此自任,未敢轻忽。

> 主上明圣而德不布闻,有司之过也。且余尝掌其官,废明圣盛德不载,灭功臣世家贤大夫之业不述,堕先人所言,罪莫大焉。

他对《春秋》之事与春秋之"义"了然于胸,"《春秋》采善贬恶,推三代之德,褒周室,非独刺讥而已也"。不过,一开始这还只限于知识性的了解,并没有切身的生命体悟——这种体悟必定要在生命实践之中,经过多次的困苦与磨难才能获得一线灵明。

正当司马迁兢兢业业地准备《史记》之时,李陵兵败,不得已而降匈奴。司马迁为李陵仗义执言,反被震怒之中的武帝下狱,按律当斩,司马迁因著书未成,故自请腐刑。此事对司马迁的打击是毁灭性的,若非他还怀着更为崇高的理想,很可能早已引决自裁了。他之所以苟活于世,无非是要完成《史记》一书。这一打击也促使他的创作观乃至人生观发生了深刻的变化:

> 夫诗书隐约者,欲遂其志之思也。昔西伯拘羑里演《周易》;孔子厄陈蔡作《春秋》;屈原放逐,乃有《离骚》;左丘失明,厥有《国语》;孙子膑脚,而论《兵法》;不韦迁蜀,世传《吕览》;韩非囚秦,《说难》《孤愤》;《诗》三百篇,大抵圣贤发愤之所为作也。此人皆意有所郁结,不得通其道也,故述往事,思来者。

古往今来的一切伟大著作,若丧失掉著者深切而高卓的个人体悟,是不能成其为伟大的。这表明,经此一难,司马迁的撰史观已发生了巨大变化:著史并非仅仅记载往代前朝的兴衰成败、古圣今贤的道德功业，而更应渗透著者自觉的生命境界的观照。这在《报任安书》中说得更为明确："亦欲以究天人之际，通古今之变，成一家之言。"

司马迁正是以其独到的生命感思来接通他之前的历史、人物、事件，并进行价值判断，这使得他不囿于前人之说，甚至是"圣人之说"。是以在《伯夷列传》之中，便以夷齐之确实有"怨"来质疑孔子"何怨"之说。明代李贽不无愤慨地评价夷齐之事道：

> 何以怨？怨以暴之易暴，怨虞夏之不作，怨适归之无从，怨周土之薇之不可食，遂含怨而饿死。此怨曷可少也？①

当然，这实际也是李贽借题发挥，抒一己之怨。夷齐固然有怨，其所怨不必如李贽所言之多，但至少可以肯定，他们之所怨，最主要的原因便是武王伐纣的"以暴易暴"。

这一直是一个令儒者备感头痛的话题。虽说"汤武革命，顺乎天而应乎人"，但自孟子之时，便已有齐宣王的质疑："臣弑其君，可乎？"这与夷齐叩马而谏有着惊人的相似。表面上看，孟子予以了巧妙的回答，但实际上却是回避了这个问题。因为若以仁义之实而行篡逆之事，则后世将不知有多少乱臣贼子以仁义之名行篡逆之实了。正如《庄子》所尖锐批驳的：

> 汤放其主，武王伐纣。自是以后，以强凌弱，以众暴寡。汤武以来，皆乱人之徒也。

这是儒家政治思想所不可避免的忠与义的内在矛盾。汉代也有过类似讨论，《史记·儒林列传》便载有辕固生与黄生在景帝面前争

---

① 李贽，《焚书》卷五《伯夷传》。

论汤武到底是"受命"还是"弑君"的事件。这场争论以景帝的居间调停而结束，但矛盾并没有解决，而是变得更加尖锐，它使政权移易的合法性问题逼显出来，这问题以相似的理路为汉家创业垂统的高祖刘邦覆上了一层阴影，作为汉家事业承继者的景帝敏锐地意识到它的严重性，他的调停方式是颇为巧妙的：

> 食肉毋食马肝，未为不知味也；言学者毋言汤武受命，不为愚。

但这毋宁说是以统治者的权威再次将此问题压制了下去。

但压制并不意味着问题的消失，它只会更深地潜隐到人们内心。司马迁对此问题显然有着异乎寻常的关注，作为一部通史，他首先必需解决朝代更替与天命之间的关系。应当说，司马迁在对待这个问题的态度上相当暧昧。一方面，他承认有天命的存在，朝代的兴替乃是天命运作之结果；另一方面，他对天命影响世事的作用机制表示怀疑困惑。即便是受命于天，还可以追问的是，难道上天就一定要以暴力革命的方式来移易政权？一定要以无数无辜的生命尸横遍野、血流漂橹，方能完成天命之转移？如是之"命"，真的出自一个"於穆不已""纯亦不已"的至高无上的存在者？如是之存在者，还有存在的必要吗？依此来看《伯夷列传》中的记载，或可望发现司马迁对这一问题潜隐的回应。

前文已说过，夷齐反对武王伐纣之事可能并不属实，但此事一经司马迁记载，无论如何，的确有许多人认其为真。历来信此为实的人，便面临着对夷齐与武王之争如何作客观评价的难题。唐代韩愈作《伯夷颂》，对伯夷满口赞词，谓其"特立独行，穷天地亘万世而不顾者也"，[①] 对伯夷与武王行为之间存在的矛盾未置可否。明

---

① 韩愈，《昌黎先生文集》卷第十三，宋蜀本。

代方孝孺承孟子"伯夷隘"之旨,谓其"过中失正,恐未臻乎尧舜禹之道"。① 不过大体上仍持赞扬态度。清人李熙仁则谓"夫伯夷所守者经也,武王之所行者通乎权以归乎经者也",② 乃以"经权"之论调和两者矛盾,对伯夷作了根本性的肯定。近代鲁迅作《采薇》,敷演夷齐之事,固是小说家言,不足为信,但其中也可以看出作者对夷齐二人的冷嘲热讽。

事实上,我们认为,夷齐之谏武王,表面上看是基于君臣之义的道德责难,而实际上却指向了更为高远的政治理想——"让王"。《史记》"贵让",这不仅是太史公的剖心之语,也是古今研究者的一致看法。明代杨慎加以发挥云:

> 《尚书》首《尧典》《舜典》,《春秋》首隐公,世家首太伯,列传首伯夷,贵让也。③

今人更因时代而附会,如陈直认为:

> 《史记》年表首共和,本纪首黄帝,世家首吴太伯,列传首伯夷,皆表扬让位,反抗君主者。④

事实上,"列传首伯夷,贵让"在诸多普通士人中,早已隐然成为一约定俗成的的典故。宋代陈仁子在《上刘恺逊弟书》中云:

> 让,美德也。《书》首尧舜,《诗》首文王,《春秋》首鲁

---

① 方孝孺,《逊志斋集》卷之五杂著《夷齐》,四部丛刊景明本。
② 李熙仁,《滇文丛录》卷四二《书史记伯夷列传后》,收于杨燕起主编,《历代名家评〈史记〉》,前揭,页548。
③ 杨慎,《史记题评》卷三十一,前揭,页459。
④ 陈直,《史记新证》,北京:中华书局,2006,页116。

隐,《史记》世家首吴大伯,列传首伯夷,皆让也。①

清代刘大櫆在《吴氏重修族谱序》一文中亦云:

  吴之受氏,自泰伯始。太史公次世家,首泰伯;次列传,首伯夷,岂非以其让天下让国,人所难能,将以为世之苟富贵而忘其廉耻者惩戒哉?②

书信往来及序列族谱皆为日常生活,而征引此语为诫,亦充分说明此意之深入人心。现实往往如此,诸多人尽皆知的美好理念未必皆能如理如实地付诸实践当中,尤其是世俗的政治实践。这是人类生存境域中蒙受尘垢最重的地带,机心权谋、暴力威势长久地笼罩于此,使其难得透出美善之光。但黑暗愈深沉,对光明的渴盼也越真切。正是如此,司马迁所刻意烘托的夷齐之让,便有了不拘于当时当地的超越性价值。有趣的是,《吴太伯世家》中,泰伯和仲雍所让者,正是武王之祖父季历。在"泰伯—武王—伯夷"的双重比照中,喻示着司马迁如此结构的微妙之义。夷齐所维护的并不是儒家君臣之间的"万世纲常",而是直显天下之公心。这公心基于"让德"而生,只有具备这样的牺牲精神,方能避免天命移易过程中频频出现的暴力流血事件。无奈这理想过于高远,不是后世习于争斗之心所能理解的,因而极易被人视为迂腐不经,荒诞无稽。其实,这是现实的龌龊,无碍于理想的高远。

  夷齐之心性与行迹,昭昭可鉴日月,最终饿死于首阳山,可谓不得善终。司马迁再一次将矛头指向了天:"或曰:'天道无亲,常与善人。'若伯夷、叔齐,可谓善人者非邪?积仁絜行如此而饿死!"

---

① 陈仁子,《文选补遗》卷十五,清文渊阁四库全书本。
② 刘大櫆,《海峰文集》卷四,清刻本。

他列举了历史上诸多恶人享福而善人遭殃之事，质问："余甚惑焉，傥所谓天道，是邪非邪？"有人认为，"太史公特借文章激荡以唤醒人心，岂真有所惑哉？"① 或认为：

> 不知"是耶非耶"以上，皆太史公设为或人难端，所谓"余"者，代或人自余云尔，其下则史公之折之也。②

这种解释不仅与文章理路不合，更不合于司马迁人生遭际及体验。在此问题上，他显然是有惑的。

宋代程颐因此而指责司马迁说：

> 莫之为而为，莫之致而致，便是天理。司马迁以私意妄窥天道……天道之大，安可以一人之故妄意窥测？③

其实，深具历史眼光与个人体验的司马迁自有其独特回答，而在这里他所谓"天道"与程氏"天道"的内涵也并不一致。这种"天道"事实上乃是"天命"，一种由外在的神秘莫测的终极实体所决定了的、个人尽其全部努力仍无法改变的力量。程氏之"天道"，却是由道德义涵推扩而来。司马迁在这里批判的是"天道"（亦即"天命"）赏善罚恶的德行业果观，他所提出的乃是德福一致如何可能的问题。通过观览三千年来兴衰成败、网罗天下轶闻旧事，并结合自己独特的人生体验，他不无绝望地认识到，所谓天能赏善罚恶，不过是安慰人的谎言罢了。尽管他在《越世家》和《韩世家》中也

---

① 王治皞，《史记榷参》卷三中《伯夷列传》，收于杨燕起主编，《历代名家评〈史记〉》，前揭，页542。

② 方苞如，《集虚斋学古文》卷一《伯夷列传解》，收于杨燕起主编，《历代名家评〈史记〉》，前揭，页544。

③ 程颢、程颐，《二程遗书》卷十八，清文渊阁四库全书本。

有"余烈""阴德"之说，但这只是他所作的一种假设性的逆推，并不具有事实上的必然性。

司马迁考镜先秦学术源流，为诸子作传，不会不明白诸子在此一问题上的思考。他尤其尊崇儒家，但这似乎也没能解决他在这方面的困惑。孔子一生之中对于德福关系问题相当豁达，并不认为德福能够在现实中实现精确配称，"命"这一概念在他那里固然意味着人生存于世某种程度的限定，但他将重心转向人的内在德性，开辟了一个更为广饶的世界，从而超越了"命"。孟子继承了孔子思想，其"天爵"与"人爵"、"性"与"命"之分际亦表示了同样的致思路径。

司马迁恰恰于此与孔孟有了根本性的分歧。他认为，"富者，人之情性，所不学而俱欲者也"，"礼生于有而废于无……人富而仁义附焉"。这即是说，获得物质条件的满足是人性的根本需求，而且只有在物质条件达到一定程度之后，才有仁义道德的养成。如果这不是司马迁的看法，至少也颇能代表当时普通大众的一般看法。如何能够要求这些人放弃物质条件的享受而去追求德性的完满实现？在寻常人那里，"以福配德"的理想甚至极易变成"因福配德"的庸俗，"何知仁义？已享其利者为有德……侯之门，仁义存"。深体人情的司马迁对此有着刻骨铭心的感悟。

另一方面，司马迁对于"命"的体悟亦与孔孟有所差异。孔孟言命，虽视其为不可知、不确定，不能由自己把握之物，但能对其采取一种超越的态度，从而展现出阳刚稳健而又不失温润洒脱的人生观。司马迁却遭受了非人的待遇，这对其心灵有着毁灭性的摧折。

> 是以肠一日而九回，居则忽忽若有所亡，出则不知所如往。每念斯耻，汗未尝不发背沾衣也。

在这种境遇之下，他对"命"的看法是相当悲观的，

> 人能弘道，无如命何……孔子罕称命，盖难言之也。非通幽明之变，恶能识乎性命哉？

孔孟在"命"面前多少有一份进退从容的自由，而司马迁以其绝望之心观照，其所感之"命"偏于天之绝对权威，此"命"几乎要沦为宿命论了。既如此，所谓天命与人世之祸福关系，便不是简单的赏善罚恶，其作用实是幽微莫测。司马迁由此埋怨天，便不足为怪了。

既然天不足为恃，儒家圣人所倡导的不忧不惧的境地又难以臻至，那么世间以道义为追求的普通人，又如何化解因不公正的待遇而带来的痛苦的感受？在司马迁看来，一向与儒家并峙的道家是否可以做到呢？或许我们可以通过《屈原贾生列传》中的叙议来回答这一问题。

> 屈平正道直行，竭忠尽智以事其君，谗人间之，可谓穷矣。信而见疑，忠而被谤，能无怨乎？屈平之作《离骚》，盖自怨生也。

如果参照司马迁在《报任安书》中对自己为李陵辩护一事的叙述，便可知道，司马迁名为写屈原之心，实则写自己之心。司马迁正是屈原的异代知音，所以他才会在读其作品时"悲其志"，观其自沉之渊时"未尝不垂涕，想见其为人"。相似的遭遇，使得司马迁能够深体屈原之悲，并予以传神写照。贾谊与屈原遭遇相似，俱属遭诽谤而不得任用者。他试图以道家思想来排解其愁苦郁闷，其文《鵩鸟赋》即有此意。该赋"同死生、轻去就"，令司马迁读后一度"爽然自失"，并为屈原的遭遇感到奇怪。不过，庄子那"冥同物我、齐一死生、与时俯仰、任运浮沉"式的逍遥态度，终究未能切实地医治人的精神创伤。贾谊最终还是幽愤以死，年仅三十三岁。屈原在临终之际与道家精神的代表渔父一席深谈，终未能改变其志，怀石自沉以死。司马迁将此二人归于同一列传是意味深长的。这喻示着，不管是儒家也好，还是道家也好，竟都无法为受苦受难的芸芸众生提供有效的抚慰。在司马迁看来，选择道家似乎意味着泯灭价值判断而随波逐流，选择儒家则意味着对于牺牲义无反顾的承担。

然而，司马迁的抉择仍然是儒家式的。"道不同不相为谋"，这世间有人为善，有人为恶，作为向善者，首先便要坚定自己的抉择，绝不能同流合污。"岁寒，然后知松柏之后凋。""举世混浊，清士乃见。"越是在险恶的环境之中，越能见出人的品性，即使这要求他作出更大的牺牲。然则这些处于忧愁患难甚而至死的人们，何以获得抚慰呢？正是在这种境况下，司马迁作为史家，著史显出独特意义："君子疾没世而名不称焉。"他著史最为重要的目的之一，便是为那些"岩穴之士""闾巷之人"立名。他不会不知道庄子对于求名者的批判："名者，实之宾也。"——伯夷叔齐正是庄子所讽的"死于名者"。不过，司马迁在这里承继的仍是儒家名实相符的传统。作为史家，准确地判别各人的名与实，是他义不容辞的责任，更是他继承《春秋》之统，使万事万物各从其类、各得其位的应有之道。欲得其名，必具其实。君子依正道而行，本不为名，然而若不录其名而传诸后世，岂不使向善守义之人愈显孤独吗？

结　语

司马迁本人并非全幅是道义生命，也并非全幅是利欲生命。可以这样说，他的存在苦苦挣扎于义理与利欲之间，在这种挣扎之中的抉择无疑是困难的，这种抉择是无数普通人时时刻刻都会面对的，所以最具典型性。幸而他在生命蒙受了巨大的耻辱与苦难之后，仍选择了向义而生，纵使这种选择为他带来了更多痛苦，他却毅然承担下来，用自己的生命之光去烛照在历史舞台上出场的形形色色人物：帝王将相、儒农工商、贩夫走卒、游侠刺客，三千年来如走马，他们同声相应，同气相求，各从其类，司马迁怀着博大的同情之心体察到这些人物的内心深处，并用如椽巨笔将其一一描绘出来，其中一以贯之的是他对丑恶与污秽的有力鞭挞、对痛苦和磨难的无私关怀、对德性和公正的永恒追求。

在《伯夷列传》中，司马迁并不完全照搬先前文献记载，而是有意识地采择甚至再创作，渗透了他对天人之际的深刻思考。这其中涉及两个问题，一是天命与历史政权转移，二是天命与个人祸福报应。这两个难题，都在夷齐事件中得到了集中的体现。对于前者，司马迁并无明确回答，只是潜蕴于整个《史记》的谋篇布局之中。他特意将《伯夷列传》置于地位显赫的列传第一篇，与《本纪》之以尧舜为首、《世家》之以吴太伯为首相互呼应，彰显"贵让"之大德，从而含蓄地指出了解决第一个问题的根本答案。继而他又通过独特的行文章法，以议为主，以叙为辅，由夷、齐遵义而行，最终反致饿死之惨烈，引出第二个话题。司马迁对此则有着刻骨铭心的体验，他也给出了明确的回答，这突破了孔孟尊德性而轻富贵的传统，在很大程度上肯定了"福"的积极价值。也正是在"福"的极度匮乏中，"德"才能得到更鲜明的彰显。德福配称难题凸显于对天赏善罚恶的质疑。司马迁以史学家的方式对德福配称作了别具特色的解决，将当前及今生难以实现的公正置于时间历程之中，试图经由历史的评判，给予其应有的褒贬，而臻至德福的最终谐和。尽管历尽磨难，在"义"与"命"的纠葛处，司马迁仍然选择的是"义"，他担负起自身使命，通过著书立言，褒善贬恶，对"天人之际"的难题作了极富牺牲精神的有力回答。

论哲学生活

拉齐（Abū Bakr Muhammad ibn Zakariyyā al-Rāzī） 撰
巴特沃思（Charles E. Butterworth） 英译
董修元 译

一 导论

1. 阿布·柏克尔·穆罕默德·本·扎卡利亚·拉齐——愿真主将安乐赐予他的灵魂——说：① 当那些沉思、明辨并获得成就的人，看到我们参与众人的生活，开始致力于谋生的手段，就会批评和指责我们，说我们背离了哲人的生活方式，特别是我们的领路人（imāmunā）苏格拉底的生活方式。据说，他从不拜谒君王，当君王拜访时，他却轻视他们；他不吃美味的食物，不穿华丽的衣服，不

---

① 英译基于拉齐《论哲学生活》（*Kitāb al-Sīrah al-Falsafiyya*），收录于拉齐《哲学论文集》（Abū Bakr Muhammad ibn Zakariyyā al-Rāzī, *Rasā'il Falsafiyya*），Paul Kraus 编，Beirut：Dār al-Āfāq al-Jadīdah, 1973 年重印，pp. 98-111。章节段落的划分是我做出的，方括号中的数字代表克劳斯版《哲学论文集》的页码。[译按] 本文发表于 *Interpretation*, Spring 1993, Vol. 20, No. 3。

建造，不占有，不吃肉，不喝酒，也不参加娱乐活动。相反，他满足于素食，身着破衣，住在荒野的瓮中。他面对大众和有权威的人时也不伪装，而是以最明晰的语言向他们阐发他认为的真理。但我们并不这么做。

2. 然后，他们说，我们的领路人苏格拉底的生活方式有种种弊端，如违犯自然的进程、［摧毁］农耕和生育的基础，会导致世界的毁灭和人类的衰亡。

3. 我们将竭尽所能地回应他们，如果真主愿意的话。

二 哲学生活

1 苏格拉底早期生活的原因

4. 因此，我们说，他们关于苏格拉底的传述确然属实。这是他［生活］的一部分。但他们忽略了其中另一些内容，他们蓄意省略这些内容以罗织反对我们的证据。他们关于苏格拉底的记述在他生平的早年和相当长一段时间内确实正确。然后，他很大程度上改变了生活方式，在去世之前他生了几个女儿，与敌人作战，出席节庆集会，吃除肉之外的美食，也喝一点酒精饮料。这在那些致力于搜集苏格拉底生平逸闻的人们中众所周知。

5. 在其生涯之初［100］，① 他确是如此，由于哲学带给他的强烈惊异，由于他爱哲学，渴望将所有耽于欲望和享乐的时间都用于哲学，由于他的本性更倾向于哲学，也由于他藐视那些没有给予哲学应有评价而青睐更低级事物的人。毫无疑问，在从事自己渴慕热

---

① ［译按］此系阿拉伯语原文页码。汉译文基于巴特沃思英译，同时参校巴氏译本所依据的克劳斯编辑文本。

爱的事业之初，一个人会投入其中，过度地热爱和追求它，憎恶那些反对它的人，直到他深入其中、稳固的植基其中，这时他会减少偏执而回归中道。正如一句箴言所说："一切新事中都有乐趣。"这就是苏格拉底生平中那一阶段的状态。关于他的此类轶事流传更广且更多，是因为它们更新奇、令人惊讶和与众不同，人们酷爱散布那些新奇、罕见的说法，而对那些常见的合乎惯例的事情则避之不及。

6. 因此，我们不反对苏格拉底生平中值得赞赏的方面，尽管我们在这方面与他相差很远，也承认自己在践行公正的生活方式、克制欲望、热爱和渴求知识上的不足。但我们与苏格拉底的生活方式差异不在于质而在于量。我们不因为承认自己比苏格拉底不足而变得卑下，因为这是事实，而承认事实是更高贵、更优越的。这就是我们关于这个主题要说的内容。

2 苦行与放纵

7. 至于他们对苏格拉底两个生活阶段中［前一段］的谴责，其中真正值得谴责的也只在量而不在质。因为，显而易见，正如我在《精神医学》（*On Spiritual Medicine*）① 一书中所述，沉迷于欲望并不是最优越或高贵之事，相反，它② 是在必要的或带来的痛苦不超过快乐的范围内满足需要。

8. 苏格拉底从过度的状态回转了，这种过度状态确实值得谴责、会导致世界的毁灭和人类的衰亡，因为他确实回到［世间］生育、

---

① ［译按］据克劳斯编辑本，书名原文为 *Fī al‑Tibb al‑Rūhānī*，下文直接将原文书名附于英文译名之后，不再注明。

② ［译按］指最优越高贵之事。

与敌人作战［101］，并出席节庆集会。这样做的人就避免了导致世界毁灭和人类衰亡的鲁莽行动。不这样做并不一定意味着沉迷于欲望。尽管与苏格拉底相比，我们或许不足以承担"哲学"之名，但与非哲学的人相比，我们仍担得起这一名号。

3 哲学生活的原则

9. 既然关于这个问题的谈论已经推进至此，就让我们完成关于哲学生活的论述，以使知识的爱好者和选择投身于此的人们受益。因此，我们说，我们需要将这篇论文设定的目标以其他著作已阐明的原理为基础，这些原理使这篇文章的内容更易于理解。其中包括我们的著作《论神学》（On Divine Science/Fī al-'Ilm al-Ilahī）、《论精神医学》、《对那些从事于几何学中不必要部分的所谓哲人的谴责》（On Blaming Those Characterized as Philosophers Who Occupy Themselves with What Is Superfluous in Geometry/Fī 'adhal man ishtaghal bi-fudūl al-handasa min al-mawsūmīn bi-'l-falsafa），还有我们称为《炼金术之荣耀》（The Glory of the Art of Alchemy/Sharaf Sinā'a al-Kīmiyā）的著作，尤其是我们称为《精神医学》的著作。事实上，它对于完成本文的目标、［阐明］哲学生活方式的各个分支建基其上的原理是必不可少的，我们在这里对这些原理仅作节略的表述，它们是：

（1）根据我们的灵魂与身体在一起时的生活，我们在死后处于一种值得嘉许或谴责的状态。

（2）作为我们受造的目的和我们被驱动朝向的目标的最优越之物，不是得到身体的快乐，而是获取知识和践行正义，借此二者我们从此世获救、去往没有死亡和痛苦的世界。

（3）自然和欲望引导我们选择当下的快乐，而理智则经常引导我们放弃当下的快乐，追求理智的选择。

（4）我们的主——我们希望从其获得奖赏、惧怕从其获得惩罚——看顾我们，对我们怀有仁慈之心，不想让我们引起痛苦，憎恶我们变得不义、无知，喜爱我们变得有知识、公正。这位主［102］按其所应得的程度，惩罚我们当中引起痛苦的人和理应承受痛苦的人。

（5）我们不应为了一种快乐而忍受某种痛苦，如果该痛苦在质和量上超过这种快乐。

（6）至高全能的造物主已经赐予我们所需的各种特殊事物，如耕种、纺织以及其为维持世界和生活所必需的事物。

10. 让我们遵循这些原理，以在此基础上建构。

4 关于快乐

11. 所以我们说，此世的快乐与痛苦会随着生命的中断而中断，但那个没有死亡的世界的快乐，永不中断，永无尽头。用永恒、持存、不中断、无尽头的［快乐］换取易逝、会中断、有尽头的快乐的人，受到了蒙蔽。如果这是事实，一个必然的结论是：我们不应追求那种快乐，后者必定会阻碍我们获救去往灵魂的世界，或必然会在此世带来在质和量上超过并强于我们更想要的快乐的痛苦。在此之外的快乐对我们而言都是允许的。

12. 然而，从事哲学的人应当放弃很大一部分允许的快乐，训练自己的灵魂、使它养成习惯，以便在某些必要的情境中感到更轻松和容易，正如我们在《论精神医学》中所言。就像古人所说，习惯是第二天性（second nature），① 它使困难的事情变得容易，使陌生的事情变得熟悉，在精神和身体的领域都是如此。正如我们所见，

---

① ［译按］此短语原文为 *tabī'a thāniya*。

信使更善于行走，士兵在战争中更勇敢，这里并无隐晦难解之处，是习惯使原先艰难的事物变得容易。

13. 即使上一条论证只是节略的概括，在它之下仍包含许多特殊的内容，关于后者我们在《论精神医学》中曾做过阐发。[103] 我们设定的原理是，一个理智的人不应屈服于快乐，如果他担心这种快乐会带来超过［合理的］放弃快乐、压制欲望所需程度的痛苦，如果这个原理本身就是正确、真实的，或者应当如此被预设，那就必然得出以下结论：即使我们能通过对人们犯下令神不悦的罪行而毕生拥有整个大地——他将因此禁止我们达到永恒的善和持久的恩典，我们也不应当这样做或这样选择。同样，如果我们确知或几乎确知吃一碟新鲜椰枣会导致十天的眼炎，那我们就不应选择去吃。所有在我们提到的这两个例子——其中一个重大，另一个相对渺小——之间的具体事物都是如此，其中每一个相对于最大的而言都是渺小的、相对于最小的而言都是重大的。由于涵盖在这一普遍原则之下的特殊事例数不胜数，这一论证不可能穷尽所有情况。

14. 因为我们已经阐明了我们意欲说明的这个主题，接下来我们将阐释紧随其后的下一个目标。

5 关于痛苦

15. 于是，我们说，从我们设定的原理出发，我们知道我们的主和王①关心我们、照看我们、对我们怀有仁慈之心，还能据此得出推论，他憎恶降临于我们的痛苦。所有不是由于我们的行为（enterprise）② 和选择而是由于自然而让我们遭受的痛苦，都是出于必要、

---

① ［译按］都指神。
② ［译按］此处"行为"原文为 *iktisāb*，本义为"获取"。

不可避免的事情。由此一个必然的结论是，我们不应使任何有感觉的生物痛苦，除非这种痛苦是它应得的，或者我们借此使它免受更强烈的痛苦。[104] 在这一判断之下包含许多细节：所有的恶行、国王通过猎杀动物取乐、人们让牲畜过劳工作。现在所有这些都应遵循理智的和公正的目的、法则、方法和教义，不得逾越，也不可偏离。

16. 痛苦会发生，当一个人希望借助它避免更大的痛苦的时候，就像外科医生切开［脓肿］，烧灼有坏疽的肢体，让［病人］出于对更严重更痛苦的疾病的恐惧而喝下令人厌恶的苦药、放弃美味的食物。让牲畜工作，应有［经过考虑的］目的，不应使用暴力，除非暴力是必要的，是理性和正义要求，如为了逃离敌人而鞭打马匹。因此，在这种情况下正义要求鞭打和伤害，如果是为了拯救一个人的生命，尤其当那个人是一位博学的善人或对公共利益有重大意义时。此人及其生存于此世的意义，对他的人民而言比那匹马更加重要。同样，当两个人处于无水的沙漠，其中一人拥有的水仅够救他自己，不够救助同伴，在这种情况下应该选择将水给那个能给民众带来更多利益的人。所以，这就是此类以及类似情况下的类比推理（analogy）。①

17. 捕猎、驱逐、杀死、消灭的对象，应仅限于那些以肉食为生的动物，如狮、虎、狼之类，还有那些会造成重大伤害、无法从它们受益也无需使用它们的动物，如毒蛇、蝎子等。所以，这就是此类情况下的类比推理。

18. 只有在两种情况下可以伤害动物［的生命］。其一是如果不伤害这种动物，它们将伤害许多动物，[105] 这是那些以肉食为生的动物的特性。另一种情况是灵魂从人类而非动物的身体中解脱。

---

① ［译按］此处"类比推理"原文为 *qiyās*。

在这种情况下，像这样的灵魂脱离身体，就像是在促进和助成［最终的］拯救。

19. 这两种情况都适用于肉食动物，后者应当被尽可能杀死。因为这将减少动物的痛苦，并使它们的灵魂有希望进入更合适的身体。毒蛇、蝎子、黄蜂等［动物］的共性是会给［其他］动物造成痛苦，而且不像牲畜那样可以役用于人。因此，我们可以消灭、杀死它们。

20. 用于工作的食草动物不应被杀死和消灭。在使用它们的时候，要像我们前面提到的那样温和，同时在喂食和繁育方面尽可能节约，不要让它们繁殖过多以致需要大量宰杀。但这么做要有目的，也要根据具体需求。如果灵魂不是只有在人类的身体中才有希望获得解脱，理智的判断不会允许它们被宰杀。从事哲学的人们在这个问题上有分歧，有人主张人应从肉食中获得营养，也有人不这样认为，苏格拉底属于不允许这么做的人之列。

21. 根据理智和正义的判断，人不应使他者痛苦，由此得出的推论是，他也不应使自己痛苦。在这一命题之下还包括许多为理智判断所禁止的事情，如印度人为了接近神而施行的自焚、脚踩尖刃等，又如摩尼教徒在性欲产生时自我阉割，用饥渴令自己消瘦，用断水或以尿代水的方式污秽自身。属于同样范畴、或许远远不及前者的［106］是，基督徒在修道院中的禁欲苦行，还有许多穆斯林长住在清真寺里，不事生产，仅吃少许令人生厌的食物，身着粗衣。事实上，所有这些都是对自己犯罪，它们带来痛苦却并不使［人］免受更大的痛苦。

22. 苏格拉底在其生命的早期，就过着这样的生活，但就像我们提到的，在生命的晚期他放弃了这种生活方式。关于这一划分，人们中有许多分歧，我们不会深入其中。不过我们还是不得不以举例的方式说一些类似的东西。

6　上限与下限

23. 因此，我们说，人的状态各不相同。有人成长于安乐窝，有人出身悲惨。有人的灵魂受到某些欲望的更大牵引，就像那些迷恋酒色、权力和其他因人而异的对象的人们。所以，人们在压制欲望时产生的痛苦，也根据其状态不同而大相径庭。生于王室、长于安乐的人，其皮肤无法忍受粗糙的衣服，其肠胃也无法忍受普通人之子所能忍受的可厌食物，他们从中感受到剧烈的痛苦。与此类似，习惯于获得某种快乐的人，当被禁止获取这种快乐时会感到痛苦，他们倍感不适，这种感觉的广度和烈度，都要超过那些没有习惯此种快乐的人。

24. 因此，不能以同一种方式要求所有人，应根据他们状态的不同而有不同的要求。对于王子，在饮食起居等方面不能按对待普通人之子的方式来要求，即使有必要这样做，也要循序渐进。

25. 然而，不可逾越的界限是禁止［获取］这样的快乐：只有［107］通过犯罪、杀害与一般说来触怒神并被理智和正义判断为不当行为才能获得的快乐。此外的［快乐］对他们来说是允许的。这就是上限，即允许享受方面［的标准］。

26. 至于下限，即苦行禁欲方面［的标准］，一个人的食物不应该伤害他或使他生病，但也不应过度追求口腹之欲，以至于以这种快乐和欲望本身而非以充饥为目的；其穿着应不至于令他难受，同时又不倾向于奢华绚丽；其居所应能使他免受极端寒暑之苦，但不应追求装饰华丽的豪宅，除非他极其富有，无需犯罪、逾矩或殚精竭虑也能负担这些。所以，那些生于贫家、成长于困苦环境的人在这方面会更出色，因为禁欲苦行对于这些人更容易，就像禁欲苦行对于苏格拉底比对于柏拉图容易。

27. 处于这两个界限之间的，就是允许的。如此践行的人并未远离哲学之名［允许的范围］，他可以担当这个名号。但是，相对于上限而言更倾向于下限是可取的。有德之人，即使是生长于安乐，也会逐渐让身体适应下限。

28. 超越下限就出离哲学而进入类似于我们提到过的印度人、摩尼教徒、僧侣和隐修者的状态。由于徒然给灵魂制造痛苦，他们放弃了公正的生活方式，触怒了至高无上的神［108］，应当被排除在哲学之名之外。超越上限的情况与此类似。我们祈求神——理智的赐予者、悲伤的驱除者、烦恼的解救者——保佑、指引、帮助我们做他最嘉许的事情，让我们最大限度地靠近他。

7　哲学生活方式的总结

29. 总之，我说：既然神是全能、至上的造物主，是无所不知、所行无不公义的，是绝对的知识、正义和仁慈，是我们的创造者和主人，我们是他的奴仆和臣属，而最为主人所喜爱的奴仆，是那些最忠实地选择并坚持他们①的生活方式和常道的奴仆，［那么，］最接近神——愿他被尊崇荣耀——的奴仆，是那些最博学、最公正、最富同情心、最仁慈的人。所有这套理论就是那句所有哲人［都尊奉］的箴言的宗旨："哲学就是尽人之所能使人近似于神——愿他被尊崇荣耀。"这就是哲学生活的总结。《论精神医学》对此有详述。因为在那里我们提到：如何去除灵魂中恶劣的道德习惯；有志于哲学的人应在何种程度上致力于谋生、占有、消费和寻求统治地位。

---

①　指主人。

三　申辩

30. 我们已经说明了我们关于这个主题要阐明的内容，接下来回到对我们［自己］的说明。我们将提到那些诋毁我们的人，还将提到在神的佑助下时至今日我们从未过一种配补上哲人之名的生活。这是因为，应当被剥夺哲学之名的人是在哲学的两方面即知识与实践都有欠缺的人，他们要么对哲人应知道的东西非常无知，要么采取了一种不属于哲人的生活方式。而我们——仰仗神的赞许、恩典、佑助和指引——则免于这种欠缺。

31. 至于知识方面，即使我们只具有写作像眼下这样一本书的能力，已经足以使我们获得不容剥夺的哲学名望，更何况我们还有［其他］著作，① 诸如《论证明》(*On Demonstration/Fī burhān*)、《论神学》(*On Divine Science/Fī al - 'ilm al - ilahī*)、[109]《论精神医学》，和我们被称为"自然讲座"(*Lecture on Nature/Sam' al - kiyān*) 的《自然科学导论》(*On an Introduction to Physical Science/Fī al - madkhal ilāal - 'ilm al - tabī 'ī*)；还有我们的论文，②诸如《论时间、位置、质料、永恒和空间》(*On Time, Place, Matter, Eternity, and Vacuum/Fī al - zamān wa' l - makān wa' l - madda wa' l - dahr wa' l - khāla'*)、《论世界的形式》(*On the Form of the World/Fī shakl al - 'ālam*)、《论地球上升至天球中心的原因》(*On the Reason for the Earth Arising in the Middle of the [Heavenly] Sphere*③)、《天球做环形

---

① 此处原文使用的是单数 *mithl kitābinā*。
② 此处原文使用的是单数 *wa ⟨mithl⟩ maqālatinā*。
③ ［译按］标题原文为 *Sabab qiyām al - ard fī wast al - falak*。其中 *qiyām* 一词既有上升、也有停留之意。

运动的原因》(*On the Reason the [Heavenly] Sphere Has Circular Movement / Sabab taharruk al‑falak alā istidār*)，还有我们的论文①《论组合》(*On Composition / Fī al‑tarkīb*) 和《论具有已知的自身运动的物体》(*On Body Having Its Own Motion and This Motion Being Known / Fī anna li' l‑jism harakat min dhātihi wa‑anna al‑harakat ma'lūma*)。我们还有关于灵魂的书、关于质料的书、关于医学的书，如《曼苏尔之书》(*The Mansūrī Book / al‑Kitāb al‑Mansūrī*)、《致医生不会到访者》(*To Those Whom the Physician Does not Visit / Ilā man lā yahduruhu tabīb*)、《论现存的药物》(*Book about Existing Drugs / Fī al‑adawiyya al‑mawjūda*)、名为《皇家医学》(*Royal Medicine / al‑Tibb al‑mulūkī*) 的[著作]，以及名为《概览》(*The Summary / al‑Jāmi'*) 的著作——这是这个王国里无人能够超越或模仿的著作。我们还有一部著作关于智慧技艺②——即普通人所说的炼金术。总之，截止到写作这篇论文为止，我已写出关于哲学的自然哲学和形而上学学科的近200部著作、论文和手册。③

32. 至于各种数学学科，我承认我仅在必须的范围内研究它们。我有意避免耗尽时间以求掌握它们，并非由于没有能力掌握。对那些想要[了解]的人，我已经给出过理由，即我所做的是对的，我不像那些所谓哲人那样，毕生耗费于钻研几何学的细节。

33. 如果我所达到的知识成就还不足以被称为哲人，那么，我很想知道在我们的时代谁具有这个资格。

34. 至于实践方面，在我的生活中，我——在真主的佑助下——从未逾越我所界定的上限和下限。我的行为也没有任何值得指摘之

---

① 此处原文使用的是单数 wa ⟨mithl⟩ maqālatinā。
② [译按]"智慧技艺"原文为 Sinā' at al‑hikmat。
③ [译按]"手册"(pamphlets) 原文为 risālat，意为"书信"、"论文"。

处，可让人说我的生活方式不是哲学的生活方式。我并没有作为一个侍卫或被委派处理其事务的［朝臣］陪伴苏丹。相反，我陪伴在他的身边，只是负责医疗，作为同席者，我负责两件事情：当他生病时，治疗他，［110］改善他的身体状况；在他身体健康时，使他愉快并建议他——真主明鉴我的所作所为——做我希望一切对他和他的臣民（flock）有益的事情。

35. 我身上从未显露过聚敛和挥霍钱财的贪婪，也没有与人争辩、争吵或压迫别人。众所周知，与所有这些正相反，我对自己的许多权利漠然视之。

36. 至于我在饮食和参加娱乐活动方面的情形，那些经常观察我的举动的人都知道，我不倾向于任何极端。在我生活中其他可以被观察到的方面——如衣着、乘骑、［使用］男女仆役——也是如此。

37. 至于我对知识的热爱、渴望和求索，那些曾和我在一起、观察过我的行为的人都知道，从年轻时代到现在我从未停止献身于此，假如我遇到一本未曾读过的书或一个未曾咨询的人，非要读完此书或了解此人有什么［知识或问题］后，我才能将注意力转向其他事情，即使这样对我有极大的损害。我的坚忍和努力达到这样一种程度，我一年之中用类似于符咒的字体写成的文本超过两万页。我花费了十五年时间，夜以继日，写作大部头著作《概览》，视力和手部肌肉都受到损伤，以致此刻我被禁止读写。即使处于这样一种情况，我仍尽可能不放弃读写，只是常常请他人代劳。

四 结论

38. 所以，如果那些［批评者］认为我在这些方面践行的标准低于哲学的层次，在他们看来遵循哲学生活的目标和我描述的不同，那么，请他们当面或通过写作向我们表述清楚［其立场］——这样我们或者接受他们的意见，如果他们带来更优越的知识；或者反驳他们，如果我们证实其中有错误或缺陷。

39. 姑且对他们让步，承认我在实践方面有所欠缺，他们在理论方面还能说什么呢？如果他们［111］发现我在这方面也有缺陷，请他们说出在这方面所指的是什么，以便我们作出考察、然后承认他们是正确的或反驳他们的错误。如果他们并未发现我在理论方面有何欠缺，那对他们而言最合适的事情，是从我的知识中受益，而非关注我的生活。那样的话，他们将如诗人所说：

> 请践行我的知识，
> 如果我不善实践。
> 我的知识使你受益，
> 我的缺陷于你无害。

40. 这就是我在这篇论文中想要说的。无尽赞颂归于理智的赋予者，如他所应得的。愿神保佑蒙选的男性仆人和善良的女性仆人。

41. 《论哲学生活》至此完成，无条件的赞颂永远归于至高无上的神。

译者单位：山东大学犹太教与跨宗教研究中心

本译文系国家社会科学基金项目"希伯来－阿拉伯语哲学文献的整理、翻译和研究"（编号：2018VJX001）的阶段性成果。

拉齐政治哲学的源头

巴特沃思（Charles E. Butterworth） 撰
董修元 译 林 凡 校

一 导论

我们对拉齐政治哲学源头的探索之所以始于《论哲学生活》，①不是因为它提供了最全面的论述，或者这终究是他的最早著作，而是因为它最易于获得。对他更充分展开的教诲而言，这篇论文提出的问题具有中心意义，而且这部著作中的相关论述比其他著作更加清晰。他在文中展示了自己的生活方式

---

① 本文极其受益于 Hillel Fradkin 的正式批评（Vegetarians with Bloody Hands: Some Comments on *The Origins of al-Razi's Political Philosophy* by Charles E. Butterworth，提交于 1991 年华盛顿举办的美国政治科学会议希腊政治思想会场），谨致谢忱；同时感谢 Hilail Gildin 富于洞见的评论。［译按］本文发表于 *Interpretation*, Spring 1993, Vol. 20, No. 3。

多么接近他承认的宗师苏格拉底，并由此而为这种生活方式的合理性论证。对拉齐和苏格拉底来说，问题在于一个倾向哲学的人应在多大程度上投身或关注这个与理念世界相反的人类世界。

这当然不是问题的全部。拉齐对比了自己与苏格拉底的行为，由此而为自己的行为申辩，但这么做的时候，他还必须面对那个未曾明言的嫌疑，即从事哲学会威胁共同体的信仰。他没有直接处理这个问题，却成功地使自己完全摆脱了这种沉默的指控，这一事实清楚地表明，拉齐这篇论文的结构何其精巧。正如下文将要表明的，他扩大了哲学的领域、超越了对哲学的通常理解（即一种半伦理、半形而上学的追求），这样，他就达到了目的。这也是这篇论文对我们的一部分吸引力所在。

苏格拉底不得不面对天才谐剧家阿里斯托芬加之于他和他的事业的嘲弄，同样，拉齐也必须回应同时代人的匿名诽谤。对苏格拉底来说，阿里斯托芬的指控唤醒并滋长了雅典同胞对他怀有的猜疑。很明显，他不但从未能够止息这些猜疑，在审判中的阴郁申辩还令这些猜疑更深——如果我们相信柏拉图和色诺芬的记述。但这两位思想家在别的著作中也还有为苏格拉底辩护的回忆：

> 人们很容易得到这样的印象，即柏拉图和色诺芬刻画的苏格拉底有意反驳阿里斯托芬的刻画。很难说，阿里斯托芬的苏格拉底和柏拉图－色诺芬的苏格拉底之间的差异，是否应被归于苏格拉底本人的一场深刻转变：从青年时代对政治或道德事务、人类事务或人类的蔑视，转向成熟时期对这些事务的关切。就我所知，对这种可能性最清晰、最深思熟虑的阐释出自穆罕默德·本·扎卡利亚·拉齐的

《论哲学生活》。①

正是因为拉齐在申辩时、在谈论苏格拉底及其从离群索居式的禁欲主义转向参与人类和政治事务时采取了激情洋溢的方式，我们才对他的表述产生了极大的兴趣。在这部著作中，拉齐雄辩地为哲学追求辩护，同时也没有无视他的穆斯林同胞对这一活动的鄙弃。②他回应了他们的指控，将我们引领至政治哲学的门槛及其基本关切。为了进一步澄清这些评论，也为了让它们多少更有说服力，我将分析《论哲学生活》的基本论证，并审视拉齐阐发其更宽泛的政治教诲的方式。

二 文本的论证

《论哲学生活》可以分为四个主要部分：导论、拉齐陈述哲学生

---

① Leo Strauss, *Socrates and Aristophanes*, New York: Basic Books, 1966, p. 314。要理解这段话，我们不仅要关注具体语境，还要结合施特劳斯的出发点，施特劳斯提出，阿里斯托芬对苏格拉底的攻击和后来尼采同样激烈的攻击之间，有一条共同线索（参 pp. 3–8，特别是 pp. 6–8）。［译按］中译参李小均译，《苏格拉底与阿里斯托芬》，北京：华夏出版社，2011，页330，页1–7。

② 对这部著作的激情和基本诉求的描述，见 Paul Kraus, "Raziana I", in *Orientalia* 4 (1935), p. 303：《论哲学生活》并不像它的标题显示的那样，仅仅是拉齐伦理理想的一个表述。它的根本兴趣在于其中提出的人格特征：拉齐为他的生活做出辩护。在年事已高之际，拉齐遭到一些反对者的攻击，后者否定他的哲人资格，并诋毁他为自己设立的崇高道德理想。拉齐出于对自身价值的充分意识而对这些反对者做出回应。他宣称他始终忠于自己的哲学理想，并通过自己的科学活动为服务人类做出了极大贡献。切记这是一位医生在对我们讲话，这位医生浸淫于最好的希腊传统、远离任何禁欲倾向、他的伟大关切就是达到自古以来历代宗师所具有的完美均衡特质。我们在阿拉伯文献中很少有机会听到一种如此有个性、有温度又服务于这样一项合理事业的强烈发声。（翻译和重点均出自笔者）

活方式之基本特征的插话、申辩的尝试、结论。这部著作最短的部分是导论和结论，都不到一印张（第1-3段，99：3-13；第38-40段，110：16-111：7）。①他的申辩也相当简短，只有两个印张多一点（第30-37段，108：13-110：15）。因此，这部著作中最详尽的是被明确称为插话的部分，即拉齐对哲学生活的论述。

1 导论
（第1-3段，99：2-13）

拉齐开篇指出，有一些沉思、明辨并获得成就的人，批评他背离了哲人的生活方式，尤其是他的领路人、宗师或伊玛目苏格拉底的生活方式。他们指责他与人们交往、致力于谋生的手段，而苏格拉底所过的哲学生活，则在于克制那些导致与他人——特别是富翁和有权势的人——接触的活动，并对个人舒适毫不挂怀（第1段，99：3-5；第34段，109：19-110：2）。在列举据说苏格拉底所克制的九种行为中（99：5-7），居于中心地位的行为是拒绝任何占有，与此形成象征性对照的，是在列举苏格拉底主动去做的行为时（99：7-9），占据中心的是他以破衣烂衫遮体的行为。这一组对比的重要性要大于苏格拉底拒绝华丽衣服（他所避免的事物的第三个例子）和身着破衣之间更恰切的关联。

---

① 以下所有页码及行数，来自拉齐《论哲学生活》（*Kitāb al-Sīrah al-Falsafiyya*），收录于克罗斯（Paul Kraus）编辑的拉齐的《哲学论文集》（*Abū Bakr Muhammad ibn Zakariyyā al-Rāzī, Rasā'il Falsafiyya*），Beirut：Dār al-Āfāq al-Jadidah，1973年重印，页98-111（页97-98是克劳斯的导言）。段落标号和文本分节都是我基于克劳斯编辑文本的英译所做。另一较自由的英译，参 A. J. Arberry, *Aspects of Islamic Civilization, As Depicted in the Original Texts*（Ann Arbor：University of Michigan Press, 1971），pp. 120-130。

我们还需要指出，否定性的列举以苏格拉底的反社会行为开始和结束，而肯定性的列举仅在最后提到这种行为。围绕否定性列举中提到的"不占有"，文中给出他如何通过不建造、不生育来避免占有的例子。只有漠视饮食被列举的次数同样频繁。从这两种列举来看，苏格拉底对占有和身体舒适的漠视更引人注意。九次提到他的衣着习惯、他不占取的各种例子和对饮食缺乏欲望，但只有三次提到他对与他人接触的漠视，此种对比十分分明。

对所有这些否定性的和肯定性的行为的列举，都是根据关于苏格拉底的传述（al-ma'thur ['anhu] annahu, 99：5①），也就是人们一般相信的关于他的［记述］。拉齐附加的一个关于苏格拉底的有趣断言打破了精致的修辞平衡，即苏格拉底面对大众和权贵时都从不伪装（taqiyyah），只有回看前面对［关于苏格拉底的］传述的列举（99：5）才能理解此处的措辞。相反，他"以最明晰的语言向他们阐发他认为的真理"（99：9-10）。然而，这篇论文并没有充分阐发这一断言。拉齐对苏格拉底不愿伪装仅仅一笔带过，或是因为他不像我们那样知道绝不掩饰和反讽是苏格拉底的首要［德性］，或是因为苏格拉底之死对他影响太过强烈，所以，他认为苏格拉底如果不这样对待雅典人，就有活下来的可能。②一个更有趣的思路是，拉齐可能确实知道苏格拉底式伪装，并在某种形式上采取了这种伪装，

---

① 克劳斯根据明显文义插入'anhu（"关于他"）。
② 注意法拉比在《柏拉图的哲学》（Philosophy of Plato，第36段）中对这一观点的发挥，参《法拉比的〈柏拉图和亚里士多德的哲学〉》（Alfarabi's Philosophy of Plato and Aristotle, trans. with an intro., Muhsin Mahdi, Glencoe：The Free Press, 1962）。尽管法拉比（257/870—339/950）和拉齐（251/865—313/925）在282/895至293/905年间都在巴格达，两人似乎并无接触。我们只知道，据说，法拉比曾写过一篇反驳拉齐形而上学观点的论文。

因此他重复这一描述,但既不为苏格拉底辩护,也不将它描述为一种错误做法。

这些批评者并不满足于谴责拉齐的世俗追求,进而坚持认为苏格拉底过的是一种邪恶生活,原因有二:违反自然进程、耕作和生育;导致世界的荒废和人类的毁灭。如此处所言,问题其实在于,据说苏格拉底所过的哲学生活——一种忽视自己和他人需要的与世隔绝、禁欲苦行的生活,究竟好还是不好?声称追随苏格拉底的拉齐,既不与世隔绝,也不禁欲苦行。批评者虽然谴责苏格拉底的自我隔绝和自我克制,却批评拉齐没有过这种生活。至少可以说,这些批评者前后并不一致。

我们没有任何根据将这种不一致解释为批评者是两组不同类型的人。论文认为,这两种批评出自同一群人。拉齐只提到"然后,他们说"(thumma qālū),很明显指他原先提到的那些批评他的"沉思、明辨并获得成就的人"。而且,称他们为沉思、明辨并获得成就者,并非纯粹出于奉承。除了承认他们能够明辨,拉齐的说法是纯粹描述性的,仅告诉我们他们所做的和所成就的,再无其他。一旦呈现出这场争辩的全部内容,对他们的分辨能力的赞誉就会成为一种空洞的姿态。

无论如何,拉齐在下文没有提及这种不一致,而是集中为苏格拉底的出世苦行辩护,说那只是[苏格拉底]年轻时过分的热切之情。由于苏格拉底不久就放弃了它,拉齐认为没有必要深究,这种致力于追求忽视其他所有关切的生活的智慧,究竟是否值得赞誉,是否是好的生活,或者说,好生活是不是文末描述的他本人所过的那种中庸生活。但这个问题仍不容忽视,因为它指向一个更宽泛的问题,即哲学的追求是否一定要如此专一、毫不关注人的需要,换句话说,哲学真正关注自然宇宙还是属人的事物。

2 哲学生活：一种插话
（第 4-29 段，99：14-108：12）

这个比较长的部分可以进一步划分为七个部分。在前两个部分，拉齐表明，刚才提到的出世苦行的描述对苏格拉底而言并不准确，因为苏格拉底在生命后期放弃了这种实践（第 4-6 段，99：14-100：14），他还论证了苦行或克制优于放纵（第 7-8 段，100：15-101：4），他通过这些说法为苏格拉底的生活方式辩护。在接下来的三部分，拉齐提供了他所谓的关于哲学生活的完整论证，以他从自己其他著作中提取的六条原则为基础（第 9-10 段，101：5-102：5），随后通过详细解释其中两条原则——即关于快乐的第五条（第 11-14 段，102：6-103：13）和关于不应造成痛苦的第四条（第 15-22 段，103：14-106：6）——来说明他的意图。在这一"插话"的最后两部分，拉齐指出，尽管人类状况的多样性必然使他这里的论述具有相对性，但我们仍然能够表述一条关于上限和下限的一般规则（第 23-28 段，106：7-108：3）；而且，他提供了关于哲学生活的总结性定义（第 29 段，108：4-12）。

1. （第 4-6 段）根据拉齐的看法，"哲学带给他（苏格拉底）的强烈惊异"导致其早期的出世苦行（第 5 段，100：1）。苏格拉底这些实践的其他原因源于他对哲学的爱，"渴望将所有耽于欲望和享乐的时间都用于哲学"，他的天性倾向于哲学，蔑视"那些没有给予哲学应有评价而青睐更低级事物的人"。所有这些，将他引向一种刚刚开始渴慕某种事物的人常有的过度态度；他们一旦深入其中，就会回归平衡。一言以蔽之，苏格拉底年轻时痴迷哲学，但当他理解哲学更深之后，便回归了一种更合乎常道的生活。虽然拉齐没有像我们期待的那样强调，所有这些原因看来都归于一个原因——苏格拉底毫不妥协的哲学追求，一种如此专注、几近于爱欲的追求。他简略提到的"渴慕热爱的事业"，就是一个充分的提示。毕竟，苏格拉底以爱欲化描述自己的智慧追求而闻名。①

人们更关注他的早期举止——这毋宁说是一种流俗意见和谣言，因为这种举止对大部分人而言如此陌生又令人惊异。拉齐评论道，人们喜欢谈论异乎寻常的东西。基于此，拉齐在这里否定自己的举止异于苏格拉底，"尽管我们在这方面与他相差很远，也承认自己在践行公正的生活方式、克制欲望、热爱和渴求知识上的不足"（第6段，100：10-12）。因此，拉齐的第一个申辩是，"我们与苏格拉底的生活方式差异不在于质而在于量"（100：12-13）。

这里的措辞让拉齐能够将自己——尽管自愧弗如——与苏格拉底生活中值得称道的部分进行比较，同时又避免精确指出，这种值得称道的因素究竟属于苏格拉底生活的第一还是第二阶段。表面上看，他不需要谴责出世苦行，因为苏格拉底放弃了这种生活，转而遵循更平衡的生活方式。所以，无论此种举止本身多么值得谴责，苏格拉底过这种生活的时间，其长度和强度都不足以受到谴责。拉齐并不为苏格拉底的出世苦行实践而谴责他，因为它们并未导致严重后果。他认为没有理由单纯谴责这种出世或苦行。

然而，我们必须关注，拉齐认为哲学追求的特征和苏格拉底生活中值得称道之处是什么，此即践行正义、控制激情和追求知识。拉齐承认，自己在这方面而非在出世或自我克制的实践方面有欠缺。此外，我们需要指出，尽管业已承认苏格拉底是出色的士兵，但拉齐在这里仅提到正义、节制和智慧三种德性，没有提到勇敢。在他对哲学的理解中，纯粹的政治德性没有位置。

虽然他承认在这些方面不及苏格拉底，但他并不认为自己因此

---

① 参柏拉图，《忒阿格斯》128b；《申辩》23a-b。

应受谴责:

> 我们不因为承认自己比苏格拉底不足而变得卑下,因为这是事实,而承认事实更高贵、更优越。(第6段,100:13-14)

这种虽然并非拉齐兴趣所在的诚实,却让他不再有必要判断苏格拉底的标准是否太高,远超出大部分人所能达到的程度。而且,既然苏格拉底早期对哲学的献身是过度的,而他自己后来也放弃了这种方式,拉齐似乎应当展示,自己如何按照后期苏格拉底的标准立身行事。然而,他不能这样做,因为他一直巧妙地避免使苏格拉底的出世苦行——或者与此相关的哲学追求——成为一个问题。

2. (第7-8段)我们还需要说明一点,拉齐强调,对苏格拉底的两种生活方式的谴责都不能成立。拉齐指出,问题在于一个人在何种程度上出世苦行,没有人会认为,放任和倾向于激情是优越的或高贵的,他于此首次提到他的名作《论精神医学》(al-Tibb al-Rūhānī,第7段,100:15-17)。根据此书的论述,他坚持认为,优越和高贵之事是"在必要的或带来的痛苦不超过快乐的范围内满足需要"。由此,苏格拉底的早期生活方式"确实值得谴责",因为它"会导致世界的毁灭和人类的衰亡"。但承认这一点后,拉齐马上就诉诸之前提出的评论,即苏格拉底及时从这种生活方式回到[世间],"生育、与敌人作战,并出席节庆集会"(第8段,100:19-101:1;第4段,99:17-18)。

这个论证既明显又含蓄的基础是,苏格拉底早期对出世与克制的追求并无内在错误;它没有对他形成危害,他及时放弃了这种生活,转而参加有助于人类幸福的活动。质言之,无论批评者如何宣称,这种行为本身并不错误或违背自然。应按其结果——按量而非按质——对之做出评判,只有当遵循这种生活方式达到威胁出世克制者本人或人类幸福的程度时,它才是错误(第7段,100:15-16)。

批评者不能仅仅因为拉齐没有仿效苏格拉底的出世苦行而质疑他耽于欲望。这个观点很合理,但拉齐转而试图总结论证,并论辩说,尽管他达不到苏格拉底早期的行为标准(他已经表明这可以辩护),但相比于不从事哲学的人来说,他仍是哲学化的(philosophic):

> 尽管与苏格拉底相比,我们或许不足以承担"哲学"之名,但与非哲学的人相比,我们仍担得起这一名号。(第8段,101:3-4;又见101:1-3)

一个更有说服力的论证似乎应该是,首先坚持认为,出世苦行始终是对我们生活于其中的世界的一种威胁,然后再赞扬,改良后的苏格拉底生活方式得到了很好的结果。

然而,这个论证并不合适,因为苏格拉底的生育、作战和娱乐并非拉齐的批评者争论的问题。事实上,问题在于做这些事情是否妨碍一个人变成哲学化的人。毕竟,拉齐从事类似活动是他受人谴责的原因。但他选择略过这个问题。他用量的方式进行辩护,但没有充分说明什么是平衡的生活。拉齐此处只需表明,苏格拉底虽然后来参与世俗活动,但仍像从前一样继续关切哲学。或者,拉齐更需要论证,苏格拉底早期的出世苦行使他不能充分追求哲学,因为这让他忽略了与人类行为相关的问题。

3.(第9-10段)他没有采取任何一条论证思路,因为其中任何一种都会使他偏离自己下一个既定目标,即提出论证以完成他对哲学生活的描述。虽然他做出了这一宣称,但下文与其说是论证,毋宁说是在列举他本人著作的六个原则。拉齐提出它们的原因是,"我们需要将这篇论文设定的目标以其他著作已阐明的原理为基础"(第9段,101:7-8)。提到这些原则出自的四部著作并强调《论精神医学》的重要性之后,他列举了这些原则(101:13-102:5):

(1) 我们的死后遭遇取决于我们现在的生活方式。

(2) 我们被造的原因不是获得身体快乐，而是获取知识和践行正义——后二者将导向没有死亡或痛苦的世界。

(3) 自然本性和激情倾向于当下的快乐，但理智敦促［我们］为了更好的东西而放弃快乐。

(4) 我们的主不想让我们造成痛苦，实行不义，或变得无知；他惩罚那些造成痛苦的人。

(5) 我们不应为了一种快乐而忍受痛苦，如果这种快乐低于该痛苦。

(6) 造物主已经给予我们维持生命所需的事物和获得这些事物的手段。

只有预设了神的启示的正确性，其中三个原则（1、4、6）的前提基础才能确定，至于另外三个原则，还需要详细的讨论。这里没有为启示辩护，拉齐也仅限于指出这些原则在别处都已经讨论过。而且，他在随后的行文中只讨论了两个原则而略过其他所有原则。他考察的两个原则分别是：以几近于命令的方式表述的关于快乐的第5条、关于神佑的第4条（连同与它相伴随的义务）。尽管第4条原则对第2条、第5条对第3条有一定的说明作用，但二者都没有澄清第1条和最后一条原则。

4.（第11-14段）对第5条原则的解释，有助于证实苏格拉底早期出世禁欲生活中的智慧。拉齐的论证是，如果说来世生命的快乐不会间断而且无限，而此世生命的快乐却间断而有限，那么，为了追求后者而危及前者就很愚蠢。然而，他承认所有其他快乐都是允许的。尽管如此，哲人还是会训练自己克制这些允许的快乐，因为这种训练让他们更容易克制快乐。

只要基本前提真实，这一原则就正确，而且极其合理。很明显，没有人——在这方面一般深思熟虑的市民并不亚于哲人——会为了追求一种会危及来世更大快乐的快乐而放弃这种克制。然而,我们并不知道这个前提是否正确。拉齐也不想在这里论证。对他而言,设定这一前提就足够了。他首先将来世界定为灵魂的世界(第 11 段,102:10),然后引证古人,至少支持他这里推论的某些内容(第 12 段,102:15),并让我们想知道,他们关于更宽泛的观点究竟会说什么。

5.(第 15-22 段)第 4 条原则更加有趣,我们有不制造痛苦的义务。这条原则又一次预设了我们的主以仁慈之心照看我们的前提,从这个前提出发可以推导出,他不想让我们造成他人的痛苦。然而,痛苦有时由非人原因引起,那么,这种原因就一定必然而不可避免。拉齐没有解释这种原因为什么必然而不可避免,但似乎基于以下观念:它以某种我们未知的方式符合神圣计划。基本观点——这里预设了原初前提的正确——是,我们不应造成任何无辜生物的痛苦,除非造成的痛苦能防止更大的痛苦(第 15 段,103:14-104:4)。这一原则有助于我们理解许多实践的理由,如果没有这个原则,那些实践就会被视为恶行,尤其是猎杀野生动物、使用甚或虐待家畜的行为。他首先对猎杀野生动物和使用驯养动物进行了区分,前者为国王所为,后者则是普通人所为。但拉齐没有进一步阐发这一点。拉齐还解释了,根据理智和正义的规则,为何允许这些行为并可以为之辩护——尽管造成了生物的痛苦,但在解释过程中,其实他暂时略过了猎杀野生动物的问题。

他首先指出,某些医学实践预设了一个前提,即为了获得更大的益处允许制造较小的痛苦:医生有时会让患者承受痛苦的治疗,以减轻病痛或实现治愈。有时,他们甚至坚持让患者吃下难以下咽的东西或牺牲某一肢体器官,以救治整个身体(第 16 段,104:4-6)。在另一个层面上,这一推理思路允许为了更高物种的利益而造成某一物种的痛苦。由此,拉齐解释说,一匹马可以被鞭打不止,甚至可以鞭打至死，如果这样能拯救人类的生命，尤其是一位学者或对社会极有价值的人的生命（104：6-11）。更进一步，在同一个物种内为了保全一个成员而造成另一成员的痛苦甚至死亡，这种行为也可以通过上述推理得到辩护。因此，拉齐认为，当两个人处于死亡危险，只有一个能够获救而另一个必须被放弃或者死去，对于人民生存福祉更有用的那个人，就理应得救（104：11-14）。

这里的推理预设了一种自然的等级体系。当我们食用其他动物，就已经不自觉地在日常生活中遵循这一等级体系。然而，如果将这种等级秩序运用于人类成员，我们仍会感到犹豫甚或抵触。但拉齐只是明确表达出我们似乎暗中承认的东西，即无论人类在原则上如何平等，事实上并不完全平等——他们对社会并不具有同等价值。事实上，在投票表决、免除某些个人的兵役和军事任命时，我们都遵循这一推理[原则]。对这一原则可行的反驳仅出自激进的平等主义，或一种坚定的观念，即人作为万物的尺度是不可侵犯。①尽管这二者可能更容易接受，但它们都并不先验地就比拉齐的观点更加正确。

我们还必须要注意，这里的推理回溯到先前对于造成痛苦的必要性的承认（第15段，103：15-17）。但只有第二个例子，即为了一个物种的利益造成另一个物种的痛苦，明确符合先前关于这个问题的说法：

> [存在着所有]这些恶行，国王通过猎杀动物取乐，人们让牲畜过劳工作。现在所有这些都应遵循理智的和公正的目的、法则、方法和教义，不得逾越，也不可偏离。

第一个例子基于对必要性论证的引申，并且提醒我们注意，如

---

① 一个当代的例子，参 Amos Oz, *In the Land of Israel*, New York: Vintage Books, 1984, pp. 148-149, pp. 149-150。另参柏拉图，《泰阿泰德》165e-172c。

果相信某种痛苦将带来更大的善，我们会自愿承受它。引入这一更大的善原则，也为第二和第三个例子奠定了基础。但在后两个例子中，关注点更加集中在必要性上。尽管必要性和对更大之善的追求有时让我们对自身造成痛苦，但是，要为对低等物种或在某些极端情境下对同类个体造成痛苦辩护，就还需要必要性与"理智和正义的命令"（第16段，104：7－8）。

拉齐从这一推理思路转向他先前略过的猎杀主题。遵循指导这一讨论的原则，他认为，我们只能猎杀和追逐食肉动物和那些危险而无用的动物。他引入两条理由来为毁灭它们做辩护。首先，如果放任它们，它们将灭绝或危害其他动物；其次，杀死它们不会危害它们的未来生命。这是因为灵魂只来自人类身体的死亡（第17－18段，104：15－105：4；特别是，第18段，104：18－105：3）。也就是说，只有人类的灵魂在死后脱离身体继续生存。

尽管先前拉齐说过，这两条理由同时适用于两种动物，即食肉动物和危险而无益的动物，但他后来调整了自己的判断。因为食肉动物必然危及其他动物的生存，他进一步限定第一条理由以推出灭绝它们的义务。因为危险而无用的动物只是偶然而非必然造成危害，只有第二条理由完全适用于它们。因此，我们就只能推导出杀死它们的权利。即使拉齐区分了可以被消灭的动物和被灭绝的动物，但他增加的区分与他关于前者"必须被尽可能灭绝"（第19段，105：4－19）的结论相比，还是显得太过苍白。或许是为了软化这一严厉的命令，拉齐提出一种希望，即这将有利于它们的灵魂转入一个"更合适的身体"。①

---

① 参第9段，105：5－6，及Kraus, "Raziana I," p. 328, n. 1。同时，拉齐否定动物灵魂能在身体间转换直至达到人类的阶段，这样，他就回避了解释人类灵魂何以不会退化进入非理性动物的身体的难题。

最后，关于非人类灵魂死后不再存在的推理，也可以作为杀死驯养的食草动物的理由。但由于后者有用而且无害，所以应该善待它们，只在需要的时候才会牺牲它们。① 驯养的或危险的动物是否有用，完全从人类视野评判，这与此处拉齐的焦点即最佳的人类生活完美切合。他仅在与人类相关的范围内审视存在之链。

　　除了先前提到的医学目的，就不再允许一个人对自己造成痛苦。根据前面的考察，被允许的行为有两种，或出于健康目的造成自己的痛苦，或为了达到更大的善造成其他生物的痛苦，这些行为与对自己造成痛苦的不被允许的行为之间的差别，拉齐在此处初步作了分别，前者基于正义和理智的判断，后者则基于理智的判断（第21段，105：15 – 17）。但他随后放弃了这一区分，非医学目的而造成自己的痛苦被称为错误，因为它违反了更高的原则：造成我们自身的痛苦却不能带来更大的善，或避免更大的痛苦（106：2 – 3）。

　　尽管仍然很含蓄，但拉齐此处的想法似乎是，我们不能通过这类实践或压制欲望的方式接近我们的主和创造者（105：17 – 19）。他列举了不同的宗教群体施加于自身的各种痛苦，但这种列举中有一个明确的等级体系。印度人的自我牺牲和折磨与摩尼教徒的自虐行为，都完全违反了理性。他明确认为，基督徒和穆斯林的隐修实践——即便后者中有一些忘我修行的人，他们的问题没有那么严重。但所有这些行为都是错误的，因为它们引起痛苦，却不能避免更大的痛苦。

---

　　① 拉齐指出，从事哲学的人（al – mutafalsifūn）对这类动物的灵魂死后是否继续生存的问题有争议，有人因此不赞成食肉，他在这么论述的同时还补充说明，苏格拉底也不赞成这样做，参第20段，105：13 – 14，及第4段，99：18。这一补充说明让我们想知道，苏格拉底是否也像那些人一样持有动物存在灵魂的看法。（尽管"从事哲学的人"这一术语有时用作贬义，指那些炫耀自己从事哲学的人，但此处似乎并非如此。）

这一探讨让人想起苏格拉底早期的出世苦行阶段，而且这里也提到，苏格拉底曾向那些忘我修行的人学习过某些东西，这意味着，比起印度人和摩尼教徒，他更像穆斯林或基督徒（第22段，106：3-5；第20段，105：13-14）。拉齐并未明确指出，但我们知道苏格拉底只是倾向于这种修行，他的苦行节制甚或禁欲主义实践并未达到自我折磨或惩罚身体的程度。相反，这些是他忽略直接需求以更充分献身于哲学追求的自然结果。他的禁欲主义——如果可以这么说的话——是一种忽略而非主动行为。我们首先应该问，这一探讨是否有助于解释拉齐此前关于自己与苏格拉底有程度上的差异的看法：恰恰因为这种造成自身痛苦的行为是不义的，而且不会形成新的知识，所以，我们一定想弄明白，苏格拉底在早期生活中究竟以何种程度达到正义和知识。

6.（第23-28段）对这两个原则的讨论，让拉齐能够表述一条普遍的行为准则。考虑到财富和教养导致的［人的类型的］多样性，同时又不想取消这些原理，他以上限和下限的方式表述这一准则：关于快乐的最大量，当遵循上限；而关于快乐的最小量，当遵循下限。根据先前的讨论，享乐的最大量应以不寻求会对他者造成伤害或导致其死亡的快乐为限（见第25段，106：18-107：2，同时参看第23-24段，106：7-18）。下限以不使人过度克制快乐以致危及或损伤身体为度，同时以保全身体而非追求快乐为人的基本目标（第26段，107：3-12）。

对上限与下限的探讨都提出限制追求快乐的原则，二者的差别在于获取快乐的方式和它的目标。关于上限，所举的例子聚焦于以他者为手段或以牺牲他者为代价获取快乐，而关于下限，例子则与更个人化的快乐有关：饮食、衣服和居处。因此，尽管二者都主张限制对快乐的追求，但在讨论允许的快乐的下限时，他坚持给予身体最低限度的关注。然而，这是一个严格的最小量：他首先将这一原则表述为，不要放纵身体或不要追求超过仅仅为保存身体所需之物，也就是说，不要因为某些事物是令人愉悦的而去追求（第26段，107：3-9）；随后，这一原则被扩展为进行克己训练的劝勉（第26段，107：9-12；第27段，107：13-15）。接下来，很显然，拉齐会同样关注一个人所能承受的最低标准，低于这个标准，就会过度严厉，从而沦为上一节列举的那些自我折磨的可憎行为（第28段，107：15-108：1）。①

解释一个人对上限的理解，其标准是理智的判断，或者正义，或者令神不悦的行为——最后一条标准这里是首次提及，但具有同等重要性。而且，尽管最初犹疑不决并且闪烁其词，但拉齐最终还是以理智的判断和正义为基础来决定下限的标准。他首先说违反下限的第二种理解是不义的（107：17），然后又说它违反哲学（107：17-108：1），也就是违反理性或理智。但他并未解释何为令神不悦，这或许暗指印度人、摩尼教徒和基督徒的行为。

至于下限，必须考虑到人类品性和习惯的多样性。适合于出身贫寒者的居所并不适合习惯于豪华居所的人，一个出身贫寒的人，如果不经过奋斗也无法获得豪华的居所，而这种奋斗会阻碍他实现首要的目标（第26段，107：3-9）。这种命运悬殊造成的差异，并未促使拉齐主张争取更为平等的财富分配，或对财富流通的方式加以管理。他完全避免这种政治和政治-经济方面的离题讨论，而仅仅指出：较清贫者可能更容易遵守下限；考虑到所有因素，倾向于

---

① 他在此节明确提到印度人和摩尼教徒，然后是僧侣（al-ruhbān）和隐士（al-nussāk）。当前面提到基督徒通过忽视自身需求折磨自己时，他以修道制度（al-tarahub）和出世隐修（takhallūfial-sawāmi'）为此类实践的例子。这两个段落的并置显示拉齐想要使伊斯兰教免于任何此类批评，因为他先前关于穆斯林的论述（见第21段，105：20-106：2）中没有任何与此处提及内容相对应的东西。

下限更为可取（见第26段，107：9–12；特别是第27段，107：13–15）。

7.（第29段）对前面论及的哲学生活的总结，由四个基本部分构成。拉齐首先断言造物主的若干属性，然后以奴仆服侍、取悦主人和我们应当取悦造物主的类比为基础，提出了一种行为规范。随后，他从这个类比出发，得出了关于哲学品性的结论。最后，他宣称，《论精神医学》更充分地解释了此处的总结陈述。

拉齐从关于造物主的属性的断言出发，得出结论说，哲学的唯一目标（the goal）在于尽可能与神相似，而他的论断方式极其隐秘又富有创造性。它由一个条件推论和关于这个推论的意义的解释构成。条件推论的第一个前提是造物主无所不知，同时又绝对正义、绝不会行不义。然后，拉齐提出第二个前提，作为对这种适合于造物主的知识和正义的解释，即无条件的知识和正义，但他未经论证就补充说，同情或怜悯（rahmah）也具有这种特性（108：5）。我们并不清楚，此处添加同情的目的，是为了让读者在当前的语境下不要将正义设想为必然的严厉与毫不妥协，或者因为在涉及造物主的语境中谈及正义时，我们必须同时想到同情。无论如何，对前面的讨论来说，引入同情显然毫无征兆。第三个前提表明我们和造物主之间的关系：他之于我们如同创造者和君主（mālik），而我们之于他，则如同奴仆和臣属（'abīd mamlūkīn）。这一陈述似乎具有某种逻辑不一致。如果神之于我们如同创造者和君主，那么，我们之于他应如同被造者和臣属或被造者和奴仆；但是，神作为我们的创造者并不一定使我们成为他的奴仆。

拉齐放弃了创造者和被造者之间的逻辑类比，以引入一个不那么明显的类比，即作为君主的造物主和作为臣属的我们之间［的关系］。政治被引入我们同造物主的关系之中，但这是一种基于永不崩坏的等级秩序的政治。最后一个前提完全基于从属关系，即最被主人（mawālīhim）喜爱的奴仆，是那些最忠于主人的生活方式、最恪守主人传统的奴仆（108：5-6）。

根据这些前提，拉齐得出结论：

> 最接近神——愿他被尊崇荣耀——的奴仆，是那些最博学、最公正、最富同情、最仁慈的人。（108：7）①

这要求我们之于我们的君主应如奴仆之于他们的主人，我们必须遵循他的生活方式和传统。或许，因为知识和正义并未穷尽神的生命和传统，所以，拉齐发现必须在第二个前提中添加同情、在结论中添加仁慈。但他没有为这一添加提供任何解释。在两种情形中，拉齐选择的语言都会让我们推测，他只关注神的其他属性，这样就可以避免对正义有任何限制。启示明确告诉我们，怜悯和仁慈缓和了神的正义——神圣惩罚的正义甚至末日审判的正义。最后，拉齐拒绝解释，他为什么将神的正义与怜悯及仁慈混合在一起，我们想知道的是，这是否在向他的批评者们暗示，他们在对评判他时也应采取这样一种缓和化的正义定义。

基于现有文本，我们无法回答此类问题。拉齐构造推论的方式也让此类探询不再可能。他进而断言，这一推论体现了哲人们的说法："哲学就是尽人之所能使人近似于神——愿他被尊崇荣耀。"（108：8-9）甚至更重要的是，"这就是哲学生活的总结"。这一总结性的描述，让人想起苏格拉底说服忒奥多罗斯（Theodorus）的戏

---

① 这个推论的步骤可以归纳如下：（1）因为造物主无所不知，且绝对正义、不可能行不义；（2）且因为他的知识和正义是无条件的，正如他的同情；（3）因为他是我们的创造者和君主，而我们是他的奴仆和臣属；（4）因为最被主人喜爱的奴仆最忠于主人的生活方式、最恪守主人的传统；（5）所以，"最接近神——愿他被尊崇荣耀——的奴仆是那些最博学、最公正、最富同情、最仁慈的人"。

谑尝试：真正值得被称为哲人的人，不需要大多数人所赞誉的知识，他们具有更伟大或深刻的知识，足以引导他们逃离此世，以尽可能变得像神。但是，此处不可能与这则苏格拉底生平轶事有关。①

这段总结尽管意味深长，但拉齐没有视之为自己对哲学生活的完整陈述。完整的陈述见于另一著作《论精神医学》。拉齐说，我们必须参考这部著作，因为他在那里提到：（1）我们如何能够摆脱"恶劣的道德习惯"；（2）"有志于哲学的人，应当在何种程度上从事谋生、占有、消费和追求统治地位"（108：10-12）。换言之，关于此处对哲学生活的定义所阐明的问题，拉齐在其他著作中认为，这些问题与道德德性尤其是道德净化有关，与人间事务即经济和政治统治有关。

拉齐从未点明，这一对哲学更完整详尽的理解与此处的总结陈述有什么不一致。情形似乎是，一个关于寻求知识、努力行义、怜悯仁慈的全面陈述，包含了对道德德性或伦理学、家政管理或经济学以及政治统治的讨论。这些活动必须在特定语境中考察，相关语境首先与个人的完善有关，然后是家政改良，最后是政治共同体的福祉。此外，这些不同的追求之间必须确立某种等级关系。但是，《论哲学生活》中之所以没有此类思考，是因为这部著作力求避免涉及政治问题。

例如，前面提到的同情和仁慈看似一种事后的追补，且就其品质的重要性而言，明显不及知识和正义。不过，同情和仁慈更契合

---

① 参柏拉图，《泰阿泰德》176a-c。然而，苏格拉底将神与正义和实践智慧或审慎联系起来，还与虔诚或圣洁联系起来，这就暗示了，即便神也会赞赏这类为政治生活所需的知识。另参亚里士多德《尼各马可伦理学》，10.8.1179a22-32。尽管此段只提到努斯（nous）的理智德性，将其界定为有智慧者的特征，而这一讨论出现的语境是，亚里士多德试图确定，什么是一个人要实现幸福最应追求的人类德性。他的分析导向的结论是：理智和智慧让拥有它们的人能够理解，过上一种最卓越的人类生活的最佳方式是什么，这样的人最为众神所喜爱，这就是幸福。

这篇文章强调的内容，即哲学对个人方面的定义，也就是道德德性相关的方面。到目前为止，正义首先被定义为不造成他者的痛苦，并明确与我们对神和他想要我们做的事情的理解有关，那么，拉齐以与个体相关的方式呈现正义。在探讨自己对哲学生活的"完整"陈述的六个构成原则中的第四个原则时，特别是谈到一个对人群福祉更有用的人比其他人更加重要时（参第16段，104：11-13），拉齐引入了人类之中的等级关系的讨论，其实，从这个讨论中有可能总结出一个政治论证的梗概。但很难对这个论证做太多引申，因为拉齐在整部著作中的相关谈论实在太少。在《论哲学生活》中，拉齐不愿意谈论作为宇宙统治者①的造物主，不愿意谈论他与我们之间类似于统治者而非君主或主人的关系，因此，我们很难从《论哲学生活》中总结出更多的政治教诲。

3 申辩
（第30-37段，108：13-110：15）

拉齐宣称，《论精神医学》更完整地论述了这些问题，但这不应使我们轻视眼前这部著作。事实上，为了证明他作为一个哲人的权利，拉齐坚持认为，即使他只有能力写出《论哲学生活》这样一部著作，也足以让任何人都不能剥夺他的哲人之名（第31段，109：18-20）。对该书的这一赞誉，出自他对自己在哲学科学部分取得成就的解释，科学或知识（'ilm）是哲学的两部分之一，实践

---

① 阿拉伯语中的对应词当为 mudabbir al-'ālam 或 al-mudabbir li-al-'ālam；见 al-Farabi, *Kitāb al-Millah* (Book of Religion), in al-Farabi, *Kitāb al-Millah wa Nusūs Ukhrā*, ed. Muhsin Mahdi (Beirut: Dar al-Mashriq, 1968), para. 27；巴特沃思英译文参 Ralph Lerner 和 Muhsin Mahdi 所编 *Medieval Political Philosophy, A Sourcebook*。

('amal)是另一部分。因此,拉齐以这种方式证明自己的正当性:细数自己在所有这些领域的成就,并向批评者发出挑战,让他们展示自己也有同样的成就,尤其是在科学领域。

在转向这一辩护性论证时,拉齐指出前面的解释是某种插话:

> 我们已经说明了我们关于这个主题要阐明的内容,接下来回到对我们[自己]的说明。我们将提到那些诋毁我们的人,还将提到在神的佑助下时至今日我们从未过一种配不上哲人之名的生活。(第30段,108:13-15,着重标志为笔者所加)

我们并不清楚这段插话始于何处。根据我对文本的划分,这段插话紧随全文导论开始。按照这种划分,整个第二部分——包括对苏格拉底生活方式的变化、对哲学生活的完整陈述以及对哲学生活的总结——全都属于插话(即第4-29段,99:14-108:12)。但是,有人可能主张,为苏格拉底早期出世禁欲生活辩护的两种尝试(第4-8段,99:14-101:4,这里划分为第二部分的前两节),可以归为拉齐所说的插话之前论证的一部分,这也是合理的主张。即便如此,也没有任何理由认为,对哲学生活的完整陈述、对第四和第五条原则的解释、对这种陈述和解释的意义的最后两种说明,可以理解为拉齐在这里所指的插话。①换言之,这部著作的写作契机是,拉齐针对当时的批评者而有必要为自己的生活方式辩护,但该书的核心内容非这一写作契机所能涵盖。这部著作的核心内容即对哲学生活的全面理解,要求我们直面他更为宏大的教诲。但关于这一点——或者至少看来是如此——我们并不需要穷根究底。

---

① 就是说第9-10段,101:5-102:5;第11-12段,102:6-106:6;第23-29段,106:7-108:12,或上面第二部分"抄学生学"的第3、4-5和6-7段。

拉齐坚称，哲学由知识和实践——知道一个哲人理应知道的、践行一个哲人理应践行的——两部分构成，他同时坚持认为，自己在这两方面都完成了需要完成的行为。知识方面的证据包括一份他的著作（包括这部著作）名单（第 31 段，108：18 - 109：9）；一个总结性陈述，声称这些著作有大约 200 部之多，包括关于哲学的自然科学和形而上学分支的著作、论文和小册子（109：10 - 11）；一份解释，关于他为何没有更深入地钻研数学，并简要驳斥了一个认为这种追求值得更多关注的人（第 32 段，109：11 - 14）；还有一个声明，断言如果这些活动不足以让他成就哲人之名，恐怕同时代也无人可担此名（第 33 段，109：14 - 16）。

　　拉齐在此列举了至少 15 部著作和论文，还提到处理特定主题的几本书，这一列举并未遵循什么特定的次序，但它们确实可以被归入一些普遍类别。在赞誉《论哲学生活》足以使他被称为哲人之后，他提到四本书的标题：第一本关于逻辑学，第二本关于形而上学，第三本是谜一般的《论精神医学》，第四本关于物理学。① 随后列举的六篇论文都和自然科学或天文学相关。② 然后，他回到他写过的那些著作，提到其中一些关于自然科学，特别是关于灵魂和质料（al - hayūlā）的书。接下来仍然列举著作而非论文。这里拉齐明确列出

---

　　①　这些书是：《论证明》（*Fī Burhān*）、《论神学》（*Fī al - 'Ilm al - Ilahī*）、《论精神医学》（*Fī al - Tibb al - Rūhānī*），和《自然科学导论》（*Fī al - Madkhal ilā al - 'Ilm al - Tabī 'ī*）。他说最后一部也被称为"自然讲座"（*Sam ' al - Kiyān*）。

　　②　它们是：《论时间、位置、质料、永恒和空间》（*Fī al - Zamān wa al - Makān wa al - Madda wa al - Dahr wa al - Khāla*'）、《论世界的形式》（*Fī Shakl al - 'Ālam*）、《论地球上升至天球中心的原因》（*Sabab Qiyām al - Ard fī Wast al - Falak*）、《天球做环形运动的原因》（*Sabab Taharruk al - Falak alā Istidār*）、《论组合》（*Fī al - Tarkīb*）和《论具有已知的自身运动的物体》（*Fī anna li - al - Jism Harakah min Dhātihi wa anna al - Harakah Ma 'lūmah*）。

了一系列（5部）关于医学的书，说它们只是他关于这个主题的著作的一部分代表。①最后，他提到，自己写过关于智慧技艺即普通人所说的炼金术（Kīmiyyā）的著作。

因此，这份清单从书目列举到论文列举，再回到书目列举。正如我们所言，这些著作处理的主题从对哲学的捍卫或辩护（辩护哲学）到逻辑学和形而上学，再上升至形而上学、物理学和灵魂医学（《论精神医学》）的混合主题，再到一般意义上的物理学、物理学的特殊分支和医学，最后是炼金术。有趣的是，列举最后提到了炼金术著作，在后文中那些拉齐非常重视的著作都没有再次提及，除了他称为大《概览》的医学著作（第37段，110：12-15）。②

---

① 他在这里所提到的书条列如下：《曼苏尔之书》（al-Kitāb al-Mansūrī）、《致医生不会到访者》（al-Kitāb ilā man lā yahduruhu Tabīb）和《论现存的药物》（al-Kitāb fī al-adawiyya al-mawjūda）。还有两部他不是用其本身标题提及的，分别是《皇家医学》（al-Tibb al-Mulūkī）和《概览》（al-Jāmi'）。此外，有一部被归于拉齐的医学著作《医学技艺导论》（al-Kitāb al-Madkhal ilā al-sinā'at al-Tabī'ī, wa huwa Isāghūjī），他在这里没有提及。这部著作由玛利亚·德·拉·孔塞桑·瓦兹奎兹·德·本尼托（Maria de la Conceptión Vázquez de Benito）编辑、译成西班牙语，并添加了导言和专业注释，译本题为 Libro de la introductión al Arte de la Medicina o "Isagoge"（Salamanca：Ediciones Universidad de Salamanca，1979）。

② 此处列举的著作中，只有两部（《论神学》和《论精神医学》）出现在上文第二部分第3节所列出的六原则的四种来源之中（原文第9段，101：9-11），构成其前两种。而第四种"被我们称为《炼金术之荣耀》的著作"（Kitābunā al-mawsūm bi-Sharaf Sinā'a al-Kīmiyā）似乎间接指向这里所说的关于"智慧技艺"的著作。然而，第三种"《对那些从事于几何学中不必要部分的所谓哲人的谴责》"（Kitābunā fī 'Adhal man Ishtaghal bi-Fudūl al-Handasah min al-Mawsūmīn bi-al-Falsafa）在这里并未提到。除了《论精神医学》，所有这些著作都未能留存。但克罗斯从其他作者对拉齐思想的批评中辑录出《论神学》的一些片段，见 Rasā'il，165-70 和 191-194，及 170-190 和 195-216。

拉齐在实践方面为自己辩护,让读者注意他在第四和第五原则的总结性解释中提出的两个限度,声称自己从未超过这些限度。由于他与权贵过从甚密,且坐享比苏格拉底奢豪的财富,他开始为自己的世俗活动辩解。他辩称,他只是作为医生和君主(sultān)个人及社会福祉的顾问而陪伴君主。此处的措辞也正体现了拉齐对民众共同体与君主关系的理解——他称民众或臣民为君主的牧群(flock [ra'iyyatuh])。拉齐坚称他未尝从军或参与行政管理。但他强调这一点的原因并不清楚,毕竟苏格拉底在结束隐修生活之后曾服过兵役。

无论如何,拉齐随后转向理财的问题。他声称从未聚敛或挥霍钱财。而且,在占有和使用钱财上,他坚称自己没有试图与任何人争吵,也没有攻击或伤害他们。另一个为自己辩解的理由也与钱财相关,即他在衣着、坐骑和使用男女仆役方面的行为——但是,关于他在这些方面放纵的指控,拉齐在另一个标题下加以否认。对于这些方面以及饮食娱乐上的花费,拉齐断言自己从不放纵。因此,在坚持自己在公私生活、待人接物和处置财富上都无可指摘并无愧于哲学生活[的标准]之后,拉齐在申辩的结尾指出,熟悉或曾观察他的人都知道,他如何献身于知识的追求。他举了两个例子来说明自己求知何等勤勉。一是他从少年时代就养成的品性,即他从不放过任何一部可读的书,从不放过任何一个可咨询的人,哪怕这会造成极大的不便或损害。一是在过去的十五年中,他因不懈写作《概览》而导致视力下降、手部瘫痪。然而,这两个例子似乎都超出了两个限度中的下限:一个人不应为了追求智慧而伤害自己。

4 结论

(第 38 – 40 段,110:16 – 111:7)

最后,拉齐向那些诋毁他的生活方式、否定他的哲人资格的人提出双重挑战。这一挑战与前面提到的哲学的两个方面（知识与实践）相关。然而，他的结语并非争辩性的，而是意在和解。最终，他只想保证他的著作获得应有的关注。

至于实践，他要求他们给出一个他们认为的哲学生活的定义。如果他们认为他的个人品行或他对哲学生活的定义有缺陷，他们应当说明其观点。这样，如果他们的观点确实更优越，他就接受；如果不是，他就会反驳。出于论辩的目的，即使暂且承认自己在实践上有欠缺，拉齐还是要求他们指出他在知识上的错误。在这两个方面，他的推理都是：如果他们的观点正确，他将从中受益，如果错误，他会反驳。他认为他们不能就此指摘他，并援引了一首小诗敦促他们更关注他的言辞而非他的行为。毕竟，理论在这里远比实践更重要。

这部著作以几近于承认自己在实践生活上确有欠缺而告终。但是，至此他实际承认——还是通过暗示——的唯一错误，仅仅是过度地追求学术。

三　拉齐的政治教诲

很明显，这部著作只以暗示的方式呈现政治教诲。无论在说明苏格拉底的生活方式时，还是在指明自己的生活方式时，拉齐都没有谈到，苏格拉底从出世苦行的实践转向关注人类事务，是为了怎样的目标。除了三处不经意的暗示，我们很难发现关于应该如何统治共同体的看法。事实上，在大部分场合，拉齐将哲学描述为在政治之外的追求。

统治问题首先出现在关于个人即伦理问题的探讨中。问题的关键在于臣民对共同体的作用的大小。对造物主的思考，并没人让人意识到神圣秩序或宇宙统治的不同层级，反而导向一种关于所有权或统治权的意象——正如主人之拥有奴仆。这里当然存在一种等级关系，而且是一种严格分层的等级关系。拉齐曾偶尔就"臣民"（flock）问题向他的统治者进言，而他对自己建言方式的评论，进一步展现了作为所有权的统治意象。

这里并没有说明，苏格拉底出于怎样的动机，才从探究诸天体和自然现象、从以出世苦行的方式追求哲学转向关注人类需要和日常事务。拉齐也没有关注苏格拉底在出世苦行阶段和涉入人世阶段教诲的不同内容。他对苏格拉底思想和教诲的关注，并没有超过对自己的思想和教诲的关注。一定程度上，其原因在于这一事实：这部论哲学生活的著作基于拉齐的其他著作，尤其是《论精神医学》。《论精神医学》对《论哲学生活》的补充作用非常清楚地表达在他对哲学生活的总结性解释中，拉齐在这一总结中指出，《论精神医学》为此处没有提到的两部分哲学内容提供了更加完整的教诲，即家政学或经济学以及政治学两部分内容。

我们还需要注意，拉齐在论文中间接地扩充了哲学的领域。他指出，哲学何以必须超出研究个体伦理学和自然现象，进而探索同类个体间的相互关系。自然确实为这种研究提供了信息，但自然提供的信息的意义却是进一步探索的主题。一些问题仍不明确，比如，在承认一种不平等关系的基础上，一个人在何种程度上可以使用另一个人？尽管习俗规定了一种政治统治的形式，在这种统治形式中，统治者倾向于视臣民如牧群而非自治的个人，但是拉齐并未试图论证，这种习俗的统治在何种意义上符合自然或人类的最大利益。最后，虽然拉齐在这里巧妙地提到造物主和他对我们的供给，并借此指出我们必须思考造物主及其神意，以便于理解我们自己的一些习俗实践，理解我们如何尽可能过一种人之为人的生活，但是，他还是没有说明，在多大程度上，造物主对我们的指示——比如他通过某位立法者而给出的启示——符合哲学关于人类幸福和政治秩序的教诲。

《论哲学生活》提出了这些问题，却没有充分地解决，而《论精神医学》中据说有比较详尽的处理。这并不是说《论哲学生活》不如《论精神医学》重要。恰恰因为《论精神医学》被视为伦理学论著并因此与政治学无关，所以，《论哲学生活》中关于哲学生活的探讨，就为哲学生活提供了必要的引导，并教导我们如何重新关注哲学生活表面上对伦理学的强调。

从这篇较短的论文中，我们得到那篇较长论著所缺乏的教益，即哲学生活必须超越出世苦行或克己遁世——无论这种行为如何有助于深刻的反思，并转向对于人类同伴的关切。插话引向了对哲学生活的总结性定义，而那部分插话中所阐明的全部内容都指向这一结论：将苏格拉底的早年生活归咎于年轻时的过度；强调禁止造成自己、他者甚至非理性动物的痛苦——除非特殊情形；而最重要的是，不断地提醒我们，无论多么难以把握，即便在追求自身幸福时也要谨记宇宙的和谐秩序观念。拉齐对苏格拉底的两种描述以及他并非无关紧要的插话，共同揭示出从事家庭事务和臣民的快乐和义务的更深层意义。从这一更广阔的视野出发，甚至对苏格拉底早年坚持素食的习惯的异常强调，也有其意义。或许，这就是本文开头援引的那个谜一般断言的背后深意，即在拉齐的《论哲学生活》中，我们能够发现，关于苏格拉底"从青年时代对政治或道德事务、人类事务或人类的蔑视，转向成熟时期对这些事务的关切"的"最清晰、最深思熟虑的阐释"。

译者单位：山东大学犹太教与跨宗教研究中心

本译文系国家社会科学基金项目"希伯来－阿拉伯语哲学文献的整理、翻译和研究"（编号：2018VJX001）的阶段性成果。

论《菲罗克忒忒斯》的结局

邢北辰

索福克勒斯的悲剧《菲罗克忒忒斯》(*Philoctetes*) 意蕴复杂,①尤其是其结局。赫拉克勒斯在第九场末尾的出现像一颗流弹,打破了前文铺垫的完整与和谐,产生强烈的不和谐感。理解结局对理解整个剧本至关重要,这一结局的意义也成为学界争论不休的问题。通过文本细读,会发现剧中诸多相互勾连的要素,这些要素使《菲罗克忒忒斯》情节的整一性浮出水面,其中,"弓箭"与"治疗"最为引人注目。

一 神弓:英雄准则与友谊

第九场中,涅奥普托勒摩斯(Neoptolemus)已洞察了赫勒诺斯

---

① P. E. Easterling, "'Philoctetes' and Modern Criticism," *Illinois Classical Studies*, Vol. 3 (1978), pp, 27 – 39.

(Helenos) 神谕的真相,他要牺牲荣誉来弥补自己欺骗朋友的恶行。①于是他去除了一切伪装和欺骗,试图用真诚的沟通来说服对方。菲罗克忒忒斯的自由意志是完成神谕的必要前提(行1332),但最终,菲罗克忒忒斯固执己见,拒绝了朋友的提案。此时,这对友人已经与共同体分离,并面临着共同体的复仇。而神的到来扭转了局面——赫拉克勒斯以神的威严与朋友的诚恳对地上的二人发出呼召。

这是剧中神的唯一一次现身,却是铺垫已久的现身。史诗传统中,菲罗克忒忒斯的故乡是马格涅西亚(Magnesian),索福克勒斯却对此做了修改,将其故乡移至墨利斯湾(Malian Gulf)附近的一片土地,这片土地的西南面是奥塔山(Mountain Oeta)。②正是在奥塔山,菲罗克忒忒斯为赫拉克勒斯点燃火葬堆,也是在这里,赫拉克勒斯将自己的神弓馈赠给菲罗克忒忒斯。研究认为,修改菲罗克忒忒斯的故乡是索福克勒斯的创新,之所以开场借奥德修斯之口着重强调地点的更改(行5)并在后文反复提及(行453、490、665、723、1030),是为了提醒观众菲罗克忒忒斯与赫拉克勒斯的关联。菲罗克忒忒斯是波阿斯(Boias)之子,艾弗里(Avery)认为,家乡地理位置的转变使他与赫拉克勒斯建立了隐秘的联系,甚至可以认为,在精神上菲罗克忒忒斯是赫拉克勒斯之子。③

---

① Bernard M. W. Knox, "Philoctetes," *Arion, A Journal of Humanities and Classics*, Vol. 3, No. 1 (Spring, 1964), pp. 42 – 60.

② 关于菲罗克忒忒斯的家乡,参 Richard Claverhouse Jebb, *Sophocles*:*The Plays and Fragments*, *Volume* 4 *With Critical Notes*, *Commentary and Translation in English Prose*, New York, Cambridge University Press, 2010, pp. 9 – 11; Harry C. Avery, "Heracles, Philoctetes, Neoptolemus," *Hermes*, 93. Bd. , H. 3 (1965), pp. 279 – 297.

③ Harry C. Avery, "Heracles, Philoctetes, Neoptolemus," pp. 279 – 297.

赫拉克勒斯是古希腊最著名的英雄之一,他的传奇乃是一次次突破人力的极限。

> 他是一位伟大的怪兽杀手,也是一位伟大的文明建立者,他创造了城市、温泉与奥林匹亚节。①

作为半神英雄,赫拉克勒斯在古希腊人心目中可谓人类的楷模。在他深深陷折磨时,正是菲罗克忒忒斯点燃了火堆,将这位伟大的朋友从痛苦中解放出来,使后者得以回归其命定的归所——奥林波斯诸神之间。对菲罗克忒忒斯而言,他命定的目的地是特洛伊战场而非自己的家乡,只是疼痛、屈辱与愤怒使他未能看清自己的命运。

当剧痛来袭时,菲罗克忒忒斯向涅奥普托勒摩斯发出了哀求,希望对方用利姆诺斯岛(Lemnos)活火山的火焰将自己烧成灰烬——正像他自己曾对痛苦中的赫拉克勒斯所做的那样(行799 - 801)。菲罗克忒忒斯与赫拉克勒斯的经历在此处相仿,但不同在于,赫拉克勒斯是在完成十二件伟大功绩后才迎接自己的命运,而菲罗克忒忒斯命定的荣誉尚未开幕。正是赫拉克勒斯的话语一层层除去了他眼前的荫翳。

神唤醒了菲罗克忒忒斯的记忆(行1418 - 1420)。若是沿着神的道路前行,菲罗克忒忒斯必然获得无上的光荣。按照神谕,菲罗克忒忒斯将用弓箭杀死帕里斯(行1026),赫拉克勒斯要求朋友在大获全胜后,要祭奠他的火葬地,感激他的弓和箭(行1031 - 1032)。这弓箭是唤醒菲罗克忒忒斯的一大契机,也是索福克勒斯埋藏已久的伏笔。神的弓箭是《菲罗克忒忒斯》中的核心物件,是阿波罗赠予赫拉克勒斯的礼物,它象征着人类智性的实践。有了智性的实践,人类才成为大地的主宰。出于感激,赫拉克勒斯将弓箭赠予菲罗克忒忒斯。这一

---

① M. S. Silk, "Heracles and Greek Tragedy," *Greece & Rome*, Vol. 32, No. 1 (Apr., 1985), pp. 1 - 22.

传承是"高贵的行动"的传承，它理应承载着伟大的使命，菲罗克忒忒斯却未能做到这一点。①在荒岛上，神的弓箭不再执行神的意志，而是沦为菲罗克忒忒斯觅食的工具，仅仅用来射杀飞鸟走兽以供果腹（行955–957）。更为讽刺的是，当神弓终于被从荒岛上解放出来，却险些变成对抗友军的工具（行1400–1410）。

因此，神的话语必定使菲罗克忒忒斯惊醒。他知晓手中弓箭的神圣性（行943），却忽视了自己的所为远离了神圣。奥德修斯曾声称，若菲罗克忒忒斯拒绝屈服，他将抛弃菲罗克忒忒斯本人，亲手用神弓赢取本该属于菲罗克忒忒斯的荣誉。②无论此举是公然冒犯还是虚张声势，可以看出即使是缺乏道德与荣誉感的奥德修斯，也显得更为清楚神弓的使命。

菲罗克忒忒斯对抗命运，却又无法离开命运赠予的礼物生存下去：一方面，若失去神弓，身负伤痛的他只能任人宰割（行931）。另一方面，若拒绝用弓箭服务于神，只顾苟延残喘，又违背了弓的原主人、自己的好友、作为神的赫拉克勒斯的意志，那么，他持有这神力的资格也就值得怀疑。赫拉克勒斯使菲罗克忒忒斯意识到，他行为的准则和尺度应当来自赫拉克勒斯。赫拉克勒斯将他从荒岛的野蛮状态中唤醒，③重新建立起他与英雄准则的联结。

---

① Philip Whaley Harsh, "The Role of the Bow in *the Philoctetes* of Sophocles," *The American Journal of Philology*, Vol. 81, No. 4 (Oct., 1960), pp. 408–414.

② 此处是研究《菲罗克忒忒斯》的另一重要问题，即神谕的真相是需要菲罗克忒忒斯本人使用神弓，还是只要得到这把神弓，就能完成预言。纵观全剧，前者较为合理。由此引发的问题是，奥德修斯是否清楚神谕的真相，以及他是否虔敬。奥德修斯在第七节第三场中出现的自相矛盾的言论使这一问题更为扑朔迷离。参见 Meredith Clarke Hoppin, "What Happens in Sophocles' *Philictetes*?," *Traditio*, Vol. 37 (1981), pp. 1–30.

③ 荒岛的野蛮生活破坏了菲罗克忒忒斯的社会天性。参见 Robin Mitchell-Boyask, "The Athenian Asklepieion and the End of the 'Philoctetes'," *Transactions of the American Philological Association*, Vol. 137, No. 1 (Spring, 2007), pp. 85–114。

赫拉克勒斯将菲罗克忒忒斯从盲目状态下解放了出来，他是解放者，而绝非扭曲了后者的意志。①

神弓的另一作用则是建立起一座桥梁，连接起赫拉克勒斯与菲罗克忒忒斯、菲罗克忒忒斯与涅奥普托勒摩斯这两对伙伴。如是，菲罗克忒忒斯与涅奥普托勒摩斯这对朋友与共同体之间破裂的联结方得以恢复，友谊才能臻于完善。

> 没有菲罗克忒忒斯的帮助，你不能征服特洛伊平原，
> 没有你，他也不能做到这一点。
> 你们两个要像同行同止的一对狮子，
> 他保护着你，你保护着他。（行1433 – 1437）

赫拉克勒斯的这段话呼应着涅奥普托勒摩斯对菲罗克忒忒斯的劝导（行1335），它揭示了神谕中先前隐匿着的重要内容：菲罗克忒忒斯和涅奥普托勒摩斯要在特洛伊战场上相互扶持、共同进退。欺骗和强力纵然可以将菲罗克忒忒斯带到特洛伊平原，但唯有以坚如磐石的友谊为基础，理想的战士与天选之人才能构成完美的联结。

《伊利亚特》中，当帕特罗克洛斯身披阿喀琉斯的不朽铠甲时，他本人就拥有朋友绝对的首肯与信赖，同时也担负着朋友的荣誉。②同样，神赐的武器也弥足珍贵，它的传承担负着英雄的精神，只有获得武器所有者绝对的许可，才能名正言顺地接触和使用它。菲罗克忒忒斯认为自己是通过善行才获取了这神圣的武器（行670）。允许涅奥普托勒摩斯触碰神弓，就代表着菲罗克忒忒斯对对方的绝对

---

① John S. Kieffer, "Philoctetes and Arete," *Classical Philology*, Vol. 37, No. 1, (Jan., 1942), pp. 38 – 50.
② 陈戎女，《荷马的世界——现代阐释与比较》，北京：中华书局，2009，页82。

认可。当菲罗克忒忒斯在痛苦中一心求死时，他希望涅奥普托勒摩斯可以担任自己曾经的身份，也就使后者名正言顺地成为神圣武器的继承者（行801-802）。神弓成为两段友谊的联结，涅奥普托勒摩斯起初的恶行是"欺骗"，而当他决心"归还"，就已经用行动消除了心怀和奥德修斯一样的私心的可能性，从而建立起朋友间单纯的利他主义。这样，二人间的信任才得以建立，从而发展出相互支持的、足以藐视敌人威胁的友爱。①

古希腊社会中有一个流行观念，即一个人应当帮助自己的朋友和伤害自己的敌人。这便是"扶友损敌"（helping friends and harming enemies）：

> 尊重朋友可以与尊重神、尊重父母和尊重法律列为同等重要的准则，换句话说，它位于希腊生活的最强有力的道德命令之中。（同上，页40）

"扶友损敌"原则将互助互惠的友谊视为不可撼动的伦理要求，而最大的忘恩负义正是伤害朋友。《王制》（The Republic）中，苏格拉底探讨了这一看似正义的伦理原则的内在矛盾（见《王制》，334b以下）。正义者应当同敌人战斗，同朋友结盟，但分不清善恶的人们难以透过表象区分敌友；同时，朋友和敌人、善良与邪恶这两组对立概念并不能一一照应，正义不再稳固，扶友损敌原则难以被严格省察。

在战争的背景下，友爱进入政治领域，打败敌人是一件最合理的善事，道德并非判断敌友的参考标准（同上，页32-76）。《菲罗克忒忒斯》的一大悲剧性在于，"扶友"与"损敌"这对孪生原则

---

① 布伦戴尔，《扶友损敌，索福克勒斯与古希腊伦理》，包利民等译，北京：生活·读书·新知三联书店，2009，页294-296。

的对称性被打破了。首先，涅奥普托勒摩斯的抉择建立了二人充满荣誉感的可靠友爱，然而最终希腊共同体成为这段友爱的敌人，真正的敌人特洛伊却隐退了。其次，菲罗克忒忒斯在敌友问题上坚持私人的道德标准：朋友是秉持正义的，邪恶是敌人的动机和表现。共同体伦理使这一道德标准的根基产生了动摇，菲罗克忒忒斯发自天然的荣誉感使之拒绝向共同体义务妥协。如果剧作家认可发自天然的正义，又要令英雄与"不义"的共同体联结，那么"扶友损敌"原则就无法同时为两方辩护。

唯有神的降临才能超越菲罗克忒忒斯的敌友标准。赫拉克勒斯与菲罗克忒忒斯之间的友爱发生在危机之前，那是更为单纯的友爱，神性也更为强大。贝佐（Badger）认为，友爱是私人和公共品性的混合。赫拉克勒斯通过友谊来联结政治空间，也结束了菲罗克忒忒斯的疏离处境。神降临前的结局是脱离共同体的悲剧性友谊，而神的出场是荣誉和政治的修好。①弓箭这一物件蕴含着两层意义，一是英雄准则，二是友谊的互惠式帮助，正是这两重力量惊醒了菲罗克忒忒斯，以神性的方式使他超越了怨恨，并恢复了共同体属性。

二 疗伤：双重伤痛的治愈

> 啊，天神啊！……我求他们发发慈悲，救救我。（行736 – 738）

疼痛袭来，菲罗克忒忒斯唯有向神哀求。然而在荒岛上的十年磨难期间，诸神并没有回应这位被遗弃的英雄，连死神都"抛弃"

---

① 贝佐，《友谊与政治：〈菲罗克忒忒斯〉》，汉广译，引自刘小枫、陈少明编，《经典与解释19：索福克勒斯与雅典启蒙》，北京：华夏出版社，2007，页81。

了他（行796-797）。即使十年来菲罗克忒忒斯并不算与世隔绝，① 也几乎可以认为他完全与其信靠的诸神隔绝了。神没有出面缓释他的伤痛，也没有给他对未来足以怀有希望的神谕。当那些本应与之并肩奋战的战友们纷纷陨落于特洛伊疆场，却也获得了莫大的荣耀时，他自己却在荒岛毫不光荣地独自饮痛。因此，菲罗克忒忒斯的磨难具有双重性：一方面是肉体所受的非人的折磨，另一方面则是来自战友与诸神的被遗弃感。此时，菲罗克忒忒斯本引以为豪的血统与获得神的馈赠的荣誉感，早已在与自然的卑微抗争中支离破碎。

> 啊，我这神所嫌恶的人，真是太不幸了。（行254）

菲罗克忒忒斯认为这伤痛是命运横加于他的一场灾难，是神的嫌恶使他受辱、疼痛、苟延残喘，并与英雄的荣誉永世隔绝。因此，他的整个态度都染上了怨恨的色彩，他乞求奥林波斯诸神降灾于遗弃他的希腊联军统帅（行315-317），

> 他甚至认为神都是心眼不好的，他恨不得他的仇人都像他那样遭到大难。②

菲罗克忒忒斯将对英雄之死的惋惜与对奥德修斯等不义之人的愤怒延伸至对神的质疑，他心中的神义论出现了破裂：

---

① 见行305-311，偶有航海者来到利姆诺斯岛，但都拒绝了菲罗克忒忒斯回家的请求。史诗传统中的利姆诺斯是有人定居的岛屿，索福克勒斯的版本将其设置成一个野蛮的荒岛。参见 Richard Claverhouse Jebb, *Sophocles*: *The Plays and Fragments*, *Volume 4 With Critical Notes*, *Commentary and Translation in English Prose*, pp. 13。

② 韦伯斯特，《索福克勒斯概论》，引自陈洪文、水建馥编，《古希腊三大悲剧家研究》，北京：中国社会科学出版社，1986，页201。

> 事情就是这样。恶物从不消灭，
> 有本命之神细心地护着他们；
> 神就是爱把邪恶无耻的灵魂
> 从冥土救回来，同时却不停地
> 打发正义和善良的人去那里而不怜惜。
> 我该如何看待这些事情，赞美其中的什么呢？
> 我在赞美神的所作所为时，既然发现他们是邪恶的。
>
> （行 446 – 452）

菲罗克忒忒斯并不是一个渎神者，相反，虔敬在其心中有着不可替代的地位。他对神的真正态度是沾有个人主义的虔敬，他认为，对神的虔诚与正义应当是统一的，神的行为应该和正义原则相一致，同时，这正义应是能够为自己所理解的，他相信众神赞同他的价值观。①当涅奥普托勒摩斯愿意以公道的方式接触他的弓箭时，他夸赞对方的虔敬和正义（行663）。与奥德修斯对峙时，菲罗克忒忒斯认为自己尽管身受苦难却在道义上无可指摘，他呼唤赫斐斯托斯保护自己，而当奥德修斯宣称其行动是宙斯的旨意时，菲罗克忒忒斯怒斥对方以神为借口掩饰不义的行为（行 992 – 993）。

也正因如此，菲罗克忒忒斯拒绝接受这个针对他的欺骗计划中包含的神的旨意，因为他相信神关心正义（行1037）。同时，他绝不会谅解和顺服他已确信是非正义的势力。因此，来自朋友和仇人的任何有力劝说都无法消除这一龃龉：不义的领导者以神为名要求他效忠。奥德修斯与阿特柔斯之两子是横于他和神之间无法逾越的中介，如果选择服从，那么在服从命运之前他唯有先服从于恶人。唯有颠倒这一顺序才能化解十年来种种痛苦的死结——仅凭人力显然无法做到。

---

① 布伦戴尔，《扶友损敌，索福克勒斯与古希腊伦理》，前揭，页261。

这是赫拉克勒斯亲自降临所产生的无可替代的影响。涅奥普托勒摩斯的成长是神计划的一部分，而使菲罗克忒忒斯重新认识并接受自己的命运则是另一部分。神的话语给了他希望和慰藉，而神的出面本身就足够震撼。赫拉克勒斯的话语使菲罗克忒忒斯解除了被神遗弃的顾虑，并认识到十年来经受的种种苦难都最终指向自己的神圣使命。

> 我将派阿斯克勒皮奥斯前去特洛伊给你治病。（行1439）

赫拉克勒斯有一个别名，阿莱克西卡克斯（Alexikakos），即规避邪恶、逆转不幸之人（averter of evils）。这是一个治疗之神，与阿斯克勒皮奥斯（Asclepius）关联甚密。①赫拉克勒斯的降临可以视作"治疗"意义的彰显。《俄耳甫斯教祷歌》中的赫拉克勒斯祷歌称赫拉克勒斯是"至高的救助"，是带来抗拒疾病的魅力的极乐之神，他用其神弓驱走死亡。②本剧中赫拉克勒斯着实成为菲罗克忒忒斯的救星，他许诺的医神阿斯克勒皮奥斯正是促使菲罗克忒忒斯重返共同体的重要前提，因为若肉体和精神的双重伤痛不能治愈，菲罗克忒忒斯就不可能真正处于清醒状态。伤痛对菲罗克忒忒斯造成了双重影响，十年前它导致菲罗克忒忒斯"被"拒绝前往特洛伊，十年后它促使菲罗克忒忒斯拒绝前往特洛伊。菲罗克忒忒斯与城邦的分离既是他伤痛的直接影响，也是他伤痛的症状。③

赫拉克勒斯许诺派医神本人治愈菲罗克忒忒斯，而按照《小伊利亚特》（*Little Iliad*）中的叙述，菲罗克忒忒斯的伤痛是由玛卡昂

---

① Robin Mitchell-Boyask, "The Athenian Asklepieion and the End of the 'Philoctetes'," pp. 85–114.

② 吴雅凌编译，《俄耳甫斯教祷歌》，北京：华夏出版社，2006，页27–28。

③ Robin Mitchell-Boyask, "The Athenian Asklepieion and the End of the 'Philoctetes'," pp. 85–114.

(Machaon)治愈的。依照《伊利亚特》史诗传统,玛卡昂是阿斯克勒皮奥斯之子,涅奥普托勒摩斯称菲罗克忒忒斯将被阿斯克勒皮奥斯的儿子们治愈(行1333),因为涅奥普托勒摩斯知晓他们此刻正在特洛伊战场(同上,pp. 85 – 114)。史诗传统被巧妙继承,索福克勒斯笔下的赫拉克勒斯为菲罗克忒忒斯的治疗赋予了更高的意义,通过以父代子完成了菲罗克忒忒斯命运的圆环——菲罗克忒忒斯的命运在此前后联结,他的伤痛与治愈都在神的计划之中。

涅奥普托勒摩斯比菲罗克忒忒斯更早察觉了真相,他认为后者的苦难乃是神意,诸神用十年的痛苦来延缓菲罗克忒忒斯射出神箭的时间(行191 – 200)。咬伤菲罗克忒忒斯的毒蛇是克律塞(Chryse)神庙的守卫(行194、1326 – 1328)。特洛伊远征军起航时,阿伽门农的船队需要献祭克律塞岛女神才能穿过爱琴海,菲罗克忒忒斯知晓克律塞岛的位置,因而成为联军的向导。之所以他知晓这一信息,是因为多年以前赫拉克勒斯曾在此献祭女神,而他恰好在场。①最终把菲罗克忒忒斯拯救出肉体痛苦的阿斯克勒皮奥斯是古希腊的医神,在古典时代,阿斯克勒皮奥斯被人们以医学创始人的名义崇拜,其象征物是一根单蛇杖。②由此可见,菲罗克忒忒斯的肉体伤痛始于蛇而终于"蛇"。他的命运早有定数,前方并非深渊,而是与赫拉克勒斯一样的"苦难后的光荣"(行1418 – 1423)。

这一圆环的重要意义在于菲罗克忒忒斯的命运中神义的恢复,

---

① Richard Claverhouse Jebb, *Sophocles: The Plays and Fragments*, Volume 4 *With Critical Notes, Commentary and Translation in English Prose*, pp. 42 – 43。吉布的注释中也分析了克律塞,认为她的身份影射着雅典娜,从而与本剧上演时的雅典城产生微妙的关联,见页41 – 42。

② 阿斯克勒皮奥斯是阿波罗与水泽女仙之子,喀戎(Chiron)教给了他精湛的医术,使之成为"无可挑剔的名医",疗救一切之神。吴雅凌编译,《俄耳甫斯教祷歌》,前揭,2006,页121。

也就是说，当这一命运之环由赫拉克勒斯之口说出时，菲罗克忒忒斯的精神伤痛已经治愈。①它将神谕从奥德修斯带来的世俗利益和伦理纠葛中解放出来，宣告了神的强力在场。哈什（Harsh）认为，对古希腊人而言，现实的（人的）解决措施必须和理念化的（神的）解决措施一致，神是人的延展的极致。赫拉克勒斯的到来揭示了一直在剧中潜藏着的"第四种精神"，即象征完美与极致的神的精神，人的行动只有极力接近这一精神才可能达到理想的结果（同上）。命运许诺给菲罗克忒忒斯的不是毁灭而是荣耀。神的到来使菲罗克忒忒斯清醒过来，认识到自己与围绕自己的一切行动都在神的计划之中，"第四种精神"一直注视着他的行动。

"疗伤"是对肉体与心灵的双重治愈。这样，菲罗克忒忒斯对神义的认知才得以修补。洞悉命运并回归天性后，他才能够重整旗鼓前往特洛伊战场。

三 宗教启蒙与《菲罗克忒忒斯》的结局

若仅从剧本情节的整一度考量，由涅奥普托勒摩斯的劝说等构思方法来达成目的显然是更优解，也符合索福克勒斯悲剧创作的一贯传统。②《菲罗克忒忒斯》的核心矛盾是一个刻意为之的死结，而

---

① Philip Whaley Harsh, "The Role of the Bow in the *Philoctetes* of Sophocles," *The American Journal of Philology*, Vol. 81, No. 4 (Oct., 1960), pp. 408–414.

② "索福克勒斯的特长表现在布局上。他最讲究情节的整一，重视戏剧内部的有机联系。他的悲剧结构复杂、严密而又和谐，情节越来越紧张，剧中没有闲笔，没有断线的地方。"参见罗念生，《论古希腊戏剧》，北京：中国戏剧出版社，1985，页52。默雷（Murray）认为《菲罗克忒忒斯》的结尾借鉴了欧里庇得斯"神圣和解者"的手法，见默雷，《古希腊文学史》，孙席珍等译，上海：上海译文出版社，1988，页264。

赫拉克勒斯带来的和解不是拼凑鬼神的无奈之举，也不单是在收尾前缓解气氛，而是索福克勒斯本人笃信的解决矛盾的途径，是神的降临将戏剧推向了"恰如其分的高潮"。①索福克勒斯这样设计情节的动机是什么？为解决这一问题，需要回到《菲罗克忒忒斯》的创作语境。

在索福克勒斯的时代，启蒙已逐渐侵入雅典人的各个生活领域，正如施密特（Schmidt）所言：

> 智者证明了所有价值的矛盾之处……索福克勒斯却坚定地站在传统宗教价值这边。扮演一个保守、反启蒙的角色来对抗现代的启蒙精神方向……他希望挽回某些宗教机构的声誉，尤其是先知体系和神谕体系，使它们承受住由步步紧逼的启蒙产生出来的怀疑。②

施密特认为，索福克勒斯眼中的反启蒙乃是作为一种唤醒人类本质经验的更高启蒙状态，它无需宗教支撑和阐释，而是将这些本质经验与神性联系起来，故而与人类表面的认知乐观主义和短见自信的相对化对立。

从反启蒙这一点入手，索福克勒斯创作于晚年的《菲罗克忒忒斯》与《俄狄浦斯王》有着诸多微妙的相似之处。涅奥普托勒摩斯的转变与成长使观众欢欣，却又让观众痛苦地意识到，对人类而言"善"的生活甚至"善"本身都是脆弱的。③同时，观众期待看到菲

---

① 布伦戴尔，《扶友损敌，索福克勒斯与古希腊伦理》，前揭，页291。
② 施密特，《对古老宗教启蒙的失败：〈俄狄浦斯王〉》，引自刘小枫、陈少明编，《经典与解释19：索福克勒斯与雅典启蒙》，卢白羽译，前揭，页6-9。
③ Anne Hunsaker Hawkins, "Ethical Tragedy and Sophocles' *Philoctetes*," *The Classical World*, Vol. 92, No. 4 (Mar. – Apr., 1999), pp. 337–357.

罗克忒忒斯的转变，而索福克勒斯笔下的人物在费尽周折后，却证明了人力的无效。因为真正的美德需要建立在对本质知识的充分认识上，而古老宗教中的神正是"自我认识的引导者"，将人带入自我认识的过程，从而最终认识到"人的局限"，这一经验才是真实而完全的启蒙。①基佛（Kieffer）认为，在索福克勒斯的悲剧主题中，真正的卓越（arete）不是来自强力或说服，而是来自通过回归天性达到的认知。②

奥德修斯和菲罗克忒忒斯都认识到了涅奥普托勒摩斯的天性，奥德修斯试图克服这种天性，而菲罗克忒忒斯试图揭示这种天性（同上）。奥德修斯曾成功地将他自己笃信的新型城邦秩序灌输给年轻人，希望将后者建设成符合期望的政治机器；菲罗克忒忒斯则凭借天然纯净的良知向年轻人展示古代英雄的价值尺度，呼唤涅奥普托勒摩斯归顺本心。涅奥普托勒摩斯处于奥德修斯和菲罗克忒忒斯两股道德力量的拉扯之中，却没有认识到自己痛苦的真正来源，甚至希望逃避面前的两难处境（行969–970）。一方面，他从奥德修斯那里获取了一种知识：通过不惜代价的计谋促成神谕，从而实现政治上的利益。这一知识起初占据了涅奥普托勒摩斯，使他无法坦然向自己的天性做出退让。而当第九场涅奥普托勒摩斯宣告对奥德修斯的反叛，称正义胜于智慧（行1246）时，他已经打破了这一人类知识的桎梏。另一方面，在初识菲罗克忒忒斯时，涅奥普托勒摩斯的态度充满同情与认可，因为这位命运多舛的朋友向他展现了一幅令他向往的古代英雄图景，但是当他做出抉择时，他肯定了友谊也否定了朋友的顽固（行1319–1320、1387），也就是否定了菲罗

---

① 施密特，《对古老宗教启蒙的失败：〈俄狄浦斯王〉》，前揭，页17。
② John S. Kieffer, "Philoctetes and Arete," *Classical Philology*, Vol. 37, No. 1, (Jan., 1942), pp. 38–50.

克忒忒斯在命运面前所做的道德判断的正义性。正因如此，他所坦然接受的结局不仅具有政治性和德性，更具有神性，他在第九场的行动也是完整地理解了自身的结果。

同时，值得注意的是，涅奥普托勒摩斯通过自身的成长完成了认识自己的过程，他透彻地理解了神谕，从而对自己的命运做出了正确的判断。神的计划中，这两位英雄的并肩作战是胜利的前提，若没有涅奥普托勒摩斯对神谕卓越的把握，这一预言将是残缺的。也正因如此，赫拉克勒斯给予了他直接的肯定。奥德修斯未能认识到这一点，他只将涅奥普托勒摩斯当作政治工具，却在对自身智力的自信中忽视了涅奥普托勒摩斯在神的计划中更为重要的作用。因此，作为新型政客的奥德修斯从舞台上被"放逐"了，①他信奉的新型城邦秩序也宣告失败。波雅斯克（Boyask）认为，在索福克勒斯眼中，雅典社会亟待康复，因此需要重建古代贵族模式，并将其作为基础民主制度的一部分（同上）。具有古代贵族特质的德性与虔敬都是健康的城邦所需要的。通过涅奥普托勒摩斯，索福克勒斯展示了人的更为积极的可能性：从犯下过错到及时反思，并最终完整地理解自身。

菲罗克忒忒斯的命运最终是圆满的，但是其认知模式仍然具有悲剧性的内核。他选择的道路独立于神，仅仅基于自身的道德判断。与不惜牺牲道德原则也要促成神谕的奥德修斯相反，菲罗克忒忒斯逃避和对抗着自己的命运。在剧作家看来，在苦难面前的坚忍是美德，命运面前的顽抗则不是，正如第二哀歌中歌队所唱：在菲罗克忒忒斯有自由显示智慧的时候，他却摒弃了好运，选择了厄运（行1099-1100）。此时，神的意志直接显现在他面前，使他意识到一个

---

① Robin Mitchell - Boyask, "The Athenian Asklepieion and the End of the 'Philoctetes'," pp. 85 - 114.

远超出其经验世界的、强大而神秘的他者层域的存在。赫拉克勒斯告诉菲罗克忒忒斯，他注定要得到毁灭特洛伊的光荣，而"虔敬是不与凡人一起死去的，凡人或生或死，虔敬是不灭的"（行1443－1444）。

神的降临直接击碎了他对于自身判断的坚定，却也令其欣然接受自己的命运。因为与俄狄浦斯的命运相反，神的正义并未抛弃他，而是向他许诺了无上的荣誉。同时，在神亲自降临之前，菲罗克忒忒斯自身有充分的理由拒绝神谕的完成：出于对共同体领导者的憎恶，他乐于看到希腊联军的失败。因此，赫拉克勒斯没有指责，也没有用对共同体的责任来劝说菲罗克忒忒斯。①菲罗克忒忒斯的行动只需要直接对诸神与命运负责，神肯定他坚持的古代英雄道德，只是他在命运面前陷入了盲目。

宗教启蒙是索福克勒斯设计《菲罗克忒忒斯》的内在动机。正因如此，神谕的必然性与菲洛克忒忒的顽抗的矛盾必须由神解决，这一内涵才可能揭示给观众。剧本中一直潜藏的线索在神出场时得以揭晓，菲罗克忒忒斯的伤痛因神而起，又因神而得以化解。加维（Garvie）为《菲罗克忒忒斯》划分了三层戏剧结构，三层结构的核心分别为对菲罗克忒忒斯的"欺骗""强力"和"劝说"。涅奥普托勒摩斯拒绝将欺骗一以贯之，强力在菲罗克忒忒斯重获神弓后变得毫无用武之地，劝说则因菲罗克忒忒斯的顽固同样以失败告终。②

有研究认为，《菲罗克忒忒斯》证明了"劝说"的终极胜利（同上），或是认为在赫拉克勒斯降临之前，涅奥普托勒摩斯已经几

---

① David B. Robinson, "Topics in Sophocles' Philoctetes," *The Classical Quarterly*, Vol. 19, No. 1 (May, 1969), pp. 34–56.

② A. F. Garvie, "Deceit, Violence, and Persuasion in *the Philoctetes*," in P. E. Easterling, "'Philoctetes' and Modern Criticism", *Illinois Classical Studies*, Vol. 3 (1978), pp, 27–39.

乎劝服了菲罗克忒忒斯。①但是，若从宗教启蒙这一内涵入手，将涅奥普托勒摩斯的努力视作人力的局限性也完全可行。唯有菲罗克忒忒斯的拒绝方可揭晓涅奥普托勒摩斯选择的非功利性，也只有这样才能证实神的理想战士的诞生。神的降临使得本剧有了更深刻复杂的内涵，却又使主题通往更为纯粹的崇高。

通过同题悲剧的版本对比可以更好地证实这一点。埃斯库罗斯的版本充满古代英雄的"简单"特点，欧里庇得斯版本的主题则是"爱国胜于仇恨"，②但是在这两个版本中，菲罗克忒忒斯都不可能真正被打动。因为一旦剧作家用奥德修斯取代狄俄墨得斯，伪装和欺骗就成为故事推进的必要手段。③而如果菲罗克忒忒斯是在受骗的前提下服从不平等的条款，胜利就仅仅是政治手段的胜利，崇高的说辞也会蒙上阴影。

索福克勒斯的伟大创举在于，由于涅奥普托勒摩斯的参与，局势变得均衡。当菲罗克忒忒斯重获神弓，他就有能力向奥德修斯反

---

① Robert J. Newman, "Heroic Resolution, A Note on Sophocles, *Philoctetes* 1405 - 1406," *The Classical Journal*, Vol. 86, No. 4 (Apr. - May, 1991), pp. 305 - 310。纽曼认为，有了涅奥普托勒摩斯的铺垫，赫拉克勒斯才轻易说服了菲罗克忒忒斯。索福克勒斯使用超越自己常用语言的手法，用特殊语言来表现情感的转变和上升，观众在剧场可以很容易地感受出这种"语言和行动的一致"。涅奥普托勒摩斯与菲罗克忒忒斯的情感转变不是机械的，而是循序渐进的。

② 埃斯库罗斯与欧里庇得斯版本的《菲罗克忒忒斯》已经遗失，目前仅在其后代文献中存有残篇。从残篇可知：三个版本的《菲罗克忒忒斯》有如下共同点：奥德修斯都是这次任务的领导者，并且都狡诈地伪装或躲藏了起来；都有一个用于欺骗菲罗克忒忒斯的故事；菲罗克忒忒斯都因伤病昏厥，也都在此时失去了弓箭的控制权；菲罗克忒忒斯最终都返回了特洛伊战场。索福克勒斯的《菲罗克忒忒斯》是三者中最晚的，研究认为，索福克勒斯借鉴了另外两位剧作家，尤其是欧里庇得斯的版本。参见 John S. Kieffer, "Philoctetes and Arete," *Classical Philology*, pp. 38 - 50.

③ John S. Kieffer, "Philoctetes and Arete," pp. 38 - 50.

戈一击，也就获得了自由和归乡的幸福。然而赫拉克勒斯却出面否定了他的自由和幸福，指出一条更为崇高之路。在几股不同力量的相互碰撞和角力后，菲洛克忒忒斯接受了"治疗"，以最令人满意的方式迎接了命运。正如金嘴狄翁（Dion Chrysostomos）所言，索福克勒斯的特点介于另外两大悲剧家之间：

> 既没有埃斯库罗斯的粗犷和简单，也没有欧里庇得斯的精确、机智和文雅，然而他创作了如此庄严、华丽、极富悲剧味而又极其流畅的诗，以致最大的快感与崇高和庄严能在其中并存。①

狄翁认为，索福克勒斯对《菲罗克忒忒斯》的情节作了最好、最可信的安排。在另外两大悲剧家的版本中，潜藏在背景故事中的神谕很可能只是引出这一故事的楔子，或是成为奥德修斯诡计的一部分。唯有索福克勒斯真正将神性引入故事之中。从赫勒诺斯的话语到赫拉克勒斯的话语，一个完整的圆得以完成，从而使利姆诺斯岛上的这段传奇始于欺骗，而归于崇高。

四 结语

从《菲罗克忒忒斯》的结局可以看出，索福克勒斯回归了对神的智慧、正义和力量的朴实信仰。在他看来，人的智慧在神的预见面前徒劳无益。②索福克勒斯熟悉流行于雅典的新学说，却仍然决定

---

① 金嘴狄翁，《论埃斯库罗斯、索福克勒斯和欧里庇得斯——论菲罗克忒忒斯的弓箭》，陈洪文、水建馥编，《古希腊三大悲剧家研究》，前揭，页33-34。

② 参见拉茨格，《关于索福克勒斯的世界观问题》，引自陈洪文、水建馥编，《古希腊三大悲剧家研究》，前揭，页367-377。

坚持保守的世界观。他相信宗教与虔敬的力量，正因如此，菲罗克忒忒斯来自神的伤痛必须由神治愈。《菲罗克忒忒斯》的结局并非是"机械"的，而是索福克勒斯卓越技艺的体现。神的话语唤醒了盲目的菲罗克忒忒斯，隐藏之物也最终被清晰地揭示出来：超验的神一直强力在场，对自身所坚持的知识和价值判断过于自信的人终将败落，唯有神与虔敬是不灭的。从神谕下达的那一刻起，赫拉克勒斯就注定是最终揭晓谜底之神。此外，剧中的涅奥普托勒摩斯也体现了人的可能性：人虽然终究无法突破极限到达神的境界，但依旧可以洗去贪婪和狂傲，以德性与虔敬的方式达到真正的启蒙，从而构建共同体的理想状态。这一结局让我们看到索福克勒斯心中理想的价值尺度与行动准则。

新见敦煌写本《维摩诘经》注疏之《净名疏注》

王晓燕*

笔者在梳理敦煌写本《维摩诘经》注疏系统的过程中，发现一种未被学界关注的注疏：《净名疏注》。《净名疏注》是对道液《净名经关中释抄》《净名经集解关中疏》进行的复疏，笔者从已公布的敦煌文献写卷目录、图版以及相关资料中搜集到七件写本。按照注释文本的不同，七件写本可分为两种情况：一是对道液《净名经关中释抄》的再解释，有四个写本，即北大 D245、[①]羽

---

* 作者简介：王晓燕（1987— ），安徽界首市人，北京第二外国语学院，社会科学文献出版社博士后科研工作站与中国传媒大学博士后科研流动站联合培养博士后（北京，100029、15210841372、wangxiaoyanjs@163.com），历史学博士，主要从事敦煌学、敦煌佛经注疏研究。代表作：《敦煌写本〈维摩诘经〉注疏残卷的缀合》（中国敦煌吐鲁番学会主编，《敦煌吐鲁番研究》第十六卷，上海：上海古籍出版社，2016）、《中村不折155〈北凉写经残卷六〉中之五"支谦"本〈维摩经注〉创作年代考》（《首都师范大学学报》，2016 年第 5 期）。

① 图版见北京大学图书馆、上海古籍出版社编，《北京大学图书馆藏敦煌文献》第 2 册，上海：上海古籍出版社，1995，页 259 - 264。

94R、①S. 2552v、②P. 3198A + P. 3198B,③由于以前写本定名不一，笔者统一定名为《净名经关中释抄疏》；一是对道液《净名经集解关中疏》的复疏，有 BD7286 和羽 81R1、BD6499 三件,④笔者暂定作《净名经集解关中疏注》。为叙述方便，笔者将这两种复疏统称为"《净名疏注》"。

一 写本概况

此前，学界对这一种新注疏关注不多，仅有曾晓红在其硕士论文中分别对北大 D245、S. 2552v、P. 3198A + P. 3198B、BD7286、BD6499 写本做过叙录,⑤佐藤礼子对羽 94R、北大 D245 做过整理和研究。⑥以上叙录和研究均未及辨明这两组文书的性质与内涵。为便

---

① 图版见武田科学振兴财团杏雨书屋，《敦煌秘笈》第一册，大阪：武田科学振兴财团，2009，页 549 - 550。
② 图版见黄永武主编，《敦煌宝藏》第 20 册，台北：新文丰出版公司，1981，页 692 - 701。
③ 图版见上海古籍出版社、法国国家图书馆编，《法藏敦煌西域文献》第 22 册，上海：上海古籍出版社，2002，页 138 - 141。
④ BD7286 图版见中国国家图书馆编、任继愈主编，《国家图书馆藏敦煌遗书》第 96 册，北京：北京图书馆出版社，2008，页 102 - 111；羽 81R1 图版见《敦煌秘笈》第一册，页 474 - 477；BD6499 图版见《国家图书馆藏敦煌遗书》第 88 册，2008，页 156 - 179。
⑤ 曾晓红，《敦煌本〈维摩经〉注疏叙录》，上海师范大学硕士论文，2008，页 202、223、220、173、171。
⑥ 佐藤礼子，《羽 94R "（拟）天台智者大师智顗别传"初探》，载于《敦煌写本年报》第七号，京都：京都大学人文科学研究所，2013，页 297 - 311；《道液维摩疏の受容を示す一写本——羽 094R と北大藏 D245 について》，载于《敦煌写本年报》第九号，京都：京都大学人文科学研究所，2015，页 115 - 121。

于讨论，兹对七件写本简要介绍。

1、北大 D245《净名经关中释抄疏》，《北京大学图书馆藏敦煌文献》定名《注维摩诘经序疏释》。首尾均缺，起"苑□命知。自省数十生"，迄"但以文略非义略也"。行楷书写，文中有朱墨批校。曾晓红认为此卷"可能为净名经关中释抄卷上的异文，待考"。①

2、羽94R《净名经关中释抄疏》，首尾均缺，起"知法胜，先辨其人"，迄"二尊不并化，故我为菩萨"。后似有一段偈语"池中望月，岭上观遐。知身虚幻，不染荣华。得怜十圣，近佛无叉。遍身百亿，应供婆娑。随念总至，只是阿罗"。存两纸、43 行，行字不等；行楷书写。《敦煌秘笈》记事："1、印三颗：'敦煌石室秘笈''李盛铎印''李滂'。2、内容：首部ハ、天台智者大师别传异本。中途ハ经论ノ释文。尾部ハ、佛曲。?"《敦煌秘笈》原拟名《天台智者大师智顗别传》，佐藤礼子已提出质疑。

3、S.2552v《净名经关中释抄疏》，《敦煌宝藏》定名《净名经集解关中疏》。首尾均缺，起"天台是何人也"，迄"但以文略非义略也"。卷中有标题"台山见上记""已前决天台义"。行楷书写，有墨笔校改，卷子上有苏州数码。

4、P.3198A＋P.3198B《净名经关中释抄疏》，起"维摩诘者，都（?）三身之总"，迄"即有大用，大用即方便"，共存101行。

5、BD7286《净名经集解关中疏注·佛国品第一～弟子品第三》，《国家图书馆藏敦煌遗书》拟名《注维摩诘经释》。首尾均缺，卷背有注记，起"□三宝□不敬泥龛，宁逢金相"，迄"虽有此行，不及大乘"。《国家图书馆藏敦煌遗书·叙录》认为本文书"乃

---

① 曾晓红，《敦煌本〈维摩经〉注疏叙录》，前揭，页202。

是对僧肇《注维摩诘经》的复疏,重点解释《注维摩诘经》中的词语。①笔者在对 BD7286 释文后发现,其是对道液《净名经集解关中疏》的复疏。

6、羽 81R1《净名经集解关中疏注》,该卷正背面均写有文字,《敦煌秘笈》将正面分别定名为:R1《维摩经疏》、R2《亡娘子一年忌祭文书》;背面定名为:v1《维摩经疏开题并科文》、v2《发愿文首一行半》。实际上,R1 包含两部分内容:从起始到"经解中二:一述谦辞,二明功盖",是以文字表述的《天台分门图》;自"正文分二:一释名题,二释正文"至结尾部分"佛道品中",是对《净名经集解关中疏》科判的总结。v1 的内容亦由两部分组成:《天台分门图》(图表科分)、维摩开题。R1 的《天台分门图》叙述与 v1 的图表科分吻合,同时与 S.2496《释肇断序抄义》后面以及 Дx5732v + Дx4541v《天台分门图》的表格科分一致。这里将羽 81R1 的内容作为一个整体看待。

7、BD6499《净名经集解关中疏注》,《国家图书馆藏敦煌遗书》定名《维摩诘经杂释》。首缺尾全,起"宝积当知等者",讫"如伊字三默,始亦不约,横亦不约",内有品题"弟子品",卷背题记"从正(?)宗写(?)此一纸,计廿纸"。曾晓红指出,"部分内容与 P.2344v 重合"。②经笔者核实,BD6499 部分内容是与 BD7286 有重合,如对"四无畏""卅七道品""迴向心"的注释等。

二 《净名疏注》与道液本注疏

《净名疏注》包括《净名经关中释抄疏》《净名经集解关中疏

---

① 《国家图书馆藏敦煌遗书·条记目录》,第 96 册,前揭,页 13。
② 曾晓红,《敦煌本〈维摩经〉注疏叙录》,前揭,页 171。

注》两种,下面分别将之与道液《净名经关中释抄》《净名经集解关中疏》做比较。

一 《净名经集解关中疏注》与《净名经集解关中疏》

《国家图书馆藏敦煌遗书·叙录》以为BD7286是对僧肇《注维摩诘经》的复疏。笔者通过具体内容的比对,发现该件文书其实是对道液《净名经集解关中疏》(后省作:《关中疏》)重点词语的解释。如注解中的语句"凡以名坏行""名化物""系其爱则善牙莫能发",只在《关中疏》中出现:①"凡以名坏行者,《日明三昧经》云:福德之力成多利,由得利故放逸生,②放逸则无持戒心,以是因缘堕地狱","名化物者,如维摩文殊等","系其爱则善牙莫能发者,痴爱卵瞕,若不啄破,法身不生,又如草甲雷声,开垢方出惠芽"。又如,BD7286注解的"三涂""北洲""无想天""世智""佛前""佛后""生盲"和"生聋"等名词,只见载于《关中疏》文中,③而不见《注维摩诘经》一书,具体内容如下:"三涂约苦为难,北洲约处,无想天约界,世智约见,佛前、佛后约时,生盲、生聋约报。出体者,世智邪惠,余七有漏,五阴上立也。"另外,BD7286对"五盖"的注解是:

> 诸门分别,分别之中有次第,离合释妨。食治者,贪以可爱境为食,以不净观为对治;嗔以不可境为食,以慈悲观为治;睡眠以嚬申欠呿为食,以毗钵舍那为治;掉悔以寻伺为食,以

---

① 见黎明,《净名经集解关中疏卷上》,载于《藏外佛教文献》第2辑,北京:宗教文化出版社,1996,页187、188。
② 底本"利"字左下角有一"亦",未录。
③ 见黎明,《净名经集解关中疏卷上》,前揭,页210。

奢摩他为治；疑以三世境为食，以十二因缘为活（治）。

这部分内容，即是以《关中疏》为基础进行的阐释。①

羽81R1《净名经集解关中疏注》，是对《关中疏》科判的梳理，存"佛国品第一"至"佛道品中"部分。为方便读者理解，现以"菩萨品第四"的科判为例，列表1说明羽81R1与《净名经集解关中疏》科判的关系（表格说明：1、为行文方便，表格中仅摘录有关《关中疏》科判部分的内容；2、两者内容吻合处，字体加粗表示）。

表1　　　　　　　　　　科判对比

道液《净名经集解关中疏》科判	羽81R1《净名经集解关中疏注》科判
菩萨品第四 文二，**先别明四大士**。此初，慈氏也。	菩萨 中二，**先别四士**，后总三万二千。
于是佛告弥勒菩萨，汝行诣维摩诘问疾。 文二，如前。此初，**命**也。此二，**辞**。 文四，此初，**辞**也。此二，略释**所以**。此三，广引**弹事**。四**结**也。 文五，**一先定得记，二破执授记**，三举例返破，**四显菩提相，五闻真得益**。 此初，定也。 正破授记。文三，**初就生门弹**，次就**无生门弹**，后就**平等门弹**。初中文三，**一先定三世**，二难破三世，三引证。约无生门弹。文二，	初中第一弥勒。 文二，一佛命，二奉辞。 辞中文四，一辞不堪，二释所以，三引弹事，四结能。 弹中文五，**一先定得记，二破执授记**，三举例反破，**四显菩提相，五闻真得益**。 破授记中文三，**初就生门弹**，二无生门弹，后平等门弹。 生门中三，一先定三世，二

---

① 语参黎明，《净名经集解关中疏卷上》，前揭，页185。

续表

初约理破，二约行破。约行破。文二，此初双定。二明双破生灭。此三，约平等一如破。文二，初总举平等也。二别约三德平等破也。此初约真如理等法身德破也，二约本觉平等智德破也。三约平等寂灭解脱德破。此下三，举例返破平等。 显真菩提相。文三，此初劝舍分别。此二略征释，身心无所得相。此三历法广显菩提相。 此五明悟真记不记，真得不得，获益也。	难破三世，三引证。无生门中二，初约理破，二约行破。行破中二，先双定，后双破。平等中二，初总举破，二别约三德。 显菩提相中文三，劝舍分别，二征释，身心无所得，三历法广显。
佛告光严童子，汝行诣维摩诘问疾。 文二，如前。此初，命也。此二，辞也。文四。此初，辞也。此二，略释所以也。 此下三，明广引弹事。文五，一礼问，二略答，三重问，四广答，五众益。 此下三十句广约诸法明道场。此初，约心辨也。此下十六约行明住实相真场。此下三科约法明道场。此下三科约所治惑明道场。此下诸科约佛果德明坐菩提树。	第二广严，如前。 弹中文五，一礼问，二略答，三重问，四广答，五众益。 广答中曲分五段，一约心，二约行，三约法，四约所治惑，五约果德。
佛告持世菩萨，汝行诣维摩诘问疾。 文二。此初命也。二辞。文四。此初也。此下三，略释，文五，一住静室，二魔来，三不识，四施女，五不受。 广引弹事。文中有八，一觉悟，二乞女，三欲隐，四劝舍，五魔舍，六说法，七诱女，八还女。 此六，净名为女说法也。文二，此初令发心也。此下二，劝修行。	第三持世，如前。 略释中五，一住静室，二魔来，三不识，四施女，五不受。 弹中文八，一觉悟，二乞女，三欲隐，四劝舍，五魔舍，六说法，七诱女，八还女。 说法中二，初令发心，二劝修行。

续表

文三，一劝，二问，三答。	修行文三，一劝，二问，三答。
净名答，文四。此初乐生四信，此二乐厌苦报也，此三明乐修出道。	答中文四，一乐生信，二乐厌苦，三乐修出，四总结。
文三。此初内护道意，此二明六度正行也，此下三遍修万行，此四结也。	修出文三，初内护道意，二明六度正行，三遍修万行。
波旬诱女也，文二。此初诱也。二女辞也。	诱女中二，一诱女，二女辞。
还女，文五，一索女，二还女，三请法，四为说，五随还。	还女，文五，一索女，二还女，三请法，四为说，五随还。
大士为说无尽灯法，文三。此初标名劝也。二释劝，法、喻、合可见。三结劝学也。	为说中三，初标名劝，二释劝，三结劝。
佛告长者子善得，汝行诣维摩诘问疾。 文二，此初命也，二辞。文四，此初辞也，二略释也。	第四善得，如前。
此三，广引弹事。文六，一弹诃，二请说，三略说，四重请，五广说，六得益。	弹中文六，一弹呵，二请说，三略说，四重请，五广说，六得益。
此下五，广就万行明法施。文五。此初，四等也。此二，明六度法施。此三，约三脱明法施。此四，遍约万行明法施。此下五，结成法施。	广说文五，一约四心，二约六度，三约三空，四约万行，五结成。
此六，明时众得益，文二。此初婆罗门发心也，二明善得心净。	得益文二，初婆罗门发心，二善得净心。
文四。此初，心悟上璎珞。二让不受。三重请受随施也。四并名受已回施。	净心文四，一心悟奉上，二净名不受，三重请受，四受已回施。
文四。初回施二田也，二佛现化，三劝令等心。文二，一有相等，二无相等。此四，得益也。	回施文四，一施二田，二佛现化，三劝等心，四得益。

通过比较羽81R1与道液《净名经集解关中疏》的内容，可以清楚地看到，羽81R1与《关中疏》的科判基本一致。因此，笔者将羽81R1与BD7286、BD6499归为一种。

二 《净名经关中释抄疏》与《净名经关中释抄》

《净名经关中释抄疏》是对道液《净名经关中释抄》的再解释，北大D245与S.2552v内容基本一致，羽94R与两者前面部分重合。具体内容的阐释可参考佐藤礼子《道液维摩疏の受容を示す一写本——羽094Rと北大藏D245について》（已对北大D245全文释录，并拟名"净名经关中释抄疏释"）一文，① 此不赘言。

P.3198A+P.3198B，在内容上与北大D245、S.2552v、羽94R虽不尽相同，但整个注释对象仍是道液《净名经关中释抄》。如P.3198A+P.3198B所注解的"第〔一〕释名，满本愿""二酬请主下""又《法花》云：如来成道三七日""三赴根缘"等语句，即是出自《净名经关中释抄》。为便于理解，下文将P.3198A+P.3198B《净名经关中释抄疏》的部分内容与道液《净名经关中释抄》列表2说明。

表2　　　P.3198A+P.3198B 与道液本部分内容对比

道液《净名经关中释抄》卷上	P.3198A+P.3198B
天台云。	天台是何人，斯能玄凿佛意？答：天台年始七岁，随逐父娘，入寺随喜，遂见法苑道场。至心听览，一闻已后，七卷媲通怪少，再思兼精后卷，时人号为业生菩萨。年登十五，关外道论

---

① 佐藤礼子，《道液维摩疏の受容を示す一写本——羽094Rと北大藏D245について》，前揭，页115–121。

	续表
	议叵当。后谒思大禅师，便获宿命智。思大曰：灵山一别，吃（讫）至于今，宿缘相追，今复会矣。其思大和尚数十生中，常持《法花》，后生过国为王，《法花》为王事。
此经理致深远，言旨渊玄。	言**此经**，即维摩经也。**理**谓至理，**致**谓致思，**深**谓深妙，**远**谓玄远，**言**谓言说，**旨**，意也。欲言宣此理者，非是造次而及也。亦须深妙之辩，可以量之。
若但依文帖释，恐指事数而已。	**若**依文而已，恐泛其事而失于理。
一**教宗极**终自难量。	一**教宗极**者，教法也。宗之志，言此维摩至理难可揣量，故曰极也。
犹须略忖幽微显不思议旨趣。今辄于文前撰五重玄义，第一释名，第二出体，第三明宗，第四辩力用，第五判教相。	**犹须略忖**者，略抄略忖，谓忖度幽深也。**微**，妙也。**显**者，现也。心口所不及曰**不思议**。**旨**，理也，故肇师云：心缘所不及，岂况于言乎？
此名不思议**人法**是名，不思议真性解脱为体，不思议佛国因果为宗，不思议权实折伏为力用，	先**人法**者，如像物立名，存名而显，法蕴积聚。即缚即解，名真解脱。纲者，若网在纲，有条而不问（紊）。因果之义亦尔。
不思议**带偏显圆**为教相，故今明此经。始从"如是我闻"，终乎"欢喜奉行"，皆明不思议也，所以五义次第尔者。虽理绝名言，非言无	**带偏显圆**者，如经云：非垢非净，是菩萨行。

续表

以设教。故于无名之道假名相说而名以召法，法以应名。是以经之指归蕴在名内，故先标名。夫寻名得理，理即真性解脱，真性解脱即经之体也，故次出经体。体不孤致，求之有方，涉行修因，然后致果，故用因果为入理纲宗。行因得果，即能巧用权实，析伏摄受利益众生，故次明力用。圣人设教，随逗根缘，根缘不一，是以教有同异，故次明教相也。	
第一释名，门中复有三意，初辩教起所由，次明翻译帝代，后正释经题。初教起所由有通有别。通明诸经者有三意，一为满本愿故一切诸佛行菩萨道，皆发四弘誓愿。今为答初众生无边誓愿度故说教也，故肇师云，结僧那于始心终大悲以赴难。如下文云，菩萨取于净国者皆为饶益诸众生故。又《法华经》云，我本立誓愿欲令一切众如我等无异。	第〔一〕释名，满本愿下。菩萨因发心，果尅三愿，众生无量，未尽先成，故垂迹应生，欲终所望，僧那愿也。
二为酬请主故。	二酬请主下。故婆多云：如来成道，经七七日，方转法轮。谓初七入喜，二七入乐，三七入诸解脱，四七游入大捨，五七逆顺观十二缘，六七重游前五七，七日观逗根缘差别。

续表

如《法华经》明，**如来成道经三七日**，梵王帝释及四天王请佛转法轮。问：梵王等请佛三转十二行法轮，岂请转大乘耶？答：大论明说般若，由是酬王请，故知亦请大也。	又**《法花》**云：如来成道三七日中思惟是事者。何谓所得智惠甚深缘也？众生根钝，著乐痴盲，所以思惟也。著乐，故三界之见深；痴盲，故见真之智钝。将宣佛惠，不亦难乎。又婆多云：亦不必一途更有四意，一福自调伏，故二为先；欲报恩俱轮，等根未熟，故三为表；法尊重敬而后宣，四为满梵王愿。故有四意，所不宣。问：佛既大悲，何须待请？东塔师云：不请而说，方增慢法之愆；待请而陈，弥兴敬法之重。
三为赴根缘故。但佛大慈悲根熟即化，何必要须请也。故文云：众人不请，友而安之。菩萨尚尔，况如来耶。问：根缘多种，如何称会？答：如来以四悉檀赴诸根缘，故能会不失机。	**三赴根缘**下。问：若佛说法，一一待请者，即是由他，云何自在？答：非不自在，但欲令彼发诚敬心也，故十二分中列无问说经，故知根熟即化，不必待请。
然大经明，**生生**等不可说，以因缘故亦可得说。因缘者即悉檀方便也，是生众教之缘，是起众行之因。	**生生**者，根缘多异也。

通过表 2 内容的对比可以看出，P. 3198A + P. 3198B 是对道液《净名经关中释抄》的注解。所以，将之与北大 D245、S. 2552v、羽 94R 归为一种，统一拟名"《净名经关中释抄疏》"。

三 成书和抄写时代推测

首先,《净名疏注》既然是对道液本注疏的再解释,其成书时间自应晚于道液本注疏。道液《净名经集解关中疏》撰成于上元元年(760年),定稿于永泰元年(765年)。①而以隋智𫖮《维摩经玄疏》为主、吸收各家注释并加以批释的《净名经关中释抄》,也大致成书于这一时期。所以,《净名疏注》的成书、抄写年代应在八世纪中期以后。

其次,北大D245、S.2552v中有以下内容:"随时任引,不定长短。俗讲引:雪山之下,顿舍全身;宝塔之前,焚烧两臂。翘足七日,无惮劬劳;暂立须臾,何以辞倦。"俗讲是"寺院僧尼以通俗易晓的方式向世俗百姓宣讲佛教典籍的方法"。②据张玉范、李明权二位所作《北京大学图书馆藏敦煌文献·叙录》:"引'俗讲'者,应为中晚唐。"③而且,俗讲所引用的三个故事,"雪山之下,顿舍全身"、④"宝塔之前,焚烧两臂"、⑤"翘足七日,无惮劬劳",⑥由李小

---

① 见《净名经集解关中疏·序》:"虽述而不作终,愧亡羊者哉。于时上元元年,岁次困顿;永泰初祀,又于长安菩提道场夏,再治定庶法镜转明惠灯益矣。"
② 郝春文主编,《敦煌学概论》,北京:高等教育出版社,2010,页77。
③ 北京大学图书馆、上海古籍出版社编,《北京大学图书馆藏敦煌文献》第2册,上海:上海古籍出版社,1995,《叙录》页24。
④ 指佛本生"雪山童子"故事,舍全身得半偈。参[北凉]昙无谶译,《大般涅槃经》第14卷,《大正藏》第12册,页449。
⑤ 指药王菩萨的本生故事,生前焚烧两臂供养宝塔,而得天雨宝华。参[姚秦]鸠摩罗什译,《妙法莲华经》第6卷,《大正藏》第9册,页53-54。
⑥ 亦是关于佛本生故事,宣扬佛祖的修行,见尊者世亲造,[唐]玄奘译,《阿毗达磨俱舍论》第18卷,《大正藏》第29册,页95。

荣先生揭示，均属于"宗密所揭示的俗讲内容之特色"。①俗讲在"吐蕃时期由中原僧人带到了河西与敦煌"，②可能到归义军时期比较流行。由此可见，《净名疏注》的撰写年代应在中晚唐时期。

佐藤礼子亦推测，北大 D245 的写作年代与宗密（780~841 年）有密切关系，并且距离道液作《净名经关中释抄》《释肇序抄义》（767 年）不久。综上，笔者推测《净名疏注》的撰写应该在八世纪中期以后，在敦煌的流行应该是归义军时期。

四　注疏的注解方式

《净名经关中释抄疏》并非对释道液《净名经关中释抄》进行逐字逐句解释，而是对其中主要经文、关键名词进行阐述。具体采用以下几种方式。

首先，引用相关经典解释经文和名词，包括《法花》《处胎经》《智度论》《无量寿经》《俱舍》《涅槃》《论颂》《唯识论》《贤劫定意经》《般若》等佛经进行阐释。如注解"三赴根缘故"时，大段引用《法花》的内容：

> 我始坐道场，观树亦经行；于三七日中，思惟如是事；我所得智惠，微妙最第一；众生诸根钝，著乐痴所盲；如斯等类，云何而可度？尔时诸梵王，及诸天帝释；恭敬合掌礼，请我转法轮；我自思惟："若但赞佛乐，众生没在苦，不能信是法，破法不信故，堕于三恶道，我宁不说法，疾入于涅槃，寻念过去，所行方便力，我今所得道，亦应说三乘。"作是思惟时，十方佛

---

① 李小荣，《几个有关"俗讲"问题的再检讨》，载于《敦煌学辑刊》，2012 年第 1 期，页 71。
② 郝春文，《敦煌学概论》，前揭，页 77。

皆现；梵音慰喻我："善哉释迦文！第一之导师，得是无上法。"①

在解释"故于事或听不听"时，先引《涅槃》云："初医教服乳，后医令断乳。复还令服之。乳死者，喻凡夫、外道著我故，沉沦断乳故；病差者，喻二乘无学亡我故，我净等故。"②又引《中论》语："诸法或说我，或说于无我……诸法实相中，无我无非我。"③注解"如经所说，杂执业故杂生世间等者"时，使用《智度论》："谓有人疑于后世，不信罪福，作不善行，随断灭见，与前彼疑及行，是故说杂生世间等。"④又引用《唯识论》解释"初入见道者"："通达位者，谓诸菩萨所住见道。"⑤

其次，在行文中，注疏者多用"……者""……者，……也""问……，答……""又云""或云""言……者"等句式，即采用先列举被解释的经文和名词，后做解释的方式。采用"……者""……者，……也"句式进行注解的比较多，如"通明诸经者，通者，统也，通十二分"，"结僧那者，梵语，汉言弘誓也"等；在注解"第四权实者，意欲发生初心信仰也"时，采用"问……，答……"方式进行：

---

① 语见［姚秦］鸠摩罗什译，《妙法莲华经》卷第一，《大正藏》第9册，页9。
② 语参［北凉］昙无谶译，《大般涅槃经》卷第二，《大正藏》第12册，页378。
③ 语见龙树菩萨造，梵志青目释，［姚秦］鸠摩罗什译，《中论》卷第三，《大正藏》第30册，页24。
④ 语见圣者龙树造，［姚秦］鸠摩罗什译，《大智度论》卷第一，《大正藏》第25册，页60。
⑤ 语见护法等菩萨造，［唐］玄奘译，《成唯识论》卷第九，《大正藏》第31册，页48。

问：实云何用？

答：谓将实法化他，故曰。

问：化他许用权实，圣用何为？

答：但凡情妄计，约义有分，圣亦不言，我行权实。

对"显露"进行注解时，使用"言……者"句式："言显露者，谓人天施戒等也。亦云佛始自成道，终至双林，唯演大乘。大乘众生心识种种，相现如此多种，皆是秘密之教也。"

另外，注疏者在引文时并不规范，经文来源的标注也不明确。比如，北大D245中有"《处胎经》中，文殊云：我已久成佛，曾为释迦师；二尊不并化，故我为菩萨"一句。《处胎经》即姚秦时期竺佛念译《菩萨从兜术天降神母胎说广普经》，①但其经文中并没有这一段话。②这段话准确的出处应该是唐朝澄观所撰《大方广佛华严经疏》："有经云：昔为释迦师，今为佛弟子；二尊不并化，故我为菩萨。"③又如北大D245中有"《智度论》云：净居天劝出家，四天王献钵，帝释献宝座，梵王请转法轮"一句，经文是对《大智度论》相关内容的概括，但是出处则是唐朝窥基的《妙法莲华经玄赞》："《智度论》云：净居天劝出家，四天王献钵，帝释献宝座，

---

① 《开元释教录》卷四："菩萨处胎经五卷（初云菩萨从兜术天降神母胎说广普经，亦直云胎经；或四卷，或八卷。见二秦录、高僧传、僧祐传）。"[唐]智昇撰，《大正藏》第55册，页512。

② 最接近此句的经文是："三十二相明，在在无不现；本为能人师，今乃为弟子。佛道极广大，清净无增灭；或欲见佛身，二尊不并立。"[姚秦]竺佛念译，《菩萨从兜术天降神母胎说广普经》，《大正藏》第12册，页105。

③ [唐]澄观撰，《大方广佛华严经疏》，《大正藏》第35册，页534。当然澄观自己也是不一致的，其在《大方广佛华严经疏》用语为"即前所引《处胎经》云：昔为能仁师，今为佛弟子；二尊不并话，故我为菩萨"。《大正藏》第36册，页214。

梵王请转法轮。佛初不许，梵王说有三根，重请殷勤，佛方许之初说三乘。"①

《净名经集解关中疏注》是对《净名经集解关中疏》的注释，重点解释了《关中疏》中的经文、主要词语。词句释义多采用"……者""……者……也""问……，答……""此云""亦云"等句式。诸如："制诸外道者，六宗各十五，并本为九十六种也"，"五盖者，盖覆真性，不令显现"，"熟闻人宝者，问曰：佛现宝于人无，何独称人？答曰：且约人间，况法，故独称人。若天上，况法，则称天宝、理实，俱宝也"，"紧那罗者，此云人非人，形似人，故名，人有角，名非人，亦曰疑"，"卅七道品者，亦云助道"等。

与《净名经关中释抄疏》相同，《净名经集解关中疏注》在行文中也引用较多的佛教经典，像《俱舍》《华严经》《佛本行集经》《大智度论》，以及吉藏法师云等。比如：

> 转不退轮，轮者，《俱舍》云：远疾义、摧辗义、镇遏义、上下义、取舍义。小乘生灭，理故名"退"；大乘无相，名"不退"也。

> 业者，由烦恼狂持不令散失。如灯前书字，灯灭字存，故《大论》云：业力从远牵将来，业力自近牵将去；业力将人出处迳，随其作业受苦乐；非地非空非海中，及以山间岩石里；一切无有地方所，能使脱之不受业。

> 合盖者，吉藏法师云四意：一令所献人生欢喜故，二显法体非一多故，三为令众人发无上心修净土故，四表多因共成一果、令众人因时同悟无生果时同证圣道故。什等诸义如疏。

另外，在注解时也会提到非佛教经典，如谈到"博弈"时，称

---

① ［唐］窥基撰，《妙法莲华经玄赞》，《大正藏》第34册，页729。

"韦曜作论，无利益于家邦；葛洪不窥，诚有害于名节"，涉及韦曜《博弈论》、葛洪《抱朴子》。

有时，注疏者的引证也会出现错误，如《净名经集解关中疏注》中有文："凡以名坏行者，《日明三昧经》云：福德之力成多利，由得利故放逸生，放逸则无持戒心，以是因缘堕地狱。"其实，这段引文出自《佛本行集经》卷第四十三"福德之力成多利，人得利故放逸生，放逸则无持戒心，以是因缘堕地狱"，①不是《日明三昧经》的内容。又如，《净名经关中释抄疏》中"《无量寿经》云：佛将说法，熙怡而笑，阿难发问异常。佛言：我见众生根熟，故喜也"，这句话来自元魏时期菩提流支译《佛说法集经》卷六中世尊嫣然一笑，阿难以偈相问之事，②非《无量寿经》经文。

总之，《净名疏注》，属于"疏之注"系列，可见当时佛教义理之发展，不但为经典作疏，还有进一步解释经疏的注。为了解中晚唐时期敦煌地区的佛学传播情况提供了相关材料，具有一定的研究价值。

---

① ［隋］阇那崛多译，《佛本行集经》，《大正藏》第 3 册，页 852 上栏行 21－22。

② ［元魏］菩提流支译，《佛说法集经》，《大正藏》第 17 册。

思想史发微

埃斯基涅笔下的苏格拉底式爱欲

卡 恩 （Charles H. Kahn） 撰
吴立立 译
梁中和 林凡 校

柏拉图和色诺芬之外，埃斯基涅是现今唯一我们拥有翔实文献记载的苏格拉底门人。① 从古典时代到普鲁塔克（Plutarch）、路吉阿诺斯（Lucian）的时代，甚至之后的时代，埃斯基涅撰写的苏格拉底对话一直广为传阅。《阿尔喀比亚德》和《阿斯帕西娅》两部对话的现存残篇，足以使我们勾勒出一幅关于这两篇对话相对完整的图景。就苏格拉底对话的文学形式来看，埃斯基涅实属一个革新者，尤其是他对苏格拉底式的爱欲的描写。当然，苏格拉底的个性为这个概念奠定了一些历史基础，但埃斯基涅仍被认为是"苏格拉底式

---

① 此处引述的残篇出自 H. Dittmar 的版本，*Aischines von Sphettos：Studien zur Literaturgeschichte der Sokratiker, Untersuchungen und Fragmente, Philologische Untersuchungen* 21, Berlin, 1912；在众多新出作品中，尤参 B. Ehlers, *Eine vor platonische Deutung des sokratischen Eros：Der Dialog Aspasia des Sokratikors Aischines, Zetemata* 41, Munich, 1966；参下文页 180，注释 1。

爱欲"的创始人。不论是埃斯基涅的《阿尔喀比亚德》《阿斯帕西娅》，还是柏拉图笔下的《吕西斯》《卡尔米德》和《会饮》，关于苏格拉底式爱欲的文学呈现，都涉及苏格拉底的某个人生时期，但这个时期无论埃斯基涅还是柏拉图都不可能亲身经历。①由于我们无法探讨它的史实，因此，最有利的方法是将其视为公元前4世纪早期哲学文献的主题来探讨。对这一主题的发展而言，埃斯基涅的两篇对话就成为最重要的文献。一直以来，这两部对话都是德语学界集中研究的课题，却很大程度上被英语世界忽视。②但我认为，我们终将发现它们值得更加深入的研究。

---

① 柏拉图对苏格拉底式爱欲的处理，如何回应更早时期的文字记载，参看拙文 "Plato as a Socratic," in *Hommage a Henri Joly*, *Recherches sur la philosophie et le langage* 12, Grenoble, 1990, pp. 287 – 301。

② W. K. C. Guthrie 在《希腊哲学史》（*History of Greek Philosophy*, Cambridge, 1969, 3：395）中, 确实引述但曲解了一个重要辑语; 但细节上他参考了 G. C. Field, *Plato and His Contemporaries*, London, 1930。Field 翻译了两篇对话中稍长的一个辑语，但并没有为它们描绘出一个基本图景: 他不愿使用 Dittmar 的开拓性研究，因为他不相信 Dittmar "对未经证明的假设的偏执"（p. 146, n.）。在一本像 Dittmar 一般丰富且具有建设意义的著作中，确实有些十分大胆甚至不加批判的说法（一些相关的批判，可参 I. During, *Herodicus the Cratetean*, Stockholm, 1941, pp. 69 – 70），但其中许多基础的判断毕竟可靠，而且其材料的收集也不可替代。在英语世界中，只有 A. E. Taylor, "Aeschines of Sphettus," in *Philosophical Studies*, London, 1934, pp. 1 – 27 严肃认真地使用了 Dittmar 的材料，该文十分有趣，但是却在很大程度上被忽视了。另参 A. – H. Chroust, *Socrates, Man and Myth*, London, 1957。Taylor 热衷于在埃斯基涅的作品中找寻支撑自己观点的证据，即柏拉图对苏格拉底解释的史实性。但是他的《阿尔喀比亚德》的解释极好（包含对辑语的完整翻译），还对《特劳格斯》（Telauges）进行了充分讨论。他对《阿斯帕西娅》的处理超过 Dittmar，但是稍晚于 Ehler 的专题论文。E. G. Berry, "The Oxyrhynchus Fragments of Aeschines of Sphettus," in *TAPA* 81, 1950, pp. 1 – 8, 有一段对埃斯基涅《阿尔喀比亚德》中俄克喜林库斯残篇的简短讨论。他打算将阿波罗多洛斯引入到阿尔喀比亚德的讨论中，但是这个文本太过简略，我们难以找到任何支撑点。

作为一位写作者，埃斯涅基地位重要；但作为一位名人，与其他苏格拉底的追随者相比便相形见绌。由于柏拉图在《申辩》(33e) 和《斐多》(59b) 中的提及，埃斯基涅作为核心成员的地位才得以保证。但即便如此，他的生平在第欧根尼·拉尔修（Diogenes Laertius）的笔下也极为简略。① 关于他的生卒年代我们毫不清楚。《申辩》中提到他的父亲在法庭出席，这暗示他比其他人都更年轻。另一件轶事表明他是阿里斯提珀斯（Aristippus）(D. L. 2. 83) 的晚辈。此外，他很贫穷，靠演讲赚钱（D. L. 2. 62），但他显然是在阿里斯提珀斯后才开始这样做，因为后者被认为是第一个以教学索取费用的人（D. L. 2. 65）。据传言说，正是埃斯基涅力劝苏格拉底逃离监狱；而柏拉图则将这个角色交给克力同，"原因是埃斯基涅对阿里斯提珀斯太过友好"（D. L. 2. 60）。②由于贫困，他不得不为法庭撰写演讲稿并教授修辞术（D. L. 2. 62 – 63）。据说，他在狄奥尼修斯的法庭中待过一段时间，在这里柏拉图并没有注意到他，但阿里斯提珀斯却将他引荐给了这位僭主（D. L. 2. 61）。据说，在狄奥尼修斯二世被驱逐出境后，他在公元前356年返回雅典。③ 虽然埃斯涅基的文学影响能够在色诺芬《回忆苏格拉底》中得到印证，④但他的名字从未像安提斯忒涅斯（Antisthenes）和阿里斯

---

① D. L. 2. 60 – 64；在所有苏格拉底门徒中，唯有斐多先于他离世。

② D. L. 2. 60 和 3. 36，引自兰普萨库斯的伊多梅纽斯（Idomeneus of Lampsacus）(*FGr Hist* 338F17)。

③ D. L. 2. 63，2. 62 提到，当埃斯涅基公元前356年返回雅典时，他不敢教授哲学，"因为柏拉图和阿里斯提珀斯已声名鹊起"，阿里斯提珀斯这个名字很可能是斯彪西波（speusippus）的误传，根据 G. Giannantoni 在 *Socraticrum Reliquiae*（Naples, 1983 – 1985，3：126）中引用的策勒的可信猜测，可推断其实是误传。

④ 参阿斯帕西娅是苏格拉底做媒方面的导师（《回忆苏格拉底》，2. 6. 36），苏格拉底拜访高级妓女忒阿多特（Theodote）时的色欲氛围（《回忆苏格拉底》，3. 11）。

提珀斯那样在《回忆苏格拉底》中出现。

埃斯基涅能被人们铭记，完全是因为他的对话，读者钦佩对话中对于苏格拉底性格和品质栩栩如生的描写。很多古代评论家赞颂埃斯基涅对话自然文风、纯正措辞，并且比起柏拉图，某些评论家甚至会更偏爱他。① 我们知道七篇对话的名字，或许还有更多的对话。但在这篇文章中，我会将讨论限制于某些细节能够重构的两篇对话。

《阿尔喀比亚德》

《阿尔喀比亚德》是一篇叙述式的对话，在对话中，苏格拉底向一位身份不明的听众讲述他与阿尔喀比亚德有过的一次交谈。就外在形式而言，这篇对话与柏拉图的《卡尔米德》和《吕西斯》相同。在这段对话中，苏格拉底只有一个对话者，《卡尔米德》则有两个（开场白中还要多一个），《吕西斯》有四个对话者，因此内部形式更加简单。但另一方面，埃斯基涅对话的形式比安提斯忒涅斯的《阿尔喀比亚德》复杂，很明显《阿尔喀比亚德》没有任何叙述框架，而是采用了一种直接对话的模拟结构（mime structure）。② 我们可以在"我们端坐在吕喀昂的长凳上，在那里裁判们组

---

① "有七篇埃斯基涅的对话充分体现了苏格拉底的性情［$\eta\vartheta o\varsigma$］"（D. L. 2. 61）。关于其他的文学判断，参 Dittmar, *Aischines von Sphetto*，前揭，pp. 261 – 265。

② 安提斯忒涅斯的《阿尔喀比亚德》，辑语 3（Dittmar）= 辑语 33（Caizzi）=SSR200。只有这段简明对话是整篇作品最具代表性的一段对话，才能证明作品的模拟形式。但这并不能证明，安提斯忒涅斯的对话更早，只能证明它的艺术形式没那么复杂——这也是我们的猜测。另一种可能性值得考虑，即如 Giannantoni 所言：如果他的辑语 198（即辑语 30, Caizzi）中的 $\alpha\upsilon\tau o\pi\tau\eta\varsigma$，与对话辑语 200（即辑语 33 Caizzi）来自同一部作品，那么安提斯忒涅斯一定曾以第一人称的口吻叙述阿尔喀比亚德和异乡人之间的对话，这也是色诺芬在《回忆苏格拉底》中的写法："当时我在……。"就艺术表现来说，安提斯忒涅斯的作品更似色诺芬，而埃斯基涅更像柏拉图。

织着游戏"① 这句话中找到对话的开场文字。体育场的设定让我们想到《吕西斯》——在《吕西斯》中,苏格拉底想前往吕喀昂,但途中被希珀塔勒斯(Hippothales)拦下。②

埃斯基涅的读者可能已经熟悉了这种对话,埃斯基涅从个人经历出发,在对话中描述了阿喀琉斯非凡的身体力量、勇气和美——"如果阿喀琉斯不是长成这样,他就不是真的俊俏。"③ 埃斯基涅总是呈现或者预设这样的一些画面。阿尔喀比亚德对其天赋、财富以及家庭关系非常自豪,因此,"他可以轻易地挑出奥林匹亚十

---

① 埃斯基涅辑语 2(Dittmar)引用的形式并不能证明其出自《阿尔喀比亚德》,Dittmar("Aischines von Sphettos: Studien zur Literaturgeschichte der Sokratiker, Untersuchungen und Fragmente,"前揭,p. 182)之后认为这个引用出自《米尔提亚得》(Miltiades),但没有任何证据,也没有证据证明它与《阿尔喀比亚德》有关(同上,p. 117)。再者,Demetrius 引用的辑语 2 中的"埃斯基涅说"并没有标题(title),与引用《王制》时首先说"柏拉图说"可以对观,它们同样都没有标题。这个类似一定说明辑语 2 是某部相当著名的作品的开头,所以标题显得多余。正如我们能从很多后世的效仿和引文中看到,《阿尔喀比亚德》显然在埃斯基涅对话中最为人熟知。相反,《米尔提亚得》(Miltiades)被认为是他第一部但鲜为人知的作品(D. L. 2. 61)。它更像从其他苏格拉底门徒的早期作品那里获得的简单模仿:柏拉图的《克力同》《伊翁》《希琵阿斯前篇》,以及安提斯忒涅斯的《阿尔喀比亚德》。如果这样,《米尔提亚得》中将看不到辑语 2 叙述的结构。泰勒(A. E. Taylor,"Aeschines of Sphettus,"p. 8)指出,辑语 47 显示出《特劳格斯》同样是叙述式的(或者包含叙述?),即便不是埃斯基涅的所有对话也是大部分对话的形式。但是他错估了《阿斯帕西娅》,而且也没有任何文本证据证明其他对话采取了怎样的形式。

② 参《吕西斯》203a – b。正如赫尔曼(Hermann)所示,如果辑语 2 中的辩论(竞赛)是针对赫米娅(Hermaia)的,这个对比就会更加突出,参 Hermann, *Dioputatio de Aeshinis Socratici Reliquiis*, Progr. Gottingen, 1850, p. 29, n. 93。关于体育馆中对赫耳墨斯(Hermes)祭仪部分,参 L. R. Farnell, *The Cults of the Greek States*(5 vols, Oxford, 1896 – 1909), vol. 5, pp. 28 – 29;比较《吕西斯》206d。

③ 辑语 30, 32a – b(Caizzi) = SSR 198 – 199。

二诸神的错误"（辑语5），他还认为他的雅典竞争者鄙陋之极。苏格拉底则试图指出他自负的愚行，并表明他需要为其政治生涯接受严肃的道德和政治教育。①因此，这个场景在结构上与托名柏拉图的《阿尔喀比亚德前篇》相同，苏格拉底对阿尔喀比亚德说："你陷入深深的无知之中，所以你才在获得教导之前就匆忙地冲到政治堆里。"（118b）在这两篇对话中，苏格拉底都尝试引导阿尔喀比亚德对自己有一个更加真实的了解，从而让他萌生改善的意愿。但比起托名柏拉图的作品，埃斯基涅更巧妙地处理了这个情境。

对话的第一部分部分地保存于1919年出版的莎草古本（Dittmar未曾得见）。② 这则残篇以同忒米斯托克勒斯（Themistocles）的对比为开端："你曾经同他一样对待你的父母吗？""安静，苏格拉底。"阿尔喀比亚德说。"在音乐上，你是否认为一个人在受教之前必然是未经教导的，在骑术上也是？"阿尔喀比亚德同意，说那是必然的。第一段残篇在这里突然中止，苏格拉底在此大概是想得出这样一个结论：忒米斯托克勒斯身上的美德并非生来就有，而是通过教导而得。与父母糟糕的关系，被认作他并非生而善好的证据，正如下一卷古卷所表明，他的父亲公开断绝与他的关系。然后又出现另一个断裂，接下来的章节则保存在文学传统中。"我发现他嫉妒忒米斯托克勒斯。"（辑语7，Dittmar）在一段保存完整且意味深长的长篇讲辞中，苏格拉底认为，忒米斯托克勒斯的智性成就首先在于组织希腊战胜了克瑟尔克瑟斯（Xerxes），随后又赢得克瑟尔克瑟斯的欢心。因此他后来被雅典流放时，依然能在波斯人中备受尊敬，并握

---

① 从色诺芬《回忆苏格拉底》3.6的介绍中可以看到，由于柏拉图的缘故，苏格拉底让格劳孔意识到，他缺乏所追求的政治生活所需的知识。

② P. Oxy. 13.6（1919），no. 1608, 88–94。

有重权（辑语8，Dittmar）。佚失的章节一定提到过获得这些成功所付出的自我提升或"自我照料"，因为尚存的文本强调，他的成就归功于其德性的卓越、审慎的能力、理智的计划——简而言之，就是他的知识。①但是，即便这样聪明的优势，也未能阻止忒米斯托克勒斯在雅典的失败和耻辱的流放（辑语8.49 - 51）。

这个讲辞对阿尔喀比亚德产生了极大的影响。他突然落泪，"哭泣着，绝望地将头放在我的膝盖上"（辑语9），开始恳求苏格拉底帮他摆脱堕落的状态，重获德性（辑语10）。阿尔喀比亚德这才意识到，要成为与忒米斯托克勒斯相匹敌的人尚且差得太远，他无知且缺乏教育，这种状况并不比城邦里最卑微的劳动者强。② 我们能够说的只是，至此，苏格拉底与阿尔喀比亚德的谈话结束。这段对话以苏格拉底回顾阿尔喀比亚德成功的原因以及他权力的局限结束，并这样回归到叙述框架之中。最后的章节十分重要，因此全文引述：

> 如果我相信我能通过某种技艺（τέχνη）帮助他，我会因自己巨大的愚蠢而自知有罪。③但其实，我以为，正是由于神圣命运（θεία μοῖρα）的指引，我才能教育阿尔喀比亚德，这就不值得惊奇了。

---

① 参见辑语8.21、24、38、49、52、56，Dittmar。除了典型的苏格拉底式"照料自己"之外，还要注意到对知识和德性的细致甄别。鉴于忒米斯托克勒斯糟糕的开始和更糟糕的结束，可以肯定其中包含了这样一个反语，但是这个反语并未包含在对阿尔喀比亚德的影响上，而是留给读者去反思。正如泰勒所说（A. E. Taylor, "Aeschines of Sphettus," p. 16），忒米斯托克勒斯的狡猾并不是苏格拉底真正意义上的智慧。Doring 也持相似的观点，"Der Sokrates des Aischines von Sphettos und die Frage nach dem historischen Sokrates," in *Hermes* 112, 1984。

② 辑语6，Dittmar，*Aischines von Sphetto*，pp. 99 - 100。

③ 这里的愚蠢可能是，苏格拉底认为自己可以教授德性。

很多病态的人变好，有的是通过人类的技艺，有的是靠神圣命运的指引。现在那些通过人类的技艺变好的人被医生所治疗，而那些通过神圣指引变好的，则是由于他们自己意欲康复的欲求。每当他们想做什么事时，就想呕吐，每当要做些有益的锻炼时，他们就想去打猎。

由于我对阿尔喀比亚德怀有的爱欲，我感受到和酒神的祭司们一样的体验。无论他们什么时候被灵感激发，都能汲取蜂蜜和牛奶，即便在那种其他人甚至连水都汲取不到的地方。同样，尽管我没有什么知识或者技艺，可以教诲别人获益，但是，我相信和阿尔喀比亚德在一起，我可以用爱欲的力量让他变得更好。（辑语11）

这个文本引人发问的地方不仅在于它本身，也在于它与之前的对话的关系。首先，忒米斯托克勒斯到底缺乏什么知识或者美德呢？阿尔喀比亚德在回应苏格拉底的故事时突然崩溃有什么意义？在什么意义上苏格拉底会让他变得更好？爱欲怎样发挥作用呢？在此，我将总结艾勒斯（Barbara Ehlers）、盖萨尔（Konrad Gaiser）和多林（Klaus Doring）近期的讨论，并提出我的想法。①

在辑语11中，苏格拉底否认他拥有某种技艺（techne），这种技艺能通过教育让别人变得更好。我们立即会想到柏拉图《申辩》中

---

① 除了 Ehlers（*Eine vor platonische Deutung des sokratischen Eros*, pp. 10-25）的详尽分析，另参 K. Gaiser, *Protreptik und Paranese bei Platon*, Tubingen, 1959, p. 77ff.，尤参 pp. 92-95, Gaiser 对 Ehlers 的评论，"Review of Ehlers," in *AGP* 51 (1969), pp. 200-209; K. Doring, "Der Sokrates des Aischines von Sphettos und die Frage nach dem historischen Sokrates," pp. 16-30。

的苏格拉底，他以含糊但钦佩的口吻谈到人类和公民德性方面的教育技艺，但同时又坚决否认他掌握这样的技艺（19e - 20c）。因此，我们或许能将此看作一个有据可查的立场的对比：历史上的苏格拉底的立场和作为专业教师的智术师的立场。① 埃斯基涅对这种智术训练的态度似乎没有柏拉图那么消极，但是现有文本并不足以支撑我们得出确切的结论。总之，忒米斯托克勒斯擅长的德性（arete），恰恰是阿尔喀比亚德的同辈们趋之若鹜向智术师学习的技能。另外，我们又看到阿尔喀比亚德与苏格拉底为伴。苏格拉底会教他忒米斯托克勒斯意义上的政治德性吗？当然不会。他会教他——或者说会帮助他——缓解那种欲望，而去追寻忒米斯托克勒斯缺少的那种知识和美德的欲望吗？也许会。至少他已经采取了第一步。阿尔喀比亚德开始意识到自己的无知，自己缺乏人类和城邦民关心的美德。在这种意义上，他已经变得"更好"了。但下一步是什么呢？此前已经明确暗示，真正的德性在某种意义上取决于知识。苏格拉底也明确指出，已获得的成效都得益于爱欲。那么，在埃斯基涅看来，爱欲与忒米斯托克勒斯缺乏的智慧之间有什么关系？或者在柏拉图看来，爱欲与苏格拉底在政治家、诗人和工匠中找不到的那种智慧之间的关系又是怎样呢？

尚存的《阿尔喀比亚德》章节中无法找出这些诱人问题的答案，因为即便我们拥有苏格拉底与阿尔喀比亚德谈话的高潮部分，拥有似乎是整部作品理论上的结论部分，我们还是不太可能从佚失的部分中找到更清楚的答案。我们大概只能暂时转向《阿斯帕西娅》，通过对它的分析进一步了解埃斯基涅笔下的苏格拉底式爱欲，但是，

---

① 关于这个对比，参 D. L. Blank, "Socrates and the Sophists on Accepting Payment for Teaching," in *GA* 4, 1984, pp. 1 - 49。

两篇对话都还有很多未能解答的问题。① 而这似乎又是埃斯基涅技艺的一个必要部分：鼓励读者更深入思考已经提出的问题，②尤其是在追求美德和智慧，以及苏格拉底对他同伴的影响方面。很明显，爱欲在这个问题中扮演了重要角色。在《阿尔喀比亚德》的总结部分，爱欲如同菲罗克忒忒斯（Philoctetes）的弓箭一样的神物而出现，但与忒米斯托克勒斯世俗的智慧和所受艺术或技艺或数学的训练相比，这几乎是非理性的力量。

据我们所知，在埃斯基涅之前，没有人尝试去探讨苏格拉底在爱欲方面的规劝和教育的意义。我们只能推测，是这个设想驱使他成为第一个去写阿尔喀比亚德的人呢，还是阿尔喀比亚德的这个主题引起了埃斯基涅对苏格拉底式爱欲的看法（正如此前安提斯忒涅斯采取的方式）？③ 埃斯基涅和柏拉图将苏格拉底视为阿尔喀比亚德的情人，一定有历史的依据，确实的或至少是传闻中的历史依据。当然，阿尔喀比亚德在《会饮》中的讲辞可以为证，但那也可能只

---

① 比如说，埃斯基涅把忒米斯托克勒斯作为阿尔喀比亚德的模板，是为了暗示他无法企及吗？大概不是。Doring（"Der Sokrates des Aischines von Sphettos und die Frage nach dem historischen Sokrates," pp. 20–21, n. 11）指出，是亲波斯的人（Medism）指控了忒米斯托克勒斯。所以，埃斯基涅谈及他在波斯法庭取得的权力和荣誉，其实是在引导大家注意他的道德缺陷：比起公众的善，他更加关注个人利益。

② 所以，Gaiser（"Review of Ehlers," pp. 202–203, pp. 205–206）以埃斯基涅的反讽为主题。由于这种关联，Gaiser 对忒米斯托克勒斯流放做出了一种解释，对他来说，失败的原因是，他对其他城邦民没有产生足够的爱和信任；他比较了色诺芬《回忆苏格拉底》2.6.13 中伯利克勒斯和忒米斯托克勒斯的成功，他们的成功归因于城邦对他们的爱。

③ 第二种想法由 O. Gigon 提出：苏格拉底的爱欲主题的最初来源，应该仅仅与苏格拉底和阿尔喀比亚德有关，然后才变得普遍，参 O. Gigon, *Sokrates*, Bern, 1947, p. 310, 转引自 Ehlers, *Eine vor platonische Deutung des sokratischen Eros*, p. 11, n. 1。

是柏拉图作品中特别迷惑人的地方。因此，这件事依旧存疑。因为，阿尔喀比亚德的"青年"时期处于柏拉图出生前，埃斯基涅或许更小。①柏拉图根本没有机会知道这段关系的真实情况，在《会饮》细致的叙述结构中，他用相当大的篇幅否认他对这个事实有任何直接了解。

就相关的历史而言，我们可能会接受柏拉图的解释，因为对我们来说这是最有可能的故事；但是，就这个主题的文学发展而言，我们有足够的理由认为埃斯基涅才是创始者。②虽然埃斯基涅没有告诉我们他怎样理解这段关系，但是，或许正由于他在对话最后采用了模棱两可的表达 dia to eran（似乎是说"因为我对阿尔喀比亚德的爱"，但也可能是相反的意义），他反而以更简单的方式回答了这个问题；柏拉图则在《会饮》中通过阿尔喀比亚德的讲辞更加明确地表达了自己的想法：苏格拉底看起来对青年才俊有着轻浮的兴趣，但事实上，他却是用自己的方式关注他们，并"通过爱欲力量"吸引他们，给他们灌输一种欲望，即，在自己的生活中模仿他（苏格拉底）对德性的哲学追求。如果说，在比较阿尔喀亚德的冲动与引导病者自然康复的 epithymia［渴望］时，埃斯基涅的意图不是这种"爱欲力量"，那么，无论如何这也是柏拉图跟随埃斯基涅的引导而做出的理解，因为他的《卡尔米德》《吕西斯》和《会饮》等作品以文字刻画了苏格拉底式爱欲。

---

① 相比之下，安提斯忒涅斯年纪不小，能够亲自了解阿尔喀比亚德这个人；事实上，如果他在公元前 445 年出生，也已经是个少年。所以他可以用第一手资料来描述阿尔喀比亚德。但是，安提斯忒涅斯的《阿尔喀比亚德》并没有提到爱欲主题；鉴于安提斯忒涅斯关于爱欲的观点，任何一个对于该主题的正面发展都非常令人惊讶。

② 安提斯忒涅斯对阿尔喀比亚德主题的不同处理，或许再次激励了埃斯基涅的革新。关于我们所知甚少的安提斯忒涅斯的《阿尔喀比亚德》，参 F. Decleva Caizzi, *Antisthenis Fragmenta*, milan, 1966, pp. 97 – 98；Giannantoni, *Socraticrum Reliquiae*, 3：317 – 319。

《阿斯帕西娅》

  基于艾勒斯 1966 年的专题研究，我们可以对这篇对话有更加清晰的认识。艾勒斯之前的学者依循 Dittmar 的看法，认为这篇对话的主题是女性问题和两性问题；然而，艾勒斯明确指出，这部对话的主题是爱欲的力量，以及爱欲与追求或拥有德性之间的联系。

  不幸的是，《阿斯帕西娅》的长篇引文比《阿尔喀比亚德》还要少，最长的引文是西塞罗的拉丁文翻译。因此，对话的外部形式并不那么清楚；也没有证据显示其有叙述结构。我们似乎能在苏格拉底和卡里阿斯（Callias）的对话中看到简单的模仿形式。因为对话涉及卡里阿斯儿子的教育问题，因而卡里阿斯可能在场，但并无证据证明他参与了讨论。对话的内部结构更加复杂。苏格拉底有几次长篇讲辞，在其中一段完整的对话里，阿斯帕西娅扮演了苏格拉底的角色，反复询问色诺芬和他的妻子。因此，这个文本的文学形式类似柏拉图的《默涅克塞诺斯》（Menexenus），但更富于变化。这篇对话中至少包括一次对话相互交织的情况，即，阿斯帕西娅和苏格拉底的对话在苏格拉底和卡里阿斯的对话中结束。

  对话开始，卡里阿斯请求苏格拉底为儿子推荐老师。这种典型的开场在柏拉图和色诺芬的著作中可以找到许多例子，但卡里阿斯却不是典型的父亲。他财富惊人，曾在智术上花费过一大笔，这笔钱"比余下的所有钱放在一起还多"（《阿斯帕西娅》，20a5）；在《普罗塔戈拉》中，他让三位著名智术师住在自己家里。① 在《申辩》中，卡里阿斯是苏格拉底列举的父亲，对这个父亲他可能会提

---

  ① 色诺芬的《会饮》中，卡里阿斯是做东的主人，高尔吉亚的名字出现在他资助的智术师名单上。

出这样一个问题:"你会选择谁来教导你儿子的德性?"(20b)如果《申辩》先问世,这或许向埃斯基涅指示了开始对话的方法。但随着讽刺的转向,苏格拉底则必须回答这个问题。①无论如何,这个教育经历丰富的男人向苏格拉底请教这样的问题,会使我们惊讶。然而,更令人惊奇的是苏格拉底的回答:把你的儿子送到阿斯帕西娅那里去(辑语17,Dittmar)学习。

作为伯利克勒斯(Pericles)的半合法妻子,阿斯帕西娅是雅典最有名的女人,但却闹过许多笑话,尤其是谐剧中的阿斯帕西娅。一方面,她是高级妓女;另一方面,她又是一位能够摆弄伯利克勒斯的专横女人。阿里斯托芬认为,正是阿斯帕西娅驱使伯利克勒斯开始了伯罗奔半岛战争,因为她想要报复墨伽拉诱拐她的两个妓女之仇(《阿卡奈人》,行526-539)。据说卡里阿斯曾在声色享乐上花费不菲,那么,推荐阿斯帕西娅教导其子当然会让他非常生气。② 如果读者熟悉安提斯忒涅斯早期的对话就会知道,阿斯帕西娅曾被视为放纵肉欲的象征,那么,推荐她作美德老师所包含的哲学原因也就十分明了了。③卡里阿斯显然会非常震惊和怀疑。什么!将一个男人送去跟一个女人学习?而且是这样一个女人!正是在卡里阿斯的回答中才有了这句孤立的引文:"所有伊奥尼亚(Ionia)女人都是淫妇,都是以色骗钱。"(辑语20)④那么,苏格拉底是认真的吗?

---

① 关于这个普通场景的反转,参 Ehlers, *Eine vor platonische Deutung des sokratischen Eros*, p. 43。柏拉图的《申辩》中提到卡里阿斯确实推荐了一个老师,即帕罗斯的厄文努斯(Evenos of Paros)。

② Ehlers, *Eine vor platonische Deutung des sokratischen Eros*, p. 40。

③ 关于安提斯忒涅斯《阿斯帕西娅》的早期对话以及埃斯基涅可能对此的回应,参 Ehlers, *Eine vor platonische Deutung des sokratischen Eros*, pp. 30-34。

④ Ehlers 在后来的罗德吉内和塔格利亚的情节间安插了对此的回应。

苏格拉底坚持己见。他自己就把阿斯帕西娅当作老师；他请教她擅长的事（辑语19）。我们没有找到确切的文字，证明苏格拉底承认阿斯帕西娅是自己的老师。但后来读过埃斯基涅的作家们说：苏格拉底是"为了哲学"去找阿斯帕西娅，或者更明确地说，为了"有关爱的事情"的教导。① 埃斯基涅并未在文中明确指出，在爱欲方面，阿斯帕西娅是苏格拉底的老师；但鉴于阿斯帕西娅的名声，他极有可能暗示过。就我们所知，为了辩护并解释阿斯帕西娅是最好的德性老师，苏格拉底在余下对话中引出了三种不同类型的例子，而且，这三个例子都与爱欲的力量有关。这些例子如下：

1、另两位杰出女性：罗德吉内（Rhodogyne）和塔格利亚（Thargelia）

2、具有政治德性的教师阿斯帕西娅：伯利克勒斯和吕西克勒斯（Lysicles）

3、道德卓越的教师阿斯帕西娅：色诺芬和他的妻子

首先，在回应"女人不能向男人教授美德"的观点时，苏格拉底说，一个卓越的女人能拥有一个卓越男人拥有的一切品质。为了证明他的观点，他引用了（虚构的）波斯女王罗德吉内，与更有名的亚马逊女战士塞米勒米斯（Semiramis）一样，她展现出军队的军事荣耀和王室的无尽奉献。② 不论对伯利克勒斯的指控是否真实，为了回应"伊奥尼亚的妓女不在此列"这个指控，苏格拉底引出了

---

① 参 Dittmar, *Aischines von Sphettos*, pp. 280 – 281, 辑语 29 中的相关段落。

② 参辑语 18, Ehler, *Eine vor platonische Deutung des sokratischen Eros*, pp. 44 – 51。罗德吉内并不像塞米勒米斯那般多情，因此没有需要谋杀的平民情人。

第二个例子：米利都（Milesian）的妓女塔格利亚，她因美貌而嫁给忒萨利王（Thessalian），在他死后，她统治忒萨利三十余年，并戏弄了进攻希腊的克瑟尔克瑟斯。①

塔格利亚的例子使我们转而讨论阿斯帕西娅，她是另一位成为女王的米利都妓女：她征服了伯利克勒斯，而伯利克勒斯征服了雅典。艾勒斯——包括 Dittmar 等人在内——认为，通过苏格拉底背诵阿斯帕西娅创作的演讲来呈现塔格利亚的故事，这就更加巧妙地从塔格利亚的故事过渡到阿斯帕西娅的讨论。② 这个假说虽不能完全确证，但也有一些证据支撑，③恰好也能解释关于塔格利亚的情节描述极具高尔吉亚风格（辑语 22）；因为，如我们所知，埃斯基涅塑造的阿斯帕西娅是个精通高尔吉亚修辞的人。即使塔格利亚的讲辞不是作为阿斯帕西娅的作品呈现，它也是另一种柏拉图式的写作策略，就像《会饮》中阿迦通的讲辞；在这里，埃斯基涅如柏拉图一样，模仿了高尔吉亚夸张到讽刺的措辞（辑语 22）。

其次，阿斯帕西娅在伯利克勒斯的政治生涯中扮演的角色备受赞誉。她不仅为伯利克勒斯提供明智的政治建议，还教授伯利

---

① 塔格利亚是介于历史和民间故事之间的人物形象，智术师希琵阿斯提到过她，认为她是一个美丽又睿智的女人，且与 14 个男人结过婚（Dittmar, *Aischines von Sphettos*, p. 30 = 86 B4 DK）。埃斯基涅笔下的她似乎只与忒萨利的"统治者"（辑语 21 - 22）安提俄库斯（Antiochus）结过婚。参 Ehlers, *Eine vor platonische Deutung des sokratischen Eros*, p. 52f. 她试图通过这个离奇故事重构历史事实，我认为没有必要重构，而且重构的结构也并不可信。

② 埃斯基涅或许再次为柏拉图的《默涅克塞诺斯》提供了模型。

③ 普鲁塔克（《伯利克勒斯传》节 24 = 辑语 21，Dittmar）暗示，阿斯帕西娅曾把她自己比作塔格利亚。如果阿斯帕西娅是塔格利亚演说的作者，就更符合对话，参 Ehlers, *Eine vor platonische Deutung des sokratischen Eros*, pp. 58 - 60。

克勒斯修辞学。她通过"高尔吉亚式的尖锐言辞",帮助伯利克勒斯成为一个强大的政治演说家(辑语24)。阿斯帕西娅是伯利克勒斯公众演讲方面的老师,这个观点只可能在公元前5世纪的戏剧中以笑话形式出现。① 埃斯基涅即便不是虚构这个故事的人,也是第一个严肃对待这一点的人。至于他具体如何严肃对待是另一回事;但刚刚引用的辑语24,当然具有一种谐剧味道。正如柏拉图的《默涅克塞诺斯》一样,埃斯基涅系统地发展了这个观点。阿斯帕西娅不仅仅使伯利克勒斯成为一个高效的演说家,还让他同吕西克勒斯一样,从一个卑微者变成手握重权的要人(辑语26)。

吕西克勒斯肯定是公元前428年死于卡里亚(Caria)的雅典将军,大约在伯利克勒斯去世一年后(修昔底德,《伯罗奔半岛战争志》,3.19.1)。他声名远扬,尤其是在谐剧作品中,他是一位典型的拥有成功政治生涯的粗鄙商人。阿里斯托芬于公元前424年创作的《骑士》描述到,神谕预示克里昂(Cleon)将被香肠商人推翻,而绳索商人由羊商(即吕西克勒斯)推翻,羊商反过来又被皮革商人(即克里昂)推翻。② 然而,我们在普鲁塔克和一些古代抄件旁注中读到的阿斯帕西娅与吕西克勒斯故事,其实来自埃斯基涅,而

---

① 柏拉图的对话《默涅克塞诺斯》中,阿斯帕西娅让伯利克勒斯成为一个公共演讲者,对话的古代抄件旁注中说"根据埃斯基涅在《阿斯帕西娅》里的对话"(辑语23),还提到"卡里阿斯同样出现在[谐剧]《舞蹈者》(*Pedetai*)中"(辑语14,Kock)。据我所知,这一简略而含混的信息是仅有的证据,能够证明阿斯帕西娅是精通演讲术的人——而这正是埃斯基涅的《阿斯帕西娅》和柏拉图的《默涅克塞诺斯》中的主张(参 Ehlers, *Eine vor platonische Deutung des sokratischen Eros*, pp. 29-72),所以,这个看法其实要回溯到公元前5世纪的谐剧。但由于对此缺乏任何谐剧的引证,这更可能是埃斯基涅的虚构。

② 参见《骑士》行132古注;第765行提到了吕西克勒斯的名字。

非历史事实。①普鲁塔克这样描述:

> 埃斯基涅说羊商吕西克勒斯出身低下、才智平庸,由于与阿斯帕西娅在一起,才成为雅典的头号人物。(《伯利克勒斯传》24 = 辑语 26)

艾勒斯通过对比古叙利亚语(Syriac)版本,充分阐明了这个故事在对话中的作用。苏格拉底赞扬阿斯帕西娅对伯利克勒斯的影响,但为了驳斥苏格拉底的赞扬,卡里阿斯则必须否认伯利克勒斯的才能、

---

① Kahrstedt 简单地接受了这个故事(in *RE*13,1927,cols. 2550 – 51,s. v. "Lysikles"),他让吕西克勒斯与阿斯帕西娅结婚。Gomme(《伯罗奔半岛战争志》3. 19. 1 处注疏)更加谨慎。一定是在吕西克勒斯之死已经被遗忘很久之后,这个故事才被虚构出来,但是他任职期间的谦逊始终为人所铭记(阿里斯托芬无疑相信这一点)。十分了不起的是,如此年代久远的故事,本应淹没在历史之中。学者们勉强承认了埃斯基涅的原创性,但是其原创包含了一部分完全脱离史实的内容。据我所知,苏格拉底在《阿斯帕西娅》中引用的五段对话(罗德吉内、塔格利亚、伯利克勒斯、色诺芬和他的妻子),不只一个符合历史或至少看起来符合史实。(埃斯基涅的苏格拉底编造奇异故事,就像柏拉图的苏格拉底在《斐德若》275b 中编造故事一样容易。)伯利克勒斯在阿斯帕西娅的审判中毫无尊严的行为,很可能符合史实(即使真实,我们也更希望它出现在安提斯忒涅斯的引证中,而非埃斯基涅)。伯利克勒斯从阿斯帕西娅那儿学习高尔吉亚式的修辞这个观点,按时间先后顺序来看是荒谬的。有任何历史学家会相信苏格拉底会为了求教而造访阿斯帕西娅,也就是说,和朋友的妻子独处(辑语 30,出自普鲁塔克)吗? 在事情过去四五十年之后再进行创作,埃斯基涅对雅典故事的历史真实性已经漠不关心,同样,在描绘想象中的波斯女王的功勋时,他对历史真实也并不关系。艾勒斯承认,埃斯基涅是阿斯帕西娅和吕西克勒斯故事唯一来源,但她也认为埃斯基涅应该尊重历史的可能性(她提到了吕西克勒斯的去世时间,参 Ehlers, *Eine vor platonische Deutung des sokratischen Eros*, p. 73,p. 137,但却没有得出结论)。塔格利亚的故事以安提俄库斯开始,以克瑟尔克瑟斯终结,这在年代顺序上同样是错误的,至少在政治上是可疑的(同上,p. 52,关于确定安提俄库斯的年代)。至于罗德吉内,她的名字甚至都是虚构。

教育以及家庭背景足以解释他的成功。① 古叙利亚语版本使我们关于希腊残篇里的猜想变得清晰：埃斯基涅以吕西克勒斯为例，来表明阿斯帕西娅的影响无可否认。因为阿斯帕西娅使吕西克勒斯从一个卑微者变成手握重权的要人，并使其从一个才智平庸且从未受过教育的男人，成为"一个熟练的演说家和受人钦佩的将军，"② 就像伯利克勒斯一样。对于任何记得阿里斯托芬笔下的吕西克勒斯，或者死于修昔底德笔下那场残酷战役的吕西克勒斯的人来说，这种对比看起来很奇怪。

但是，在缺乏原始文本的情况下，我们难以把握苏格拉底言论中的严肃程度或戏谑的严肃度。我们可以确定的是，埃斯基涅从谐剧中提炼出阿斯帕西娅和吕西克勒斯的形象：从希琵阿斯那里借鉴了塔格利亚的形象，而罗德吉内显然是他自己的想象创作，最后色诺芬与其妻子的情节也是他的想象；他用一种灵巧而有意义的规划整合了这些奇妙的元素。

在伯利克勒斯和吕西克勒斯的故事中，阿斯帕西娅都是老师和美德激发者的角色——正如塔格利亚的政治生命，直接依赖她高级妓女的身份，这种角色是埃斯基涅整体计划的一部分，即她作为一个能够激发男性性欲的魅力女人角色。遗憾的是，现存文本无法显示埃斯基涅如何展开描述这段关系。但我们从一些引文中可以看到，伯利克勒斯对她极其珍视；她是何时、如何因不虔诚而受审讯，他是如何含泪

---

① 古叙利亚语版本如下说：雅典人说，并不是阿斯帕西娅让伯利克勒斯变得睿智，相反，他本来就很聪明，他通过自己的努力和训练成为熟练的演说家。当阿斯帕西娅听到这话，她想证明其中的错误；所以她去和一个羊商生活在一起，并教育他，最后他成了一个熟练的演说家和受人钦佩的将军。（Ehlers 从古叙利亚语所译。）

很明显，埃斯基涅笔下阿斯帕西娅和吕西克勒斯的故事（辑语 26-27）在此以一个独立的形式出现，对话的语境已不可考。卡里阿斯是这个故事的开端，因此不能遗漏了他，而他的怀疑态度代表了雅典大众的看法。

② 参上注的古叙利亚语版本。柏拉图的古代注者则称之为"绝妙的演说家"（$\dot{\rho}\eta\tau\omega\ \delta\epsilon\iota\nu o\tau\acute{\alpha}\tau o\varsigma$）（辑语 26, Dittmar）。

为其申述并恳求法官赦免，比他自己生命和财产受到威胁时更加难过。这个故事中的伯利克勒斯角色相当没有尊严；安提斯忒涅斯曾用这个例子来说明爱欲是使人堕落的力量。但是，在埃斯基涅的对话中，这个故事的作用却十分不同。由于苏格拉底是为了赞扬阿斯帕西娅，因此，他讲这个故事的目的是，展示阿斯帕西娅能激发出伯利克勒斯惊人的热情。毕竟，他们俩是"那个时代最有名的恋人"。① 伯利克勒斯也是最负盛名的政治家和演说家。埃斯基涅将其视为理所当然；但令人称奇和新鲜的是，埃斯基涅甚至从前者推导出后者，竟用伯利克勒斯对阿斯帕西娅的爱来解释德性。在伯利克勒斯和吕西克勒斯的例子中，我们可以看到，激励男人朝向美德的力量本质上与爱欲的力量有关。

从这一点上看来，虽然爱欲发生的形式十分不同，但埃斯基涅此处的主题与《阿尔喀比亚德》最后演讲的主题相同。从这些例子中我们可以看到，亟待提升的人感受到爱欲。苏格拉底在最后的阐述中会再次证明爱欲的真实性，但其方式相当不同。

第三，卡里阿斯的忧虑在于，阿斯帕西娅是否有资格担任他年轻儿子的美德老师，而最后一章对此作出了直接回应。即使她在伯利克勒斯取得的成就中发挥了重要作用，与吕西克勒斯的关系上也确实扮演了性伴侣的角色，但是，对卡里阿斯来说，她也仅仅只是一个推荐，毕竟他不是在为儿子寻找情妇。②最后，我们将以一个例子作为结束，

---

① 参 Ehlers, *Eine vor platonische Deutung des sokratischen Eros*, 前揭, p. 66；她指出，出自普鲁塔克的辑语 26 中的 Ἀσπασία συνοντὰ 可能有双重含义：一是与阿斯帕西娅同居；二是视其为老师而经常拜访她。正如 Ehlers (p. 79, n. 164) 指出的那样，文本中并无内容显示阿斯帕西娅的爱：与典型的雅典妻子不同，她只作为被爱者而非爱者出现。这样的对比同样出现在《阿尔喀比亚德》中苏格拉底的角色身上。伯利克勒斯在阿斯帕西娅的审判中的非苏格拉底式举止，可能用来（或是虚构出来？）表明，和忒米斯托克勒斯一样，他追求的终究不是真正的德性。

② Ehlers, *Eine vor platonische Deutung des sokratischen Eros*, p. 85.

这个例子会表明阿斯帕西娅的角色完全值得尊敬，因为这种爱欲是夫妻之爱。这个例子的构成或多或少来自传统相爱的夫妇。埃斯基涅选择的夫妇我们非常熟悉，就是我们的老朋友色诺芬和他的妻子。虽然在色诺芬结婚的年纪，阿斯帕西娅或许早已去世，他们的相遇绝对难以置信。但这看起来似乎是苏格拉底所有引用中最真实的例子。

　　色诺芬的故事完整地保存于西塞罗的译文中（辑语31 Dittmar = *Inv. rhet.* 1.31.51 –52）。其文学形式相当复杂，因为我们首先拥有阿斯帕西娅和色诺芬妻子之间的一段对话，而最初的故事可能是，苏格拉底带着门徒和他们的妻子去拜访他的"老师"（参辑语30），然后是阿斯帕西娅和色诺芬的对话，所有这些都是苏格拉底的转述。西塞罗的译文没能清楚地表达出这一点，但是苏格拉底大概是通过向卡里阿斯转述这段对话，由此来证明自己的举荐是有道理的。所以，这是一段对话交织的对话，也是较为大胆的文学尝试，甚至柏拉图那里似乎都没有同样的内容。最相近的是《会饮》201d以下与第俄提玛（Diotima）的对话。第俄提玛在很多地方都是柏拉图对埃斯基涅笔下的阿斯帕西娅的回应。① 但形式却有显著的不同，因为在《阿斯帕西娅》中，苏格拉底叙述了一段自己亲身参与的对话，

---

① Gigon问道："是否曾有人指出，不止一个理由表明，柏拉图在《会饮》中构想的第俄提玛是埃斯基涅笔下的阿斯帕西娅的劲敌和对应者？"（色诺芬《回忆苏格拉底》2.6.36注疏，转引自Ehlers, *Eine vor platonische Deutung des sokratischen Eros*, 前揭, p.136, n81；另参Gaiser, "Review of Ehlers," p.208）对于Gigon的问题，答案是肯定的。早在1850年，Hermann就注意到阿斯帕西娅和第俄提玛的对比，参C. Fr. Hermann, *Dioputatio de Aeshinis Socratici Reliquiis*, p.19："苏格拉底，运用从阿斯帕西娅那里学来的方式同他人讨论，这是柏拉图《会饮》中的第俄提玛的相同方式"；一些古代作家视此为理所当然。参辑语29的出处，Dittmar, *Aischines von Sphettos*, pp.280–281：马克西姆斯（Maximus of Tyre）、忒奥多洛图斯（Theodoretus）、路吉阿诺斯。参Ehlers, *Eine vor platonische Deutung des sokratischen Eros*, pp.97–100。

因此叙述也变得更加自然。就这一点而言，正如我们在《阿尔喀比亚德》中看到的描述对话的整体形式，也是对高尔吉亚文风的戏仿，埃斯基涅似乎是这种形式的创造者，而柏拉图则使各种技术创新臻于完美。

这段对话采取了苏格拉底的引导（$\dot{\varepsilon}\pi\alpha\gamma\omega\gamma\dot{\eta}$）形式，即西塞罗所说的 inductio。因此阿斯帕西娅在此被描述为"女苏格拉底"。① 首先，她问色诺芬的妻子，如果她的邻居拥有更优质的黄金珠宝，她是否更喜欢邻居的黄金珠宝，而不是自己的；然后又问她，如果她的邻居拥有更珍贵的衣服和装饰品，她是否更喜欢邻居的衣服和装饰品，而不是自己的。色诺芬的妻子都回答说，更喜欢邻居的。第三个问题是："如果她的丈夫比你的丈夫更优秀，那你更喜欢她的丈夫还是你的丈夫？"这时，他的妻子感到羞愧，然后阿斯帕西娅开始问色诺芬。当问到关于更好的马和更好的房子时，色诺芬的回答不出所料，和他的妻子一样，他喜欢更好的东西。然后第三个问题："如果你邻居的妻子比你自己的妻子更优秀，那你更喜欢你的还是他的？"此时色诺芬陷入了沉默。然后阿斯帕西娅说：

> 因为你们俩对问题的回答，都不是我最想听到的答案，所以我将说出你们的想法。你，妻子，想有最好的丈夫；而你，色诺芬，想拥有最出色的妻子。因此除非你们发现世界上没有更好的男人，没有更出色的女人，否则，即便在你们所认为的最合意状态里，你们仍然会觉得不满足，这也就是说，不认为你所娶的，是已经可能的最好的妻子，而你也已经嫁给了已经可能的最好的丈夫。

至此，西塞罗对埃斯基涅《阿斯帕西娅》的引用就结束了。我们

---

① Hirzel 的习语，转引自 Dittmar, *Aischines von Sphettos*, p. 51。

不知道，苏格拉底最后的评论会在何种程度上阐述这一小段对话，如何阐述整篇对话的观点。但显然，为了鼓励色诺芬和他妻子共同努力提升自我，阿斯帕西娅很认同他们的夫妻之爱。因此，阿斯帕西娅以"苏格拉底式"的身份，使苏格拉底在《阿尔喀比亚德》结尾表达的原则更加普遍：爱欲的力量可以让人变得更好（dia to eran）。在《阿尔喀比亚德》中，我们并不清楚，苏格拉底对阿尔喀比亚德的爱，是否被视为唤起阿尔喀比亚德爱欲的原因。但在《阿斯帕西娅》的这段对话里，毋庸置疑的是：正是通过鼓励其他人，让他们诉诸爱欲，阿斯帕西娅才能充当道德导师，并引导色诺芬和他的妻子朝向德性，一如她之前引导伯利克勒斯和吕西克勒斯。① 伯利克勒斯和吕西克勒斯身上，美德的舞台是公共生活；而色诺芬夫妇这里却是私人和家庭生活。此前她是一位高等妓女和配偶，此时却是一位睿智女人，可以运用她关于爱欲（ta erotika）的罕见知识，激发他人自我提升的激情，而她本人又不卷入其中。这样，对于《阿尔喀比亚德》结尾揭示的爱欲和德性之间深沉神秘的联系，我们有了几个不同的版本。

由于两个对话文本都不完整，因此，我们不可能完全了解埃斯基涅怎样理解其中的联系。这三段出自《阿尔喀比亚德》和《阿斯帕西娅》的引文给人一种感觉，埃斯基涅的对话像是以温和嘲讽的态度写就的淳朴的虚构小故事，但又在情感上和智识上揭露了许多

---

① 参Ehlers, *Eine vor platonische Deutung des sokratischen Eros*, p. 88f.，这是她建议的阐释思路，Gaiser（"Review of Ehlers," p. 202f.）和Doring（"Der Sokrates des Aischines von Sphettos und die Frage nach dem historischen Sokrates," pp. 16-30）以不同方式采纳了她的解释。更早的注疏家们误以为《阿斯帕西娅》有助于"古代雅典女人问题"的讨论；埃斯基涅则被认为是对"苏格拉底的女人道德平等观"得出完满结论的人（Dittmar, *Aischines von Sphettos*, p. 52）。这些可能的密切相关的问题，但阿斯帕西娅几乎算不上一个雅典妇女的典型代表；她甚至连雅典人都不是。

不同的观点——真实和虚幻、严肃和戏谑的奇怪混合，从而为读者留下一个巨大的自由解释空间。比如，《阿斯帕西娅》非常频繁地使用谐剧的奇怪用语。

我通过参考早期的两篇文章来结束讨论，以期进一步深入艾勒斯的谨慎分析。多林曾呼吁大家注意这两个有趣的对比：苏格拉底对阿尔喀比亚德的责难、阿斯帕西娅对色诺芬夫妇的反驳。在这两个例子中，苏格拉底或阿斯帕西娅都引发了对话者内心的冲突，我们可以看到这个冲突表现的外部症状：哭泣、脸红、沉默。两个例子都是为引导对话者批判地审视自己，从而发现自己的缺点，意识到提升的必要。在埃斯基涅看来，苏格拉底"爱欲的技艺和他的追问的技艺是一体两面"。① 盖萨尔的观点多少有些不同，他认为，埃斯基涅不仅将"爱欲视为达到德性的方式，还认为它是德性本身的组成部分"。或许埃斯基涅将美德视为一种知识的形式，没有爱欲或友谊，这种形式就不会存在，而它又是组成共同体生活的基础。但是，盖萨尔也强调《阿斯帕西娅》的基调是半玩笑的，这种基调从奇怪地推荐妓女作道德导师开始。埃斯基涅明显不相信苏格拉底式爱欲的本性能靠直接接触掌握；这两篇对话都"让读者自己去理解苏格拉底所说的德性"。②

附录：《阿斯帕西娅》和《阿尔喀比亚德》创作年代考

埃斯基涅的《阿斯帕西娅》和柏拉图的《默涅克塞诺斯》都有阿

---

① 参 Doring, "Der Sokrates des Aischines von Sphettos und die Frage nach dem historischen Sokrates," p. 25, Doring 在《卡里阿斯》《忒劳格斯》以及记录了阿里斯提珀斯在奥林匹亚的谈话的一篇未明言的对话中，发现了相似模式的面部表情透露自我发现的例证。参 Plutarch, *De curios.* 2, 516c = SSR 4. a. 2, Ehlers, *Eine vor platonische Deutung des sokratischen Eros*, p. 293。

② Gaiser, "Review of Ehlers," p. 206；See p. 203f.

斯帕西娅的角色，两者之间显然有关联，在《默涅克塞诺斯》中，她被认为是苏格拉底背诵的葬礼演说的作者，苏格拉底还宣称她是用为伯利克勒斯创作的演讲的余稿写成。我认为，在这个情形里，柏拉图无疑是借鉴一方，而且，正是从埃斯基涅那里，他借鉴了阿斯帕西娅是伯利克勒斯和苏格拉底修辞学教师的主题。柏拉图当然会认为，埃斯基涅尽力传达的观点是，阿斯帕西娅"培养了很多演说家，包括希腊最好的一位，克珊提普（Xanthippus）的儿子伯利克勒斯"（235e）；这个事实首先就表明了，柏拉图是借鉴者，而非相反。柏拉图还进一步发展了这个主题。在埃斯基涅的作品中，阿斯帕西娅教授伯利克勒斯修辞学；在柏拉图的作品中，她为他写演讲稿，包括著名的葬礼演说。同时，柏拉图非常小心地避免突出阿斯帕西娅爱欲专家的角色。

《默涅克塞诺斯》没有提到苏格拉底式爱欲，甚至连暗示都没有。原因显而易见，柏拉图不允许这个主题因与阿斯帕西娅有关而被玷污。他笔下的苏格拉底是从女祭司而不是妓女那里学习爱欲。因为柏拉图选择性地改编了首次由埃斯基涅探索的主题，因此我们完全可以理解这两篇对话的共同点和不同点。对于其他观点并没有什么有说服力的解释，比如，我们需要解释《默涅克塞诺斯》中为何缺乏性爱因素，而不是解释为何在《阿斯帕西娅》中会呈现这个因素。因此，在固有证据的基础上，我们可以确定，《阿斯帕西娅》写于《默涅克塞诺斯》之前。

至于《默涅克塞诺斯》，我们能够得到一个非常珍贵的事实：一个确定的日期。由于涉及公元前386年的国王停战协议（245b-e），《默涅克塞诺斯》应该写就于同年或之后不久。① 因此，埃斯基涅的

---

① 如果我将《默涅克塞诺斯》看作在政治上对和平条款的反对，那么，国王的停战协议就不仅仅是一个终点；参拙文 "Plato's Funeral Oration," in *CP* 58 (1963), pp. 220-234。

《阿斯帕西娅》应在公元前386年以前创作,或许也没有早多少。我们可以暂时将其定在公元前4世纪80年代早期。① 根据艾勒斯的推测,如果埃斯基涅反过来又受到安提斯忒涅斯《阿斯帕西娅》的影响,他或许会在那部作品刚刚问世时便这样做。所以,我们以公元前390年左右作为安提斯忒涅斯《阿斯帕西娅》的创作时间,以公元前389—387年作为埃斯基涅对话的创作时间。实际上,我们并不能排除以上任何一篇对话出现得更早,但似乎又没有任何证据。

埃斯基涅创作《阿尔喀比亚德》的最早时间并不能确定。我假设它先于柏拉图在《会饮》中对阿尔喀比亚德主题的处理。据我所知,尚没有学者怀疑前者时间更早。② 但是,如果我们同意多佛(Dover)的观点,将《会饮》的创作时间定于公元前384年和379年之间,③我们就会发现,这个时间太晚了,两者之间就不会有这样的联系了——吕西阿斯(Lysias)那里有证据证明,埃斯基涅大多数主要作品在公元前380年以前完成。但在我看来,如果根据艾勒斯的看法,把《阿斯帕西娅》作为《阿尔喀比亚德》的续集来解释,我们就会发现,后者同样写于公元前386年以前。

我们能往后建立一个时间下限吗?包括艾勒斯在内的一些学者认为,埃斯基涅的《阿尔喀比亚德》可以回溯至柏拉图的《高尔吉亚》。但是,这个主张并不那么站得住脚,而且也曾颇受争议。④ 因

---

① 公元前4世纪晚期也有可能,但是柏拉图使用阿斯帕西娅这个主题,以及从埃斯基涅处获得灵感,两件事情在时间上似乎不会间隔那么久。

② 参 Gaiser, "Review of Ehlers," p. 208,他接受了艾勒斯的看法:在埃斯基涅那里我们拥有"关于苏格拉底式爱欲的前柏拉图式解释"。

③ K. J. Dover, "The Date of Plato's *Symposium*," in *Phronesis* 10, 1965, pp. 2 – 20.

④ Gaiser, "Review of Ehlers," p. 208; Doring, "Der Sokrates des Aischines von Sphettos und die Frage nach dem historischen Sokrates", p. 21.

此,盖萨尔下结论说,埃斯基涅的两篇对话缺乏确切的时间下限;但他忽略了艾勒斯和其他人指出的一个观点。在埃斯基涅《阿尔喀比亚德》与柏拉图《伊翁》(Ion)(534a)之间有一个相近的表述,其雷同程度之高,不太可能是一种偶然:女酒徒在迷狂时能汲取牛奶和蜂蜜。迷狂的意象已深深地内在于《伊翁》的文本,但是出现在埃斯基涅的作品中却显得有些奇怪——埃斯基涅笔下苏格拉底似乎并没有迷狂,因此,基于这一点我们自然就会想到埃斯基涅是在模仿柏拉图。①《伊翁》的时间大概可定于公元前394年或之后不久。②这样,我们能得出以下前后相续的图景:

柏拉图的《伊翁》,大约公元前394 – 392年
埃斯基涅的《阿尔喀比亚德》
埃斯基涅的《阿斯帕西娅》
柏拉图的《默涅克塞诺斯》,公元前386 – 385年

据我推测,安提斯忒涅斯《阿尔喀比亚德》和《阿斯帕西娅》的创作时间,都在埃斯基涅的相应对话之前,但是,我难以确定前者的创作时间。现存文本并不能推导出一个具体的时间,我也找不到任何依据甚至关联,可将其创作时间与《伊翁》联系起来。

我提出的年代表是一种可能性,而且它完全取决于"《阿斯帕西娅》比《阿尔喀比亚德》问世的时间更晚"这个假设,否则我们将得到《阿尔喀比亚德》而不是《阿斯帕西娅》的最晚问世时间,反之,最早问世时间亦然。但这个假设并非唯一;这是艾勒斯提出的

---

① Ehlers, *Eine vor platonische Deutung des sokratischen Eros*, p. 22. See also H. Flashar, *Der Dialog Ion als Zeugnis platonischer Philosophie*, Berlin, 1958, p. 21.

② Flashar, *Der Dialog Ion als Zeugnis platonischer Philosophie*, pp. 101 – 102.

看法，它基于《阿斯帕西娅》中爱欲主题深入发展的合理推断。另外，我的解释并没有包含本质上可疑的猜测。我并不认为这个年代表确定无疑，但是我们至少得到了某种次级层次或认知上的确定性：比起否认这些关于对话先后顺序的可信信息，接受我提出的可能顺序显然更为合理。

而且，从一些完全独立的证据中，我也发现了关于埃斯基涅对话时期的某种确定性：雅典纳乌斯（Athenaeus）引述了吕西阿斯对埃斯基涅的抨击（13.612b）。① 吕西阿斯称埃斯基涅为"苏格拉底的学生，是许多关于美德和正义的庄严演讲的作者"。公元前380年以后，我们就无法发现吕西阿斯的活动痕迹，因此，通常认为他在公元前380年左右去世。倘若如此，刚刚引述的段落就可以表明，埃斯基涅的作品肯定在更早之前就为人所知。②

最后一个关于年代的问题是，常有人说所有关于阿尔喀比亚德的苏格拉底式文献，都是对波利克拉底（Polycrates）的《控告》（Κατηγορια）的回应，我们知道《控告》攻击了苏格拉底，因为他是阿尔喀比亚德和克里提阿斯（Critias）的老师；而且，该书的创作时间一般定为公元前393—前392年。③ 但频繁重复这个论断并不足以使其令人信服。而且，我并没有看到埃斯基涅在对话中强调苏格拉底对阿尔喀比亚德的爱，以及柏拉图在《普罗塔戈拉》序言中对同一主题的幽默处理，我也没有看到，埃斯基涅或柏拉图会谦卑地、以我们期盼的方式严肃回应波利克拉底的控告。④

波利克拉底《控告》的时间其实也仍有疑问。虽然它稍晚于公

---

① Dittmar, *Aischines von Sphettos*, p. 257.
② Gigon, *Sokrates*, p. 308，他指出了这一点。
③ 比如，Giannantoni, *Socraticrum Reliquiae*, 3：319。
④ 《卡尔米德》中苏格拉底和克里提阿斯的对话，在柏拉图笔下更少辩护色彩，因为柏拉图确实没有必要选择这些对话者。

元前394年，但究竟晚了多少，却尚不清楚。① 基于伊索克拉底在《布西里斯》（Busiris）中引用波利克拉底，因此最新讨论将该作品的时间确定在公元前390年以后，并且是公元前4世纪80年代早期或中期。②柏拉图和埃斯基涅对此都漠不关心，因此更有可能的观点是（偶尔有人持此看法）：波利克拉底反苏格拉底的行为，是由有关阿尔喀比亚德的苏格拉底文学引起，而非相反。或许，没有苏格拉底的亲密伙伴会觉得，波利克拉底修辞小册子值得回应。正如葛恭（Gigon）关于吕西阿斯所言，③也正如我们能为伊索克拉底所补充的：那些确实对波利克拉底做出回应的演说家们，比起为苏格拉底辩护，他们对抨击对手更感兴趣。在所有写作苏格拉底文学的作者中，只有最后也最不重要的苏格拉底门徒色诺芬，积极回应波利克拉底。但他这么做有着不同的动机：这给他一个文学托词来组织和发表他的作品。而对安提斯忒涅斯、埃斯基涅或柏拉图来说，似乎没有让他们严肃对待波利克拉底的类似动机，确实也没有证据表明他们这么做过。在修辞学的圈子里，这个小册子显然引起了不小的轰动。不少学者关注公元前4世纪的作者之间的文学内讧，但我怀疑，他们极度夸大了《控告》对苏格拉底门徒们的重要性。

译者单位：成都大学马克思主义学院

国家社会科学基金青年项目"早期柏拉图主义哲学文献翻译与研究"（编号16CZX044）

---

① P. Tyeve"非常肯定地"将时间确定在公元前393—前392年（in *RE* 21.2［1952］, col. 1740），他的理由和M. Pohlenz相同，但E. R. Dodds不认同这个看法，参氏著，*Plato's Gorgias*, Oxford, 1959, p. 29, n. 2。
② C. Eucken, *Isokrates*, Berlin, 1983, p. 174.
③ Gigon, *Sokrates*, p. 23.

旧文新刊

四部通講・史部流別

郭倬瑩

　　史氏之記，治其學者頗復作注。班固作《志》時，亦自爲疏記說之，繫於《地理》者類故，繫諸《藝文》者類傳。而遷撰《秦始皇紀》，附著《秦記》，又外傳之志也。其紀傳論贊，殆說微之遺；自叙，殆條例之作；年表以鈎勒起訖，殆章句之變；八書以囊括物類，殆內傳之正法；列傳以經緯事言，殆外傳之旁通。以上總論史例與經注相類似。

（一）本紀

　　本紀之原，出於《春秋》，而參取之《尚書・堯典》。劉知幾以謂"猶《春秋》之經，繫日月以成歲時，書君上以顯國統"，所以"綱紀庶品，網羅萬物，篇目之大，莫過於此"。① 以上論本紀猶《春

---

① 出劉知幾《史通・本紀》。

秋》之經。

考遷《大宛傳論》稱《禹本紀》"所有怪物不敢言"，是本紀之稱所從來遠矣。《漢志》有《太古以來年紀》，而《隋志》古史又有《紀年》之書。呂不韋纂《春秋》，首立十二紀，未知視二者孰爲後先，然必不能加夙於《禹紀》也。世多言遷效呂作紀，斯不然哉。以上論《禹紀》爲本紀之始。

五帝年歲，荒遠難稽，故不繫以年，惟詳其世。此特詳略之殊致，非有體例之差謬。或疑體類列傳，有乖正法，詎爲通論。以上論《五帝本紀》不可訾。

知幾所最肆詆者，"姬自后稷至於西伯，嬴自伯翳至於莊襄，爵乃諸侯，名隸本紀"，宜"別作周秦世家"。① 不知五帝夏殷，於事簡略，當時侯國，已多不審，其可指數者，並代有天下。太史追叙，取明其源流而已。三代世系，詳著於紀。始皇之先，詎得特異，徒以事文之衍，別成一卷。此如循吏僅記先朝，而漢廷明於循吏之誼者，惟汲、鄭，遂別次爲傳，以續前篇，不復蒙其本號耳。周臣於殷，秦臣於周，後紀有述，以世相次，無所陵越，則何嫌焉？《北魏》之有《叙紀》，《金》之有《世紀》，並祖諸此。

陳壽《魏志》，著錄《武紀》，權假漢年，又仿班固紀高帝之例。入關已前，以二世紀年，而失之。高帝統一區夏，當始未受命，固尊秦正朔。范曄紀光武，以更始之號建於建武之初，殆承用張衡之說，以更始居位，人無異望，光武初爲其將也，實同斯指。曹操相漢，未嘗躬踐帝位，烏得爲之年紀？

知幾顧過譏"陸機《晉書》，列紀三祖，直叙其事，竟不編年"，② 不抑誣歟？考陸機《晉紀》，《隋》《唐》二志皆以爲編年之

---

① 出《史通·本紀》。
② ［校按］出《史通·本紀》。

史，而本傳不詳，倘於懿、師、昭行事，別勒專篇，取冠紀首邪？

遷之作史，於紀多略，非學有短乏，志識之存，有勿屑耳。權而論之，推原《世紀》，其先有名位於先朝，允宜繫諸前史，使來者有稽。若元魏、金源，本非臣屬，別造《世紀》可也。光武紹統，而仍世無他殊伐，著其略於本紀可也。《北魏》景穆，以高宗即位追尊爲帝，顧不詮述大較於《高宗紀》首，乃附紀於太武末，此何説乎？

其後《金史》別撰《世紀補》，以叙追尊，與帝紀相次，尤爲凌雜。漢宣追尊戾園，列傳仍廁之諸王，取證前例，豈窮於部次？藉令過示褒異，依《秦本紀》，猶於誼差長也。雖然，《熙宗紀》前，橫出景宣，《世宗紀》前，橫出睿宗，《章宗紀》前，橫出顯宗，虛張部目，使考世者倦於檢閱，則勿如概從附見之得已。以上論本紀追述先代之體例。

知幾又譏項羽僭盜，不得爲紀。推遷之意，秦楚之際，羽實雄長諸侯，而操之柄，紀綱之存，殆寄諸羽。漢初多言漢紹周統，秦爲閏位，故視秦楚等耳。與紀周厲、宣之交，不奪共和年紀同旨。韋昭以孫皓父和未登帝位，宜名爲傳，不得作紀，此景穆當次列傳之徵，非項羽之比。

前此王赧卒於秦昭襄五十二年，① 始上尊號。中間七雄並争，天下之勢，固趨於秦，絕續之交，不繫之秦，誰復可屬者？是以《六國表》並列周秦，不更目言七國。後此陳壽志三國，以統予魏，而與蜀吴並列，亦竊取項羽之誼而已。

班固撰《元后傳》，不敢擬之吕后；撰《王莽列傳》，不敢擬之項羽。致漢世空籍，垂十五歲莫詳其歷數，兹益疏也。固變本紀之

---

① ［校按］此處周赧王卒年疑誤記。據《史記·六國年表》，周赧王卒於秦昭襄王五十一年。

稱，謂之帝紀，則援《遼史》記高麗、西夏二國，謂之外紀以別之，似無所嫌疑。

壽於魏不立紀名，於蜀吳不列傳目，實隱寓微旨，則以王莽超居帝紀之後，表、志之前，而不加題目以示貶絕，尤自顯白。高帝之即尊位，秦亡殆已五年，《史》追繫漢元年於秦後，猶楚滅陳五年，惠公吳始復有陳國，乃探續哀公卒時年而爲元也。光武與聖公同起草澤，范史準項羽之例，以更始紀年；準王莽之例，降厠聖公於列傳。可謂善師古者矣。

《明史》叙英宗終於北狩，爲前紀，即拔景帝以彌其闕。迨英宗復辟，厥有後紀，年歲相承，按籍可詳，最爲精當。可謂善因時者矣。

知幾又稱曰："紀以編年爲主，惟叙天子一人，有大事可書，見之於年月。其書事委曲，付之列傳，此其誼也。"① 魏澹《後魏書》、李百藥《北齊書》，"於諸帝篇雜載臣下，兼言他事，巨細畢書，全爲傳體，有異紀文"，讀者幸詳焉，② 斯則不刊之論者也。以上論本紀存閏位之體例。

（二）年表

年表之原，本於《周譜》。太史叙三代曰："余讀諜記。"又叙十二諸侯曰："讀《春秋曆譜牒③》。"兹其所仿也。桓譚《新論》亦言："《世表》旁行斜上，並效《周譜》。"《漢志》"曆譜"有《太④古來帝王年譜》，所謂《周譜》，倘其是邪？然其書附曆篇，殆

---

① ［校按］出《史通·本紀》。
② ［校按］出《史通·本紀》。
③ ［校按］《史记·十二諸侯年表》原文作"諜"，通"牒"。
④ ［校按］《漢書》通行本無"太"字。

雖以人事經緯，而"叙四時之位，正分至之節"，陳説尤詳。從其本言之，因取備曆家。知幾歎美史公創表，以謂"燕越萬里，而徑寸之内犬牙可接；昭穆九代，而方尺之中雁行有叙。使讀者舉目可詳"，① 非虛譽也。以上論年表之原於《周譜》。

考年經事緯謂之表，絲橫出者爲緯，縱出者爲經。太史以三代年歲莫稽，僅世次可考，於是爲作《世表》。以帝世爲經，而緯之以系屬，殆猶表十二諸侯、六國之旨也。《遼史》譜其先世，亦名《世表》，其書依世條叙，非甚繁碎，必資經緯始明，蓋《金·世紀》之流而已。猥列爲表，名實兩舛。

後之善法史公者，惟班固耳。其作《古今人表》，上起太昊，下訖子嬰，以世爲經，緯以九等。自以《漢書》上續《太史》，《人表》之作，其諸爲遷補佚，備三代訖秦楚之別録者歟？師古謂"不表今"，"其書未畢"，② 則漢人已有列傳，烏用更著諸表？近儒或謂託之古以襃貶當世，立説差長。然襃貶之辭，各有論贊，詳著於紀傳，抑無取焉。古謂先秦，今謂陳、項，文誼兩協，固無譏已。太史以漢人追録燕王喜，謂之今王，不以爲嫌，况班之言漢事者邪？以上論太史公之《世表》。

及叙十二諸侯、六國，始爲年表。經之以年，緯之以國，《五代》之《十國世家年譜》，《金》之《交聘表》，並取諸此。遷叙五帝，而表惟言三代；叙諸侯十三，而表惟言十二。《夏表》言"從黄帝至桀二十世"，《殷表》言"從黄帝至紂四十六世"，並厠二表後。《周表》終於共和，特於武王下繫云："從黄帝至武王十九世。"三代並自黄帝，因推而致之，表非爲五帝作也。《十二諸侯》依《春秋》爲叙。吴通上國，在其季世，故表雖附隸，自從其略。《世

---

① ［校按］出《史通·雜説上》。
② ［校按］出《漢書·古今人表》顔師古注。

表》之作，《世本·帝繫篇》之遺；《諸侯》《六國》，《世本·王侯、大夫譜》之遺。《漢志》曆譜有《帝王諸侯世譜》，亦其倫也。以上論太史公之《十二諸侯表》並《六國年表》。

漢興以來諸侯，名雖爲王，與古侯國等，而都邑分併不常。秦楚之際，侯國併爭，而涉時甚淺，並經以年時，緯以侯國，蓋表之正法也。以上論太史公之《漢興以來諸侯表》。

及叙高祖功臣侯、惠景間建元以來侯者等表，又以國爲經，以年爲緯，大抵首著國名，次陳侯功，然後以次歷其年紀。諸帝各爲一格，惟功臣侯第，其封國先後，與所定等列不契，則別著爲格，叙於年下。然以天子紀年，亦互著侯國歲紀。《春秋》書十二公元年，不繫諸周室，斯其比已。如高祖在位十二年，封當六年。逮高祖之崩，則侯已七年。準此乘除之，封君薨，子孫嗣侯，當一帝之世，一格之中，又夾注爲二，薨者上屬，嗣者下屬，而微空中以爲之界。

班固列表，首著號諡姓名，次紀侯狀户數，又次列始封，又次叙位次，然後子、孫、曾、玄，各詳所系，系遠者六世超與孫行齊列，年與事不相經緯，舛於舊法矣。

嗣班有作，如《唐書》之《宗室世系》《宰相世系》，《遼史》之《皇族表》《外戚表》，《明史》之《諸王世表》，類詳於系別，而靡考其歲年，皆沿固系子孫之例而失之。

《遼史》表皇子，析第行於帝系，別官職於封爵，分罪於功，而以名字錯出系行之間，薨壽、子孫，又屬罪著之。及表公主，且析母於屬，別下嫁於封，變功爲事，合行於名。薨惟景公主延壽女書年二十一，不言壽，允已。子行無所著錄，虚立名目，抑何取焉？即皇子之系，孫行別表爲皇族，次世爲九閟，諸不知世次者，或遂三世言之，或遂四世言之，亦各原其系所出帝。表目言子孫，亦失其實，此沿號諡、位次之分列而失之。以上論太史公之《高祖功臣表》，及惠景間侯者及建元以來侯者等表。

建元以來王子侯者，首著國名，次陳王子號，餘並與侯表例同。班固本之，作《諸侯王表》，以別於異姓諸侯王，首著號諡，其次爲屬，又次爲始封，又次明其系，盡於七世，逮八世乃超與子行齊列，別封者各依系附著篇中。作《王子侯表》，首著號諡名，次屬，次始封位次，又次紀世，盡於曾、玄，忽橫出地望，而六世超與子行齊列，所繫地望，殆指侯國所在。或次屬上，或次始封下，皆得其倫理。今間隔於世系之中，於誼奚取？以上論《建元以來王子侯者表》。

漢興以來將相名臣，亦年經事緯，首大事記，次相位，次將位，又次御史大夫位，而以年紀爲之冠。高二年之立太子，五年之都關中，此大事也，顧錯出於年紀。景元①年之"置司徒官"，倒書相位中，而將位中不書遷官者誰某。《漢紀》明言漢總稱丞相，哀帝元壽二年，更名大司徒，安得景帝時置之？疑並出傳寫之失。相卒免倒書大事記中，而嗣官者書於相位；將卒免及太尉置罷倒書相位中，而嗣官者書於將位；御史亦超書卒免於將位，文皆倒寫，惟一格之中，不作兩排重讀，與餘位小異。

班固因之作《百官公卿表》，而析卷爲二：上卷叙官，書志之屬也；下卷表人，始爲表曆之體。與遷異者，不記大事，而紀官加詳，卒罷不更倒出而已。以上論《漢興以來將相名臣表》。

秦楚之際，歲計不足，月計有餘，於是爲造《月表》。然雖以月紀，猶不廢二世、義帝之年也，其意以謂繫月無殊於舉年耳。《遼史》表遊幸，表部族，表屬國，年爲之經，月爲之緯，尤不知妄作之甚歟？夫表之作，所以括事理之頤，省鈎稽之勞也。縱觀橫覽，相爲灌輸。縱列以約其文，橫通以極其變，其要則在歷日月以綱紀

---

① ［校按］"元"，原作"二"，據《史記·漢興將相名臣年表》改。

之。窮年而事猶未既，斯縱書年以立之經，此《十二諸侯》例也；舉事而年有餘暇，斯橫書年以立之緯，此《功臣、王子侯》例也。

《漢》表功臣、王子，歷世彌永，顧不易縱爲衡，致令所以相緯者，叢雜失理，艱於循覽，一若六世爲子孫之異辭。世系即帝王之年曆，焉得以表例繩哉？《唐》表方鎮，以年爲經，諸侯不能取盡於一卷，於是析出，略示斷制，固爲勝之。惟諸鎮所領，各有方隅，奈之何不法太史以帝紀命篇，顯揭所隸之南北邪？《明史》之表宰輔，以著其置相無常，然事只一端，不能列表，奈之何不法太史以大事、將位、御史並列，總叙諸七卿邪？不然，仿《衛霍傳》例，最宰相名，分著於本紀，亦何致虛張篇部乎？

《漢志①》又析侯，以外戚自呂公、恩澤自公孫弘別爲表，《明史》因之，次明《外戚恩澤侯表》諸表。所宜亟與刊落者，宗室宰相之世，公主之封，徒滋蕪纇，無當國故，史氏之記，是抑奚所取裁？《部族》《屬國》，於事切要矣。鄉使準《交聘》之例，條流國別，不益盡美盡善者歟？至《世表》有類《秦紀》，允宜改革，附隸於帝篇；《遊幸》雅近《封禪》，允宜更革，別出於書志，殆難一程以表誼也。以上論太史公之《月表》。

(三) 書志

書志之原，本於《禮經》。《漢志》《周書》，附次劉向、許商《五行傳記》末，今所傳《逸周書》是也，其言頗雜采《禮經》別錄。而《尚書》言禮則有《顧命》篇，言刑則有《呂刑》篇，曆詳於《堯典》。河渠、平準，備於《禹貢》，遷之以書名篇，殆竊取之此。《世本》有《作篇》《謚法篇》，亦禮書之先導；又有《居篇》，

---

① [校按] 據文意，"志"字疑衍。

亦《河渠書》之變體。

班《志》續《史》，更號曰志。《左氏傳》數舉前志，斯抑故府之稽者邪？

至知幾所稱"蔡邕曰意"，《邕傳》稱《補後漢記》，著《十意》，章懷引《別傳》篇名可考者，有《律》《曆》《禮樂》《郊祀》《天文》《車服》六意，意即志異文。鄭注《禮》以意釋志，又以志爲識古文。太史引《書》"言志"，易"志"爲"意"，則二字之相通假，自古已然。許書不錄志，大徐補十九文有之。邕殆同許誼。

"華嶠曰典"，蓋所撰《漢後書》篇名也，取諸《堯典》《舜典》而已。

"張勃曰錄"，考《隋志》，勃撰《吳錄》，次諸正史，而隋世已亡。此實《吳史》大題當篇小目，疑未便與相淆混。孟堅作史，已立書名，其諸掌錄，遂變文爲志。勃師法馬、班《河渠》，詭立新名，昧所通變歟？劉向敘藝文，謂之《別錄》，言載筆寫記，聊備遺忘耳。

"何法盛曰說"，蓋《晉中興書》篇名。《漢志》有《虞初周說》，託諸稗官。應劭顧頌其說"以《周書》爲本"，是於舊事甄錄疑多。遷《史》取況《周書》，法盛乃謙居於《周說》，亦事理之宜也。

《史通》別本，蔡意或云"《東觀》曰記"，其書出於劉珍等所造。《漢志》叙《禮》，有《記》百三十一篇，今所傳《大小戴》是也。《樂》有毛生之《記》，曆有《夏小正》之篇，即變志爲記，於理良得其通。歐陽修撰《五代史》，又謂之考，《漢志》小說有《周考》，以考周事，則亦證諸舊聞之指已。以上總論書志之名義。

太史公八書之《禮》，《續漢志》謂之《禮儀》。劉昭注補述謝沈《書》，稱"胡廣博綜，立漢制度，蔡邕因以爲志，譙周後改定以爲《禮儀志》"，是《續漢》題篇，本之譙周耳。彪又別志輿服，則因襲邕《車服意》爲之。《唐志》謂之《車服》，復別析《儀衞》，各爲專篇，鹵從之謂衞，服御之謂車服，取善爲容，並《禮》之支流也。

《漢志》所增者有《刑法》，《北魏》謂之《刑罰》，《金》謂之《刑》。《唐志》所增有《兵》，《遼志》析資於守圉者謂之《營衞》，資於攻掠者謂之《兵衞》。班固叙《刑》云："大刑用甲兵。"故錄兵於《刑》，要取以防民，並《禮》之旁篇也。太史推論兵刑之誼，推而致之《律》，立論愈精，而於事例難爲取附。

《續漢志》又增叙百官，班固表百官公卿，上篇僅發明制度，則强割書志，猥合之表曆者歟？《晉》《舊唐》謂之《職官》，《唐》《舊五代》別志選舉，《北魏》兼采氏族，合諸百官，謂之《官氏》。夫職掌之存，待人而舉，選舉士族，即以使之備官。《舊唐》酌取著令，載之官志，事非闕失，有待更張。歐陽新入，竟同蛇足，至賜姓命氏，誼均錫命。《北魏》令典，不爲恒制，雖旌別繫諸典注，而寵賚擬之授官，都爲一錄，誼最爲允。《周官》之書，本與十七篇同隸於《禮》；《百官》之志，羑出於《禮》，尤人所周知。官以守職行法，氏以類族辨物，並《禮》之餘裔也。以上論《禮書》。

曰《樂》，《隋》《舊唐》謂之《音樂》，《漢志》以合於《禮》篇，戴聖記禮，兼要删《樂》篇。禮樂相須，古今達道。班之併合，師諸小戴耳。以上論《樂書》。

曰《律》，太史不志兵刑，僅求通其精要於律，然律數之所消息，度量權衡之所乘除，胥依律爲之本。《新唐》叙律於樂，取誼轉狹。以上論《律書》。

曰《曆》，《漢志》以合於《律》篇。二劉"六略"，叙數術算術書，附諸曆家，號爲"曆譜"。併合律曆，亦守向、歆之法。《藝文》所次，誼與此同。《遼》不志天，附象於曆，謂之《律象》。曆者，數之所推驗；象者，天文之昭著。本爲異家，説各相持，溝之使通，未得爲允。及覽其述渾天，別標象目，文成三百一十有二，僅言一行所造，不便施行，以證遼人短於測天，故其文不具。兹其爲説，或叙之卷首，或論之篇終，毫無闕漏。今僭居僞號，實不副名，廣設寓言，殊乖志體。以上論《曆書》。

曰《天官》，《漢志》謂之《天文》。《北魏》謂之《天象》，殆本之何法盛《中興書·懸象説》，見於《開元占經》所引者也。《新五代》謂之《司天》。《漢志》所增有《五行》。《宋書》又析《五行》，別爲《符瑞》，殆本之王隱《晉書》有《石瑞記》，何書有《徵祥》説。《石瑞》見於《北堂書鈔·設官》篇，述孝廉事。俞安期《唐類函》，誤"石"爲"名"。《藝文》篇述碑事，陳禹謨校刻本誤大書爲小注。晉以張掖《元石圖》爲受魏祚之符，則題篇之誼，灼然可知。知幾云隱篇題《瑞異》，取與下言《釋老》相配成文，倘非其本真邪？《徵祥》見於《初學記》，《南齊》謂之《祥瑞》，《北魏》謂之《靈徵》。五行之徵，有休有咎，今區咎爲五行，裁休爲瑞應，持較《洪範》，詎云其安？夫象之形而上者天文，其形而下者五行，術雖異家，並取諸象。故謂《五行》之志，自《天文》而羨出也。以上論《天官書》。

曰《封禪》，《漢志》謂之《郊祀》，《續漢志》謂之《祭祀》。昭述謝沈《書》，稱蔡邕引中興以來所修爲《祭祀志》，以《説命》篇所託始。言與《別傳》小殊，原其旨趣，實《禮》之條流。太史志《禮》，裁取荀卿，大抵推本立言。《封禪》出於後人附益，而於典特巨，故勒成專部。漢已來粗具節文，不詳禮意。祭典亦節文之一，存諸有司，則安用別題爲篇？邕又別撰《朝會》，南齊檀超、江淹表立十志，欲相師法，因太史之別《禮》於《封禪》，遂思裁《朝會》以相擬邪？宜王儉駁奏，以謂邕一家之言，前史不書，宜省也。臧榮緒《晉書》變《刑法》爲《刑德》。《北堂書鈔》徵其佚文，以備《刑法》之録，尤事無更革，妄建新名者矣。以上論《封禪書》。

曰《河渠》，《漢志》謂之《溝洫》，所別增者有《地理》。《續漢志》謂之《郡國》，《南齊》《隋》謂之《州郡》，《北魏》謂之《地形》，《舊五代》謂之《郡縣》，《新五代》謂之《職方》，而沈約《宋書》、劉昭《續志注》述王隱《晉書》謂之《地道記》。溝洫以地形爲經緯，故《地理》者自《河渠》而羨出也。而檀超、江淹立十志，"《州郡》依徐爰，《百官》依范蔚宗，合《州郡》"，① 州郡得人以治。然百官所隸，各典厥職，則難可以地望爲紀，强從兼併，適章其誕。以上論《河渠書》。

曰《平準》，《漢志》謂之《食貨》。王儉議檀超《齊史》條例，謂"金粟之重，八政所先，食貨通則國富民實，宜加編錄，以崇務本"，則《食貨》於書志最爲切要矣。所別增者，有《藝文》，《隋》《舊唐》謂之《經籍》。知幾述宋孝王《關東風俗傳》，謂之《墳籍》。《北魏》不詳經籍，乃別創志《釋老》。《平準》詳食貨之經，明有養也；《藝文》括學術之道，明有教也。釋老之教，又學術之流變，爲術無當經世，然蔓衍天下，蔚爲風俗，抑教外別傳者歟？由是言之，魏收志釋老，與班固之志藝文，異事同情。孔子論治，富教兼資，是固志藝文，又廣《平準》之旨。故《藝文》之志，自《平準》而羨出也。以上論《平準書》。

知幾條論書志，諸所宜刊削，一曰《天文》，以謂"景緯②無易"，天道不殊今古，事非斷代，强隸當時，"尋篇考限，睹其乖越"。③

夫測驗今術殊古，中法異西，隨世遷流，靡恒厥説，是以司馬遷啓其郛，司馬彪明其驗，李淳風袪其蔽。此三族者，取誼不同，語其精切，其歸一軌。

---

① ［校按］出《南齊書·文學傳·檀超》。
② ［校按］"緯"，原作"律"，據《史通·書志》改。
③ ［校按］出《史通·書志》。

遷受學唐都，最其誼要，著録《天官》，實欲以明絶學。知幾稱《太史》"包括所及，區域綿長"，① 然則首闢榛蕪，使後遵路，固難爲執咎也。

彪紹固有作，詳居攝來訖於建安星辰之變，表象之應，例實祖之蔡邕。謝沈《書》稱"邕撰建武後，星驗著明，以續前志，譙周接繼其下"，是《續漢志》之《天文》，實欲以存故事。此與知幾所謂"載當時彗孛氛祲，薄蝕晦明"，② 用存掌録者，何以殊焉？

淳風受詔修志，標著懸象，世稱精整，是《晉》《隋》二志，實欲以裁正舊説。蓋事仍舊貫，説異前修，使無所發正，則事所倚以發攄者，皆末由以章其理紀。

是知躔次、分野，前史已詳，事雖相因，無資複説，亦宜髹括大較，取信有徵。諸所更革，尤宜逐事疏辨，別下己意，更爲表明。康成箋毛，是其例也。豈得概之六合以外，存而不論歟？諸加箋説，大端發之於叙曲，未各繫諸本事，何省文勝之嫌者？馬彪箾録百官，輒自下注；劉昭又采異同，廣爲詮説。以細字相冒，艱於分曉，於是改彪舊注通爲大書，加題本注以表異之，如有理宜引申，未便太簡。仿彪官注，於例允宜，況爲破碎，不邊若斯者邪？文之病繁，在不切於事，苟屈事以就辭，奚解削趾適履之誚哉？

淳風談天，"二書兩載"，知幾騰説，則有辭矣。然致斯謬，良有由然。論世則隋後於晉，成書則《晉》後於《隋》。使考史者先覽《晉書》，而誼趣必待取徵於隋氏，此倘淳風所兢兢乎？苟明於詳略互見之例，誼詳諸《隋》，惟粗絜大綱於《晉》，覽者無陳因之病，作者省迻謄之勞，非事兩得者歟？以上論知幾之刊削《天文志》爲非。

---

① ［校按］出《史通·書志》。
② ［校按］出《史通·書志》。

一曰《藝文》。知幾謂：

<blockquote>
《漢志》廣列篇目，示存書體，披閱易周，未甚穢累。《隋書》廣包衆作，體則今古是同，辭乃先後相襲。凡撰志者，宜除此篇。必不能去，當取例於宋孝王之志墳籍，録鄴下文儒書，並當時所撰，習兹模則，庶免譏嫌。①
</blockquote>

持論似精，於誼殊舛。蓋人才升降，取鏡學術，考古學術，全資藝文。班《志》録書，略記然否，凡所發明，猶病未悉。而《儒林》裁篇別出，抑未免重床疊屋之蔽也。

太史不志藝文，故六藝之教，彙叙於《儒林》；諸子者流，備記於《荀孟》；兵書之旨，提要於《孫吴》；詩賦之學，折衷於《屈賈》。《日者》《龜策》，數術各有專家；《扁鵲倉公》，方技惟詳巨子。傳所論列，要取之藝文。

後史既勒專志，允當采諸傳事言，條分件繫。於事仿《易②議奏》注"宣帝時石渠論"③ 之例，以明其廢興；於人仿《雅琴趙氏》注"名定，勃海人，宣帝時丞相魏相所奏"④ 之例，以表其言行；於誼仿《讕言》注"不知作者，陳人君法度"、⑤《文子》注"老子弟子，與孔子同時，而稱周平王問，似依託者也"⑥ 之例，以著其得失。惟言必能簡，使無湠漫；意必能該，使無疑滯，方雅稱耳。其人有實事可稽，深關國故，而餘緒所及，頗有撰述，援《晏子》注有傳之例，毋傷辭費，亦史家互著意也。而班史《儒林》之篇，范書《文

---

① ［校按］出《史通·書志》，與原文略有出入。
② ［校按］"易"疑當作"書"，參《漢書·藝文志》。
③ ［校按］出《漢書·藝文志》班固自注。
④ ［校按］出《漢書·藝文志》班固自注。
⑤ ［校按］出《漢書·藝文志》班固自注。
⑥ ［校按］出《漢書·藝文志》班固自注。

苑》之傳，概從刊削，斯志取櫽括事言，優於傳之爲散著遠矣。如族史述存佚之致，計篇卷之數，則奚以爲？

考班之所志，僅取中書，故費直《易説》，盛行民間，不得再録。此無位不考文之誼也，特後世學失其纪。嘉謨典訓，多未進御；要删之職，豈遑多讓？廣加甄録，擇善而從，又"禮失求諸野"① 之旨也。亦有鄙辭淺誼，傳述實繁，兼爲記注，稍施駁難，抑輶軒采風述職天子之意也。觀班《志》叙書，都目從同，不爲纍述。如四家之《詩》，既顯揭《詩經》魯齊故傳，不更言《詩》是也。其有異家，不憚複説，如《尚書》之别有《周書》，《禮》之别有《軍禮》《封禪》，咸加表識是也。

《隋書》紀注，此意荒矣，然其《地理》篇，陸澄書合《山海》以來百六十家，乃取别部自行者列之於上，尚有謹密之致焉。

夫史成斷代，學貴宜今，而大誼昭垂，上貫三五，朝廷之所表章，山野之所服習，則古訓式程矣。是上世經典，詎可概從廢絶？由斯以談，志之最要，莫如《藝文》。知幾因噎廢食，無乃氣獷？以上論知幾之刊削《藝文志》爲非。

一曰《五行》。知幾糾諸失謬，專言事多虚罔，不及誼之乖謬。夫董、劉深於儒術，及考定《洪範》，説本之陰陽。班固裁取，意存絶學，此五行之奥説，非國故之實録也。考漢廷尚赤，託兆斬蛇，符應昭著，時關禮典。伯有爲厲，鄭爲立後，災禍能弭，全恃爲政。况於災有不虞，而民無患害，或由君相撫綏，或原閭閻富庶，盛衰之徵，得失之故，於是焉存。族史傳會誼訓，侈言怪變，窺其志識，儳欲與術家爭短長之數。知幾騰口，斯亦宜已。

《宋書》叙《五行》，以謂王沈《魏書》，②"凡厥災異，但編帝

---

① [校按] 出《漢書·藝文志》。
② [校按] "王沈《魏書》"原作"王隱《晉書》"，據《宋書·五志》改。

紀"，① 以此鍼族史之蕪纇，如或可稱。然災祥雜書，循覽本紀，亦失體要。何法盛《中興書》有《徵祥説》，佚文散見《初學記》《藝文類聚》者，言諸麟鳳瑞應、雷震咎徵，覈實並本五行，循名專繫符瑞，抑好奇之過也。《南齊書》② 稱檀超、江淹表立十志，譏切班日蝕入《五行》之非，改從五星，並列《天文》。王儉駁奏："五行之本，先乎水火之精，是爲日月五行之宗也。宜憲章前軌。"詔卒從超、淹奏，誠以天之經行，不同人事之紀。儉能深悟古人之旨趣，超、淹能權衡事物之宜稱。學人致思，必兼二誼，庶不殉耳目之蔽，遽失其心之官。且志之爲體，務存綱要。事異帖括，文殊類書，三科所存，直當探極道原，詎特取精博物？知幾猥云《五行》差重，不思之甚已。

至謂《天文》不若《人形》於用爲切，《藝文》不若方書於事爲要，肆作嘲笑，悖理蓋尤。夫骨法區其吉凶，孔穴詳其鍼砭，託誼豈類懸象之妙契天文？輶軒之使，譯導能通，收效豈類經籍之曲成物已？擬不如倫，君子嗤之。天文、五行之説，後所開悟，足發古覆。前哲著論，多難繩度今兹。然象所昭垂，世有災變，本事可徵，自百世無改，何論《藝文》之條別學術者哉？以上論知幾之刊削《五行志》爲非。

志所宜亟與併合者，《祭祀》《服御》，當取隸於《禮篇》。《遼史》服衛分叙，而當篇惟書《儀衛》，雖病繁碎，猶賢乎已。《符瑞》當錯出於《五行》，《河渠》當附庸於《地理》，《釋老》當散見於《藝文》，具説所撰著佛道經下，猶《漢志》合兵於刑、總律入曆之志耳，餘《樂》篇、《天官》、《平準》一仍其舊。又百官之録，宜法《舊唐》附記選舉，法《北魏》改題《官氏》。姓氏勒篇，殆始《世本》，祖所自出，原諸古初，詳其本系，不涉今制。然夷族

---

① ［校按］出《漢書·藝文志》班固自注。
② ［校按］"南齊書"原作"南史"，據《南齊書·文學傳·檀超》改。

之入屬，改從華言，因事而變姓，非復故籍，仍世創革，典章攸存，闕而不書，來者奚考？茲抑當擬新入者也。

凡十志之誼，曰天文、曰律曆，以稽天之道；曰地理，以察地之紀；曰五行，以驗人之事；曰禮，以參伍而區其異；曰樂，以錯綜而同其和；曰兵刑，以濟禮之窮；曰官氏，以明禮之教；曰食貨，以紀養民之經；曰藝文，以詳教民之事，並禮所爲經緯者耳。以上論書志之宜併宜添者。

夫紀傳云云，紀謂本紀，傳則通志表建稱。後之說者，例諸家言春秋以包舉四時，由是重視列傳，非表志所足比數，説之惑者哉。

陸機著《晉紀》，別撰《限斷議》以發其例，佚文可考者，詳於《初學記·文》篇。機之説曰：“三祖實終爲臣，故書爲臣之事，不可不如傳，此實錄之謂也。而名同帝王，故自帝王之籍，不可不稱紀，則追王之誼。”隋魏澹亦言“紀傳出自《尚書》，不學《春秋》”，① 蓋不精求紀傳之別，而取貌遺神，詎得爲論之定？

昔法盛《中興書》改志②爲注，其佚見於《北堂書鈔·設官》篇，有《百官公卿表注》《百官公卿志注》，蓋本諸後漢伏無忌《古今注》采集古今、刪著事要者也。自擬所作書志，同於箋傳，因以題篇。

華嶠《漢後書》，又改表爲譜，《晉》傳所謂“三譜”是已。書凡九十七卷，以三譜合帝紀十二、皇后紀二、典十、傳七十，得卷正九十七。所云“叙傳、目錄”，殆未計卷。近代例目之卷，不入本書，仿諸嶠者邪？魏收《上後魏十志啓》云，嶠十志"範遷、固"，謂所撰典也。考《陳》沈之元叙《梁典》，謂"法盛變帝紀爲帝

---

① ［校按］出《隋書·魏澹傳》。
② ［校按］"志"疑當作"表"，參《史通·表曆》。

典"①，意亦取之《虞書》。然法盛以典目堯舜，遂執爲帝王專辭，則勿如嶠之取類故事之存，命名爲允已。又云"表蓋闕焉"，謂所撰譜也。傳言永嘉之亂，存者五十，譜蓋在佚篇中。此云闕者，傳寫之失，非謂撰述之疏。《魏·華歆傳》注述嶠譜叙，並言華氏事，當即叙傳中說，殆準班固例爲之。嶠譜既亡，裴松之誤讀本傳"及三譜、叙傳、目録"之文，改題爲譜叙耳。以譜名表，猶康成注《禮》別譜《喪服》，以參證本經。

南齊臧榮緒《晉書》，傳言"紀、録、志、傳百一十卷"，②③ 以録錯出紀、志之間，或亦表之異名。司馬光氏既定著《資治通鑑》，更造目録，以綜括大凡，全法表例，殆祖之榮緒。其假以命篇，抑猶康成注《禮》，更造目録。如三君者，倘猶明於志表之誼乎？

《隋志》有劉艾《漢靈獻二帝紀》，《魏志·武紀、袁紹傳》，並述《獻帝傳》。《初學記》頗加甄録，始著撰人爲艾，是紀傳者本一家之言。《太平御覽·車》篇所述《獻帝傳》，又與《魏志注》所題爲紀者，其言不殊，是紀傳又一書之通辭。證之班固叙《藝文》之例，陸《記》、秦奏同於後史之有紀事詔奏，遷書、《漢記》同於後史之有紀傳編年，其書皆入《春秋》之篇。高祖所述，孝文所稱，別題爲傳，並次儒家之録，是知事之足昭法戒者。並六藝之本經，紀之立名，示存綱要，固經之異辭也。言之足相證明者，並傳之流，或取諸論説，或鑒諸行事，於誼則何以殊焉？然則目紀爲帝王之尊稱，視傳爲臣下之本號，兩俱乖

---

① ［校按］出《陳書·沈之元傳》。
② ［校按］出《南齊書·高逸傳·臧榮緒》。
③ ［校按］此當係作者誤記。檢《三國志》並注原文，述及《獻帝傳》者爲《魏志》之《武帝紀》《文帝紀》《明帝紀》《袁紹傳》四篇裴松之注。

謬。而裴注紀傳二名，隨文互見，茲不諳體例之甚矣。以上論史之有本紀所以示綱要，傳與表志所以備旁徵，非紀爲帝王之本稱，傳爲臣下之卑稱也。

自陳壽撰《三國》，志表二科，並從廢絕。其後范蔚宗造志，見於《后紀》者有《百官》之篇。《南齊·百官志叙》亦云蔚宗別作選篰，以述百官階次，即謂此也。章懷述《宋書·謝儼傳》："范撰十志託儼。搜撰垂畢，范敗，悉蠟以覆車。文帝令徐湛之就儼尋求，不復得。"① 則范不特②志百官已。儼事沈書不詳，蓋出徐爰、孫嚴二書，獨表無徵。宋熊方《補表》云，范闕斯製，是書本不立表。今所行唐太宗《晉書》、梁沈約《宋書》、蕭子顯《南齊書》、北齊魏收《後魏書》、唐魏徵《隋書》、後晉劉昫《唐書》、薛居正《五代舊史》無表，蓋效法劉宋范曄《後漢書》者也。唐李延壽《南北史》、姚思廉《梁陳書》、令狐德棻《北周書》、隋李百藥《北齊書》並志不具，蓋效法晉陳壽《三國志》者也。

南齊檀超、江淹"表立條例"，謂"封爵各詳本傳，無假年表"。③ 知幾亦稱梁武《通史》，例同超、淹。不知表以曒括闕遺，誼取事文曲備；列傳以泛涉它端，誼取旌別殊異。故列傳不嫌疏闊，而表必從其詳明。超、淹顧欲取詳本傳，革去年表，焉得爲史法之良者哉？

故史公勒表，條流精密，有異它篇。班固《漢書》，差足嗣音，已遠不逮，何論餘史？

其表三代之世，自成王下，疏別侯國，周室之外，凡爲國十一。其表爲目，與前分次帝屬，絕不兩通。

---

① ［校按］出《後漢書·皇后紀下》李賢注引《宋書》。
② ［校按］"特"原作"持"，形近而誤，據文意改。
③ ［校按］出《南齊書·文學傳·檀超》。

迨《十二諸侯表》，所以互著《春秋》諸要難。平王東遷，漸積以成乎不振，萌芽於共和之初，於是託始共和，以原其禍始，明周之所由衰也。而共和已前不能爲略，因又斷自厲王奔彘，隸三代末，終周之盛也。表十二諸侯，終於敬王之崩，明《春秋》之局，至孔子之歿而訖。

更因《秦記》以踵《春秋》，起元王，訖秦二世，表六國時事。赧王既卒，東西兩周事列秦中，虛存周目；迨始皇之元，周目始除。田齊云滅，又併餘目，條其秦故，不復依表體。當時與秦相終始者，獨有燕、楚、陳、曹，前元王絶滅，已具前表，而三晉之分，當安王二十六①年。凡書晉年，繫之於魏。烈公之立，文侯實以兵爲誅亂也。蓋自知伯與三晉共分范、中行地，已儼同小侯。及知伯之亡，三晉之勢益張。《索隱》本魏始桓子，韓始康子，獨趙不始襄子，而繫簡子於元王之世。趙年可曆，遂從其詳；韓、魏無徵，故從其略，取足爲信耳。魏獻卒當魯定公元年，韓宣卒當魯昭公二十八年，證之世家言，桓子之先有侈，襄子之先有貞子、簡子、莊子，則籍元王時者靡得而目言之。它本錯列魏獻、韓宣，必後人之妄增。即世家稱韓宣侵范，倘史公之誤歟？田齊篡姜，當安王二十四年，元王籍中，大書平公驁，不列田族，年世相次，比諸六雄。姜氏雖夷，國號無改，不加別白，殆實由此，且無裂出也。若鄭滅於韓，魯秦②滅於楚，宋滅於齊，衛臣服於魏，卒以殘削，各書立時年，寄諸四國之籍，不甲乙其歲時，主客秩列，無患喧奪。吳滅於越，而地卒入楚，亦具書於楚，以卒前事。雖離合殊致，本末自具，密乃不棼，疏復無漏，殆亦極經營之勞矣。

---

① ［校按］"六"原作"八"。《史記·六國年表》載，周安王二十六年，"魏、韓、趙滅晉，絶無後"。今據改。

② ［校按］據文意，"秦"字疑衍。

及撰《月表》，始二世元年六月，終子嬰立之三月。義帝爲楚，霸王爲項，分置二目。義帝既代秦，超書秦後。楚項故目，中剖爲四，項爲西楚，餘分爲衡山、臨江、九江，散列其下。它分者例並仿此。

至表漢興侯王，首列帝年，析目二十又六，繼接其下，年時早莫。稽之於經，國號遷變，鉤之於緯，初置除罷復立，部次井井，舉目並詳，置復備書，罷除遂空其籍，此豈鹵莽可就者哉？

其表功①高祖功臣侯者、惠景間侯者，分世立限，無異姓之區別；建元已來侯者、王子侯者，類族建名，亦無外戚恩澤之剖析。非同姓不王，非功臣不侯，漢之制也。當漢興之初，王固不必同姓矣，即同姓侯者，類以功自見。而惠景間同姓，又難別立專篇，故綜合爲一。外戚恩澤之封，惠、景最爲多。建元已來，公孫弘以丞相侯平津，姬嘉以周後封周子南君，欒大以方術侯樂通，石慶以丞相及先人謹德侯牧丘，諸恩澤散見篇中，固無病其淆奪也。

凡表之立，以約事之繁賾，倘非破碎難明，烏所用表？分合有時，不能泥執。又因取例既窮，必別求通變之法耳。班氏不能通其變，而自淆表例，此可深爲慨歎矣。

如太史以國名別書，所以定其本也。名謚各別，父子不相襲，非其本已，故散著焉。班氏通始封姓名及謚，合之國號。而始封目中，惟著封年與其薨歲；子孫目中，復各有其謚與名。覽目嫌於類別之雜，考文嫌於事言之越。其失也牽率而寡要，繆於辭者也。國下言謚，則國名類謚，如紀通之侯襄平，人且疑其侯襄而謚平矣。謚號類國邑，如祁侯繒賀謚轂，人又疑其侯祁兼侯轂，若呂澤國周及呂之比矣。其失也淆互而多惑，審於事者也。

又《史》表更封之例，子孫更者，各記於封年前。如薛澤文後

---

① ［校按］據文意，"功"字疑衍。

三年嗣侯廣平，次孝文目中。景中二年有罪絕，及中五年復封平棘，次孝景目中。侯五年而景帝崩，因注"平棘五"於封年之首是也。及身更者，兩書國名，中如劉富以楚元王子景元年侯休，三年更封紅侯，休既次平陸之後，復於沈猶後次紅是也。《漢》表於諸徙封，大書於始更之世，於事尚適，而更自及身者，兼著號謚姓名中，言富之封，謂之休紅，大似一時並封，則抑舛之甚者邪？《史》表書謚，冠於侯元年，其有它端，則又小異。如澤嗣侯廣平，書"侯澤元年"，更封，始書"復封節侯澤元年"。富名見休下者，不舉其謚，紅下乃並著其謚爲莊。

書法之謹，亦未可以責之諸史焉；反覆勘比，益覺文理之密察。學人模仿，大抵留意章句之末。於無章句之文，非憚於考索之難，即忽不省覽，見謂無當事要。及有撰述之役，苟求備體，率又矩步蘭臺。不知表譜之作，班史於事例，未便大歧；視子長時得其貌，然神志固久與爲離也。以上論表譜之必詳，並及《太史》表譜之精密與班史之舛誤。

又按魏收志列傳後，是以外傳獵居内傳前也。薛居正不遠法遷、固，而近師穢史，昧取合之數矣。宋歐陽修撰《五代新史》，退考傳後，以世家及年譜，次附錄前。觀年譜緯①以十國，經以五代，實取類於本紀，兹其部居，亦病陵越。又撰《唐新書》，亦紀後列志，次及諸表。逮元脱克脱《宋》《遼》《金》三史、明宋濂《元史》、近代張廷玉《明史》，並準《新書》之例。

夫表析帝爲説，猶經有故訓，比其年時，以稽當世用人之得失；志通代爲篇，猶經有章指，詳諸委曲，以明行政之因革。先後之叙，二者俱得，惟誼準古先，強爲變置，良無謂耳。且譜表編年，於本紀爲重規；書志列事，於本紀爲別體。史公所次第，良非苟然，亦猶侯國即位改元，與王朝年世錯出。王臣效能奉職，功過隨事以明，

---

① ［校按］"緯"字原作"經"，據《新五代史·十國世家年譜》改。

無取日月之歷也。世家列前，列傳居後，若相魚貫，兩者比次，使覽者先究典章之因革，次明奉行之得失，立例固至謹密也。以上論表、志、傳之目次。

（四）世家

世家之原，亦出於《春秋》，故"其編次之體，視本紀不殊"。①《世本》有《諸侯大夫譜》，而遷次《衛康叔世家》，稱"讀《世家》言"，是世家之稱，亦非創自漢氏。劉知幾釋其誼，曰取諸"開國承家，世代相續"②，斯固然已。推尋史公之指，則猶多通變。蓋周之侯國，法度雖本諸王朝，若張弛之宜，多各自以意爲之消息。其特立世家，不混合之列傳，以列傳所叙，必循王制，無敢少有踰越者，本不同倫耳。是以"陳勝起自羣盜，稱王六月而死"，③亦得參列其間。此管叔伏誅，猶得比肩於曹、蔡之例也。雖"社稷靡聞，子孫不嗣，無世可傳，無家可宅"，④而時無共主，自領郡縣，革創制度，比諸封君，則未可降與萌庶伍矣。吳越僻處，不染華風，勝之稱王，殆以自擬歟？孔子布衣，初無爵命，亦得僭同侯伯，居之不疑，求諸往事，絶無可擬。然修明六藝，立道之極，世守其學，人各名家，豈特田完之盜齊，必至和始光復故物哉？二篇之立，不同恒科，泥貌取合，説必致窮矣。

至"蕭、曹茅土之封"，⑤ 遠準諸吕尚；"荊楚葭莩之屬"，⑥ 上

---

① ［校按］出《史通·世家》。
② ［校按］出《史通·世家》。
③ ［校按］出《史通·世家》。
④ ［校按］出《史通·世家》，與原文略有出入。
⑤ ［校按］出《史通·世家》。
⑥ ［校按］出《史通·世家》。

同諸魯、衛。知幾獨深識之，以謂漢制"宗子王者，受制京邑，自同州郡；異姓侯者，從宦天朝，不臨方域"，不類古諸侯得專制一國也。"或傳國唯止一身，或襲爵才經數世"，不類古諸侯仍世無替也，"雖名班胙土，禮①異人君"。② 班固改隸列③傳，茲爲允已。然遷咸加假籍，詎不達隨時之誼？固將以類相從，使來者昭然於古今之升降，度數之損益焉耳。

外戚侯者，取例蓋均，比諸周制，倘猶陳、宋以帝胄作賓之亞乎？陳其侯功，職后妃之故，故篇題《外戚》，事乃加詳於后妃。若衛、霍之流，自有殊伐，不盡由后妃蒙寵，斯難併爲一談矣。劉知幾過譏子長，以謂外戚以后族侯，猶諸王以帝子傳有爵土，今叙外戚兼論列皇后，是叙諸王亦當隸以天子行事已。於呼！史氏之誼，治亂爲徵，政教隆替，尸之天子。皇后雖與匹體，未得參與之也。其隱有繫於天下之故，實視其寵外戚與否耳。倘不在此數，各因事散見，奚用猥加甄錄歟？後史及窺此秘者，僅一班固，故改隸列傳，而叙述之體，上法子長。

范蔚宗以其匹體，乃撰《后紀》。《史記索隱》謂《漢書·外戚》以紀后妃，編之列傳之中；王隱《晉書》謂之爲紀，而在列傳之首。又《晉書》述華嶠《漢後書》："以皇后配天作合，前史作《外戚傳》以繼末編，非其誼也，易爲《皇后紀》，以次帝紀"，則蔚宗所自昉也。不知紀者，示天下之所由綱維，非名位之判其尊卑也。是以呂后臨朝，亦得次之本紀。《漢書》之叙元后，顧雜出於臣傳，未免爲例不純。至許善心《梁史》，於《四帝紀》之後，《三太子錄》之前，錯出《后妃》八卷，顧不目言爲紀爲錄，殆亦疑於稱

---

① ［校按］"禮"原作"體"，據《史通·世家》改。
② ［校按］出《史通·世家》。
③ ［校按］"列"原作"例"，據文意改。

名之難取當邪？《史》《漢》之叙吕后，《唐書》之叙則天，既次本紀，更爲造傳，則帝紀所叙，或起自草野，或拔自公卿，始並勝國臣民，於誼亦當別繫諸傳矣。章學誠嘗議帝紀之外，附出大傳，創意誠密，然紀傳雜採，益滋繁累，何如式循前軌之得者。

自范氏已來，《三國》於魏曰《后妃》，於吳曰《妃嬪》，於蜀且彙次之宗室，謂之《二主妃子》。《五代》踵《蜀志》之例，謂之《家人》。《南齊》謂之《皇后》，革世家之稱。咸名爲傳，允得畫一之宜，而於誼法未可謂審。

班固修書東觀，裁取劉聖公、公孫述，別勒《載記》。《晉書》之述十六國，遂準以命篇，實導源於世家者也。十六國之於晉，類吳越之在周。聖公述之發難，差同於陳勝。夫世家之建名，雖取諸開國承家，而考其所以開之於先、承之於後者，則固帝制自爲，異於功臣之從宦者已。斯苟創意略近，皆可附隸，不爲嫌也。若載記之云，載謂載筆，記謂記叙，統一紀傳，孰非載筆而記叙之邪？以此求稱，良所未諭。證之《隋志》"雜史"之篇，樂資叙述山陽公，亦謂之《載記》。獻帝身丁末運，受制強臣，豈得例之割據，替其尊號？《漢志》高祖、孝文，儒家並爲之立傳，樂資《載記》自同於傳説耳。必以本紀繫之帝王，世家繫之侯伯，兹平章誼類，不幾立論多窮歟？

後史之善法子長者，莫如《五代》《宋》。《五代》之十國、《宋》之九國，雜廁列傳，並題世家。知幾盛稱梁武《通史》，區異楊吳孟蜀，定爲《吳蜀世家》，深得折中之規。而議"子顯《齊書》，北編魏虜；牛弘《周史》，① 南記蕭詧"，舛於正名之志，猶斯旨耳。由兹意廣之，唐氏藩鎮，明代土司，仍世襲居。若爲私器，

---

① "牛弘《周史》"，原作"牛宏《周書》"，據《史通·世家》《隋書·經籍志》改。

倘抑其流匹者耶？隋許善心《梁史》，別勒專傳，以叙藩臣，都爲一卷，亦宜入世家之録者也。

然史公之叙絶域，顧不次之世家，此又内外之辨也。絶域典章，不與中國同其風教，以非帝室所得統御，即非其念慮之所存。治外之術，差後於治内之規。本末後先之致，自有其秩叙，抑理之公者也。

觀《北史》之有《僭僞附庸》，《舊五代》之有《世襲》《僭僞》，並革世家之稱，而徵之於實，未可誣也。魏收撰《魏書》，斥晉元帝爲僭，號南齊高帝、梁武帝、宋武帝及桓玄曰島夷，謂北燕曰海夷，西秦南凉曰鮮卑，北凉曰盧水胡，後蜀曰賨，而於張寔、李暠，又題以私署。夫張軌作牧，有前凉之目，猶石勒之先有前趙劉元海，姚萇之先有前秦苻洪也。及李暠僭王敦煌，分有凉州之西，其南爲禿髮烏孤，北爲沮渠蒙遜，實爲鼎峙。《晉書》叙張、李，與四夷相次，不入《載記》之篇，疑也。《魏書》特區異張、李爲私署，儼若十六國非其倫比，尤疑之疑也。昔陳壽志蜀，蓋以先主後主爲本，而冠以二牧。張、李之於凉，豈後於二牧之在蜀乎？至五代之際，李茂貞世領鳳翔，猶馬殷之仍世王楚也；劉守光僭號大燕，猶楊渭之自稱吳帝也。當朝政不綱，羣雄並起，雖國祚之促，規制之簡，殊於古者侯封，然夜郎自大，固不知有漢官威容也。且更歷數姓，實無恒主，不類犯順明時，得申天討者矣。歐陽概出之世襲、僭僞，入之雜傳，尚不逮標目私署，叙事猶謹者乎。

外戚帝系之次列傳，允矣。觀《三國》《南史》《宋》《齊》《梁》《陳》《北周》《五代》《遼》《元》，皆不詳后族。而《晉》《北史》《魏》《齊》《隋》《唐》《宋》《金》《明》，並依范史之例；《金》特改外戚之稱，謂之《世戚》。夫馬、班之詳后事於《外戚》，明其盛衰所由兆，今不類叙，而虛張篇目，則等諸不食之繫匏。外戚之盛，大爲國病，今以外戚爲后妃之箋說，以列傳爲本紀之注釋，則嫌於天之有二日，此並非誼之安歟。

至於帝子，自班固雜廁臣傳中，遂爲定例，要取以立時代之斷制而已。而《南史》《北史》《北魏》《周》《齊》《唐》《薛史》《宋》《遼》《明》，綜叙宗室，不加區別，亦失班固之旨已。《元史》諸帝子，各次表中，不爲立傳，及叙追尊，則睿宗、裕宗、顯宗、順宗紀述特詳，且更叙四宗之妃，具列於後。求諸往例，史皇孫之爲悼皇，王夫人之爲悼后，事附戾太子，未嘗以追尊遂別出之也。而《晉書》於愍懷太子妃王氏，及符堅妾張、劉聰妻劉，並次《列女》，未嘗於《后妃》之外，復勒專篇也。

《宋書》之叙帝子，既遠準班例矣。而元凶劭、始興王濬，別次爲傳，謂之《二凶》。考管叔之流言，馬遷未嘗絶之曹、蔡之外；吳王濞、淮南王長之反，班固末嘗絶之荊燕、衡山、濟北之列。二凶伏誅，事在孝武之世，顧不得與文五王齊列，而取殿全書，使後之考史者，論世則疑順帝之子孫，比事則疑王莽之居攝，事之失紀，豈待繁言哉？前史題目帝系，其名號亦每不恒。史公記高祖少弟交曰楚元王，記諸劉賈、澤曰荊、燕，此即《宋書》所謂宗室者也。記景帝子十三人曰五宗，記武帝子曰三王，此即《漢書》所謂高五王、文三王、景十三王、武五子者也。王者十三，而繫之其母，同母者爲宗親，因以五母綱之，豈好爲譎詭哉？殆省叙述之繁耳。然覽世家言，既總叙云某姬子曰某、某姬子曰某矣，而於王五宗後，又各申言右諸國本王皆某姬之子也。本王支子益封，並詳傳中，亦申言繼接其下，是欲言之約，卒不免於爲繁也。疑此非史公之故，倘褚生所附益者歟？又有諸帝歷年非永，則綜數世約言焉。故班《書》標"宣元六王"之目，陳《志》建"武文世王公"之稱也。

及歐陽述唐，詳諸帝女，號曰"諸帝公主"，亦別綴專篇。考唐已前史，《後漢》則附次諸《后》篇，《北史》則錯出之

《列女》史。在唐後者，《元史》乃紀之表中，不爲立傳。權衡得失，范氏爲優，蓋后不能匹帝以紀綱天下。而駙馬都尉與后族之寵命，全出於昵私。《外戚》之篇述后妃行事特詳，斯百官尚主者，並得附之其末，略記公主之制，亦方以類聚之志也。以上總論世家①之體例。

（五）列傳

列傳之原，本於《易大傳》。《史記》平原君趙勝事，徐廣引《魏公子傳》以證之，稱勝爲惠文王弟。是史公之次列傳，殆亦本之古先。然傳體實有二科：左氏傳《春秋》，緯之以事；及《公羊》《穀梁》爲之，乃專明大誼。取例若殊，要以闡發旨趣則一，或繫之事，或繫之言，皆迹象之末而已。

尋遷之次列傳七十也，"二人行事，首尾相隨，則一傳兼書，包括令盡，若陳餘、張耳合體成篇，陳勝、吳廣相參並錄是也"。② 亦有事迹求備，難爲櫽括，則寄在本篇，自爲經緯，若衛青、霍去病"左方③兩大將軍及諸裨將名"，最隸之青者十三，最隸去病者二是也。④ 又有附出之例，

> 攀列傳以垂名，同紀季之入齊，類顓臾之事魯，皆附庸自託，得厠朋流。然世之求名者，咸以附出爲小，蓋以其因人成事，不足稱多故也。竊以書名竹素，豈限詳略，但問其事竟如何耳。借如邵平吊蕭何益封置衛，而運一異謀，紀信詐項羽載

---

① ［校按］"家"原作"界"，據文意改。
② ［校按］出《史通·列傳》。
③ ［校按］"方"原作"右"，據《史記·衛將軍驃騎列傳》改。
④ ［校按］見《史記·衛將軍驃騎列傳》。

蠹出降，① 而樹一奇節，並能傳之不朽，人到於今稱之。豈假編名作傳，然後播其遺烈也！

嗟乎！自班、馬以降，獲書於國史者多矣。其間則有生無令聞，死無異迹，用使游談者靡徵其事，講習罕記其名，而虛班史傳，妄占篇目。若斯人者，可勝紀哉？古人以没而不朽爲難，蓋爲此也。②

班固記漢"商山四皓，事列王陽之首；廬江毛義，名在劉平之上"。③ 殆以行事實寡，而名誼可崇，故附出它篇，爲其標冠也。此亦效史公叙佞幸，推原事始於閎、籍耳。

及叙司馬相如、揚雄，一卷之中，各析分爲二，而《嚴朱吾丘主父徐嚴終王賈傳》，亦分嚴安已後爲下。楊、馬事言浩博，非一卷可盡，析出允已。若嚴、朱併合，限各有極。然而綜九人而同之，又離一卷而異之者，九子類以文學進，善謀於國，非特施身之華而已。將比事以書，篇卷苦隘，故屬辭擬之餘耳，析卷擬之馬、楊也。至"相如稱疾避事，朔、皋不根持論"，④ 雖文辭不後於數子，而志趣復非其倫，因復別出。班固裁制之旨，蓋已於嚴助爲之發明；考析卷之例，殆亦陰法史公。

史公之叙循吏，斷自有周，於篇次五十九，其第六十惟詳汲、鄭，是以漢人上繼前篇也。循吏奉職循理，爲治不尚威嚴。汲黯正衣冠立於朝廷，出治淮陽而政清。鄭當時好薦人，稱長者，自遷魯中尉、濟南太守，至爲右内史，未嘗名吏，與官屬言，若恐傷之。

---

① ［校按］"借如召平"至"載蠹出降"，《史通·列傳》原文作："借如召平、紀信、沮授、陳容，或運一異謀。"

② ［校按］出《史通·列傳》，與原文略有出入。

③ ［校按］出《史通·列傳》。

④ ［校按］出秦觀《淮海集·進論·石慶論》。

此何愧古循吏哉！視漢吏嚴削繩下者固以殊焉，《後漢》沮授①之附於袁紹，《魏志》陳容之黨於臧洪，又邵平、紀信不勒專篇之續者耳。以上論《史記》列傳②之體製。

史公列傳，以伯夷居首，推尋立論之旨，實爲列傳發凡，明古事湮沒不彰，以無爲之論定，遂毅然以茲事自任也。唐開元二十三年，升老子次伯夷上，合卷爲一。張守節獨深韙之，以謂"漢武帝時佛教未興，道教已設，道則禁惡，咸致正理，制禦邪人，未有佛教可導，故列老、莊於申、韓之上。今既佛道齊妙，與法乖流，理居列傳之首也"。③ 不特於誼違失，求之文例，亦殊乖於倫理矣。

史公稱管仲："下令如流水之原，令順民心。論卑而易行。俗之所欲，因而予之；俗之所否，因而去之。故曰知與之爲取，政之寶也。"④ 是其爲政，殆崇道教之術，於春秋之際，聲施最爛。又謂晏嬰在朝："君語及之即危言，語不及之即危行。國有道順命，無道衡命。"⑤ 是其爲政，猶儒家言耳。然而相輝映百餘年間，所設施遠不逮管仲，管、晏合傳，明其異術而同治，儒家之效，固差後於道矣。道家以虛無爲本，以因循爲用，無成勢，無常形，故有究萬物之情，有度無度，因物與合，不爲物先，不爲物後。故能爲萬物主，有法無法，因時爲業。名家究物情，循度以合物；法家主萬物，泥法以成業。故曰形名原於道德之意，而離於道。老與莊，道之巨子；申、韓，用法家名者也。四子合傳，明其異流而同源。道家之建體，抑豈法所足比數邪？

自穰苴下三篇，兵家之要也。古者《司馬兵法》，有揖讓之風。

---

① ［校按］"沮授"原作"授沮"，據《後漢書·劉表傳》乙正。
② ［校按］"傳"原作"條"，據文意改。
③ ［校按］出《史記·老子伯夷列傳》張守節正義。
④ ［校按］出《史記·管晏列傳》。
⑤ ［校按］出《史記·管晏列傳》。

及齊威王論次其書，附穰苴其中，號《司馬穰苴兵法》。言兵者蓋以此爲本，故託始焉。其爲説申明律度，要不離法家者近是。次爲孫武、吳起。武之説尚權詐，從橫者流也；起之説崇禮誼，儒家者流也。又次爲伍子胥。子胥言兵專精技巧，《漢志》"兵技巧"有《伍子胥》十篇，斯其證已。兵之以技巧爭，術之下者歟？而儒業之盛，莫先仲尼，因更次《仲尼弟子第七》。

子術原始，七篇蓋粗具其略，其後乃各以時次之。起商君，訖蒙恬，多詳秦前。自張、陳後，專明漢事。

戰國之世，商君任法以治秦，蘇秦從親以連六國，張儀成衡道以強秦，陳軫、犀首又各挾其術爲約長，以與儀構，故叙軫、衍並附之儀。樗里子、甘茂繼儀爲左、右丞相，茂之死，孫羅復用事於秦，故叙羅附之茂。穰侯又繼茂居相位，而白起、王翦以善將兵顯聞，大抵皆秦事也。

其十四曰《孟子荀卿》。鄒衍後孟子，明於終始之説。淳于髡以承意觀色爲務。慎到習刑名之學。田駢、接子治道德之術。環淵，《漢志》謂之蜎淵，實宗黃老者也。又有鄒奭，其術本之衍，以並客齊，附次孟子後。荀卿遊於齊楚，而"趙有公孫龍，爲堅白同異之辯"。① 劇子之言，《漢志》謂之《處子》，治刑法者也。"魏有李悝，盡地力之教"，② 以法家名，而長盧習於道家。阿有吁子，司馬貞以謂《別録》作"芊③子"，張守節引《漢志》"齊人吁子，名嬰，齊"以證之。顏師古音弭，而字作"芊"，恐文之誤。是又儒家流也。

---

① ［校按］出《史記·孟子荀卿列傳》。
② ［校按］出《史記·孟子荀卿列傳》。
③ ［校按］"芊"原作"芋"，據《史記·孟子荀卿列傳》司馬貞索隱改。下"芊"字同。

荀卿既往來齊楚，故諸子散在六國者，附論列荀後。子術流變，至六國而大備，遂秦事言之，六國之勢在秦，而諸子馳説，則不專於秦矣。春秋時，政令廢墜，而學未大歧。六國之學，則不勝其支已。故次《仲尼弟子》，以存春秋學術之遺；別次《孟子荀卿》，以盡學術之變，要時爲之耳。

司馬貞謂《叙傳》《孟嘗君》第十四、《孟荀》十五。倘以孟、荀始並遊齊，乃差降之邪？恐非所安也。班固録遷述其《自叙》，《平原君虞卿》十五，《孟嘗君》十六，復與今本殊。考遷類叙孟嘗、信陵、春申等《平原》中，則疑固爲得其真。今以齊孟嘗君陵出其前，而趙平原降次其後，殆後之覽史者以諸子實奔秦於齊，因改使類從乎？次信陵君以具魏事，次春申君以詳楚故，大抵謀臣之策其國者，可以觀矣。而此四公子，爭相傾以待士，顧資賓客之助，全私其恩怨，非國所重賴，故又次之以范雎、蔡澤。二人羈旅入秦，得各盡意，然勢利傾奪，行同市井。當時游説之士，肯范、蔡之倫耳，則四公子之佟延攬，抑烏足多哉？

次廉頗、藺相如，次田單，並當時良將，所善爲陳戰，其績效亦約略可睹。他能自表異於游客者，則蕩然肆志，不詘於諸侯，魯仲連是已。附鄒陽於仲連，所以申仲連之指意也。或"竭忠盡智，以事其君"，又"信而見疑，忠而被謗"，① 屈原是已。附賈生於屈原，所以顯屈原之哀怨也。司馬貞顧謂魯、屈當六國之時，賈、鄒在文、景之日，"事迹雖復相類，年代甚爲乖絶"，"宜抽魯連同田單爲傳，其屈原與宋玉等爲一傳，鄒陽與枚乘、賈生等同傳"。② 以此議史公，何異斥鷃之笑鴻鵠者哉！六國之故，蓋至是而訖。

吕不韋以子楚爲奇貨，遂陰斬秦嗣。秦之有天下，非復嬴氏之

---

① ［校按］出《史記·屈原賈生列傳》。
② ［校按］出《史記·魯仲連鄒陽列傳》司馬貞索隱。

裔矣。此殆賢於荆軻殉手足之烈以圖秦也。夫軻之爲，自春秋時有曹沫、專諸，六國時有豫讓、聶政，行事多類，然而成敗縣絶，故以引軻事而別題《刺客》，倘不韋之緒論者邪？終秦之世，爲之謀首者李斯，爲之備武者蒙恬，故次以二傳。

自張耳、陳餘已下，專詳漢事矣。而扁鵲、倉公特以方技次田叔後。田叔無它才略，徒以長者終其身，得無恙。淳于意以方術賈禍；其先扁鵲，且爲秦太醫令李醯所嫉，刺殺以死。太史公蓋傷才者之難爲容，誠不如其墨墨以自處歟？若貴人如吳王濞，外戚如魏其、武安，勢利相雄，才無足稱，又不務德，故並相比，次其後也。張守節以《扁鵲倉公》合與《龜策》《日者》相次，以淳于意孝文時醫詔問，故以次述之扁鵲。春秋時良醫不可別叙，因引爲傳首，而倉公次之，扁鵲之附次，於説良合。其云以世相比，疑未盡然也。司馬貞又以吳王宜同楚元王爲一篇，"淮南宜與齊悼惠王爲一篇"。① 諸王之世有封土者，咸次世家。此二王者，争技發難，竟以夷隕，非它小過失比，遂出之。抑焉得擬之齊楚乎？

自韓長孺終司馬相如，明御夷之略也。安國主和親，而李廣數與匈奴接戰，最有聲。顧炎武謂匈奴犯塞而有青、去病之功，"故叙匈奴於《衛將軍驃騎傳》之前"。② 以此推之，叙匈奴於韓、李之後，固以戰與和最御夷之術也。衛、霍後爲平津侯、主父。蓋公孫弘之使匈奴，不合上意，及通西南夷置郡，又盛毁以爲無用。偃嘗諫伐匈奴，時與俱上書言世務者徐樂、嚴安，務修政而戒肆威海外，匪僅爲匈奴也。故更次衛、霍後。它如南越尉佗、東越、朝鮮，並漢外臣，因更次焉。西南夷漢且置郡縣，故次最後。司馬相如於時實嘗諭告巴蜀民，略定西夷，即筰、冉駹、斯榆之君，請爲内臣，

---

① [校按] 出《史記·吳王濞列傳》司馬貞索隱。
② [校按] 出顧炎武《日知録》卷二十七《史記注》。

是其相次之旨也。淮南王安與衡山王賜約反,當衞青威望之著,謀爲畔逆,是亦一夷狄而已。猥次諸末,殆絶之深歟?凡此者言能勤遠也。

《酷吏》次《循吏》《汲鄭》各爲篇,爲治之術不同,凡以綏内也。而《儒林》亦次《汲鄭》,獵居《酷吏》上。吏之能循,非深於儒術,殆未之可能焉,所以備其本末也。

大宛去中國絶遠,非有匈奴之患害,又非可臣妾之,有西南夷之利,徒以張騫好事,遂勤使將。後《酷吏》叙之,明非天下治亂存亡所繫而已。然而置使命將,不勝其好大喜功之思,斯勤非所勤也。當時公孫弘緣飾儒術,以文亂法,不恤當世之阨困,而阿諛取容。阨困之不恤,則行能尚不逮遊俠之爲;阿諛以取容,則何所優於佞幸者邪?

又次爲遊俠、爲佞幸,其諸有慨於漢廷之治,因以託諷乎?此何異詩人《小雅》之誼也。以郭解愧弘,而原俠之始於魯朱家;以韓嫣、李延年擬弘,而原佞之始於鄧通,又附見之例耳。滑稽之傳者有齊淳于髡、楚優孟、秦優旃,其人不與漢世相接,故次佞幸後。古者之爲説,談言微中,亦可以解紛,其知計疾出,非能持正道爲責已。然而不令上有過行,身亦蒙幸,可謂善爲佞者也,安所睹必脂韋乃見容乎?今之佞幸,倘善用其術,盍抑思比烈於古滑稽歟?因復叙滑稽焉。

至於傳日者,獨録司馬季主,以寓其悼歎,殆傷士之居位者,不能言天地之利害、事之成敗,有慚於日者也;傳龜策,略論卜筮之事,以明其旨要,殆傷上之興事者,不能得老成人與謀慮,頗悖背人道,多失其正,尚不如其用龜策也。

終之以《貨殖傳》,見武帝之世,《詩》《書》《禮》《樂》之澤,蕩然無遺,而民不得不自各爲身家之謀矣。首陶朱公,有託以遠禍也;次子贛,有假以階進也。白圭乃專事治生,而起於魏文盡地力之時，則亦化於上之教歟？

　　張守節述別本，《匈奴》"次《平津侯》後，第五十二"，因言"若先諸傳而次四夷，《司馬》《汲鄭》不合在後"，① 明於體要之言也。司馬貞乃譏《司馬》"不宜在《西南夷》之下"，② 又謂《大宛》"合在《西南夷》下，不宜在《酷吏》《遊俠》之間"，③ 兹豈嘗深求子長部次之誼者哉？夫子長成一家言，曲末之未致審，蓋多有已，若其大體，何詎至鹵莽滅裂者？觀其《自叙》作某紀第一，某傳第一，是所次第，必嘗爲之斟酌。近人或乃稱曰，子長作史，隨得隨編，非於誼有取，則奚解於《自叙》云云乎？且以事排比，中人之才，皆所優爲。子長智識，顧出其下，抑又何邪？議者徒知紀表依世代相次，遂譽爲體例之嚴，烏足與言神圖之致哉？以上論《史記》列傳之順序。

　　子長次第，亦不獨列傳然也，雖八書、世家，舉莫不然。是故禮樂者，治世之大本，因取以爲八書之冠焉。律者，兵刑之所由消息，以濟禮樂之窮，故次之。治曆明時，亦消息於律，因又次之。天官之驗於軌度，治曆之類也，因又次之。封禪之事，於漢爲鉅典，因別析爲篇，而差降於後。封禪者，以禮於名山大川，而宣防決瀆通溝，盡地之利，斯爲要已。因又次以河渠，終之以平④準，以觀事變，猶列傳終貨殖之誼耳。以上論《史記》八書之順序。

　　世家始吴，武之有天下，以秦伯之讓也。次齊太公，道家所爭託以爲初祖者也。本紀之始黄帝，殆同斯旨，明治國之要，莫先道家也。時以儒業治者爲周公，此道之次也。召公與周公夾輔周室，因次以燕。及周公居攝，二叔不饗，因次以管、蔡。二者事連周公，

---

① 出《史記·匈奴列傳》張守節正義。
② 出《史記·司馬相如列傳》司馬貞索隱。
③ 出《史記·大宛列傳》司馬貞索隱。
④ ［校按］"平"原作"年"，形近而誤，據文意改。

故躡叙而次。次陳、杞①、宋,王者之後也。而康叔實承管、蔡之亂,收殷餘民,因次宋前焉。終春秋之世,晉、楚狎主齊盟,諸侯之勢所爭趨者也,因又次之。越暴興,繼晉、楚以起,因又次楚後。鄭司晉、楚之霸,而國以不振,事多相連,因又退次越後。三晉、田完,六國之與爭雄者也,皆以世比次焉。周之法度,紊於春秋,陵夷於六國,政教之大,已無可言。孔子爲天下治典法,垂六藝之統紀於後世,故特次孔子於世家,以明所折中胥由孔子也。然未可厠侯國之間,因繫諸周末。陳涉發難,未得與項羽之宰制羣雄者同日而語,故羽列本紀,而涉諸降諸世家,所以著秦楚之際也。

外戚之盛,自漢興以來,帝王之成其治,妃匹實與有助,故以首漢事。次楚元王、荆燕、齊悼惠王,皆王於高祖時,故以先於蕭、曹。夫蕭、曹之相,灌嬰、張蒼之倫耳;張良之謀,酈食其、陸賈之亞耳,乃並次世家。此數公規天下之大計,非同襲常蹈故。而陳平振國家之患,定宗廟,以榮名終;周勃與平,同匡其難,仍世居相,殆非漢廷他臣所得相擬焉。梁孝王以文帝時王,五宗以景帝時王,三王以武帝時王,又各以世次周勃後,雖不類列傳之變動不居,亦自陰寓裁制之志。覽者奉爲後史之先河,乃忘其爲一家之絶學,舛已。

章學誠謂:

> 司馬決擇去取,例不常居,體圓用神,得《尚書》之遺,欲使來者興起,是曰撰述之職;班固賅備無遺,例有一定,體方用智,得官禮之意,欲使往事不忘,是曰記注之司。②

---

① [校按]"杞"原作"犯",據文意改。
② [校按]出章學誠《文史通義·書教下》,與原文有一定出入。

知言哉！夫次帝紀以備一經，殆循《春秋》之成例；次列傳以備箋注，殆師《尚書》之初意。而深合於官禮之法者，則表志之作也。惟列傳之作，消息於《尚書》，故"《倉公》錄其醫案，《貨殖》兼書物產，《龜策》但言卜筮，不盡沾沾爲一人具始末而已"。① 抑猶《禹貢》之詳方物，《顧命》之記禮度，誼別有取，不附出之《禮》篇。而列傳之文不嫌有類書志也。書志爲內傳者，事關國故之大；列傳爲外傳者，意求曲末之備。若其大端，本紀實綱之，則上續《春秋》之志耳。然而遷、固本紀中，載詔誥號令，頗雜《尚書》之體。至歐陽修撰《新唐書》，始用大書之法，筆削謹嚴，遠出遷、固之上。特《春秋》之能隱約事文，以國史具存，可參取互證，無資備始末於本書耳。今寓記注於撰述之中，斯通變之宜，抑難爲泥執以繩乎？遷、固之師其意而不襲其貌者，凡以此也。

本紀之稱，本取諸推行之有其原，祖《世本》以建名也。紀取諸事物之得其理，仿年紀以標目也。奉此爲全書之綱領，固不得混於餘篇矣。劉昭注司馬彪《百官志》，謂彪志曰本志，彪注曰本注，蓋事絕佗端，辭殊衆說，析當篇從爲之名，無所嫌耳。後之寫刻《漢書》者，別立都目，紀曰帝紀，表稱年表，傳號列傳，遂併十志題爲本志，強取單名，橫配二字，致蹈二本之疑，異諸孟子言本朝之旨矣。班固於紀已革本文，於傳亦除列字，於表又未稱年。今欲數之能一，正宜變耦爲奇，都目云云，果奚取歟？且帝紀名篇，范氏改造，亦非固所創也。

固《書》雖記注，而篇目次第，猶有撰述之遺焉。表異姓侯王，貴貴之誼也。事際漢興，故以列首。表諸侯王，表王子侯，親親之誼也。表外戚恩澤侯，親親之旁通也。表百官公卿，賢賢之差降也。終之古今人，所以盡才能之變也。

---

① ［校按］出《文史通義·書教下》。

其在十志，萬事之本，造始律曆，遂次第一。禮樂以成化，刑法以弼教，食貨以資養，治世之要，盡此三端，因相次第錄。人事之所裁劑，於是大備。天文之志，始言天事。先之以郊祀者，敬天之誼歟？以五行繼接，其下象之上與天應者乎？其次述地理以奠其居，述溝洫以盡其利，地道之成者也。終之以藝文，三才之道，惟學可以灌輸之，故爲括舉之辭，以取殿於末。

列傳既各以世相次，賢否錯見，而其得失之故，因以明焉。於是次以儒林，人才之興，胚於六藝，百家之所誦法，舍是莫由，殆以詮學術之太凡也。次循吏，服習六藝而能舍於典法者邪？次酷吏，服習六藝而大悖其本者邪？有不由於六藝者，平民，斯急貨殖以自營；質之能美，斯競遊俠以自廣；質之劣下，斯爲佞幸以苟容。殆九等論才，而欲折衷於學也。自《匈奴》下三傳，別詳外事，固附見之例耳。終之以《外戚》《元后》《王莽》三傳，漢十二世，至平帝統緒中絶，元后以母后臨朝稱制，王莽以外戚居攝，絶續之交，政令之大，惟二者司之，故遂漢述焉。倘陰師太史次項羽、呂后於本紀，而陽避其名乎？固於《惠紀》後，亦紀呂后，獨異之於元后者，呂之權未旁落，元后乃委政於莽，情事自大殊也。先之以外戚，著禍始而已。次第之誼，必有所取，然後《叙傳》所稱"述紀第一""述傳第一"之云，不同虛設。又黃霸以丞相，朱邑以大司農，並次《循吏》，錄其治郡之賢也。夏侯勝治《尚書》，京房治《易》，別與眭宏同傳，以明於陰陽之學也。而《蒯通伍被江充息夫躬》特次《酈陸朱婁叔孫》及《淮南衡山濟北王傳》後，食其之烹，以蒯通之譖也，安之反，以被之謀也，其遂二傳爲之叙述則有辭矣。顧與充、躬並列何哉？充、躬利口，人知其不肖已。若通之長計謀，則嫌於其智有足稱焉；被之多引漢美，則嫌於其忠有足稱焉。有危覆邦家之幾，而禍心之深藏，難爲辨察，因類次使得相稽檢，斯其旨歟？若向、歆父子之類叙其楚元，則從世及，尤史之通法也。

至范史有作，自譽爲體大思深，尋其微旨，殆多難曉。趙翼以謂卓茂圖象雲臺，以治行與魯恭、魏霸、劉寬同傳，郭伋、杜詩、孔奮、張堪、廉范當建武初，亦以治行，與安帝時王堂、蘇章，桓靈時羊續、賈琮、陸康同傳。茂等以煦下，伋等以威武戡亂，各次爲篇，自至顯白。然衛颯之興禮教，任延之選集武略，事具《循吏》，何以有別於數公哉？

光武時張宗、法雄，順帝時滕撫、馮緄，桓靈時度尚、楊璇，以將略著聞。和帝時鄧彪、張禹、徐防、張敏，而胡廣身歷順、冲、質、桓四世，以和光取容。明、章之際，郭躬、陳寵以明法律能允。明帝時班超、和帝時梁慬，以立功絶域顯。安順之際杜根，桓靈之際欒巴、劉陶、李雲、劉瑜、謝弼，以仗節敢諫名。光武時蘇竟、楊厚，順帝時郎顗，桓帝時襄楷，精陰陽之學，規切時政，殊於方術之詭異。樊宏以光武舅能崇禮節，子儵亦謇謇建議明代，族曾孫準明習故事，顯名和世。陰識以光武后兄，識弟興，並由軍功有封爵。俱執讓，殊於外戚之寵幸，故各依事類次錄於篇。此足發范史之真旨矣。

至光武時張純，明帝時曹褒，並采經禮，修明容典。而鄭康成丁桓、靈之世，獨以禮教化行鄉里，固與儒林之僅以傳經爲功者大殊。然其特勒專篇，意主禮典，翼謂"以其深於經學"，斯鄭范合傳之旨也。光武時鄭興以長於《春秋》，數言政事，依經守誼。范生以習《梁丘易》，數召引見，訪問大議。陳元亦明於《左氏》，數陳當世便事。章帝時賈逵治左氏學，附會讖說貴顯。和帝時張霸受嚴氏公羊學，爲部守，有治聲，皆足致用，非錄錄與諸生爭短長已也。王充當初葉，著《論衡》；而王符著《潛夫論》，仲長統著《昌言》，並在季世。其言皆發明政術，非刺刺爲不切之論比也。

又袁安、張酺、韓稜、周榮，同排抵后族竇氏，翼混合之郭躬、陳寵，尤爲失檢。其明帝時楊終、和帝時李法、安帝時翟酺、桓靈之際應奉及子劭、霍諝、爰延、徐璆同卷者，大氐以辭采之施，效應章著，斯爲終之議罷邊屯；無其應，斯爲法之正言極論；詭用之，斯爲酺之詐孫懿移病避試；正用之，斯爲諝之請舅宋光罪以得原；小用之，斯爲奉、劭之甄紀異知；大用之，斯爲延、璆之應對辯正。翼謂同爲文學，則奚爲別之於《文苑》乎？安帝時周燮，桓靈之際黃憲、徐穉、姜肱、申屠蟠同卷者，大氐以詭時審已，明於去就之誼，遠害全身而已，與向長、逢萌之高尚，旨趣差異。翼謂同爲高士，則奚爲別之於《逸民》乎？①

凡范史記注，離析破碎，遠遜馬、班。翼之創論，過差次於固，因具論之。夫以子長之錯雜，而條目甚秩；以范曄之整理，而章節苦紛。則才識之優劣，固不可同言語也。

傳之別爲叙錄者曰《循吏》，《晉書》沿《宋書》《北魏書》之稱，謂之《良吏》，《南齊》謂之《良政》，《遼》謂之《能吏》。

曰《儒林》，《唐書》《元史》② 並謂之《儒學》，裴松之注《王肅傳》，述魚豢《魏略》以董遇、賈洪、邯鄲淳、薛夏、隗禧、蘇林、樂祥等爲儒宗。

曰《酷吏》。裴注《梁習傳》，述《魏略》以王思、薛悌、郤嘉爲《苛吏傳》。

曰《游俠》。裴注《閻温傳》，述《魏略》以孫賓碩、祝公道、楊阿若、鮑出四人爲《勇俠傳》。

曰《佞幸》，《宋書》謂之《恩幸》，《南齊》謂之《幸臣》，《隋》許善心撰《梁史》謂之《權幸》。《五代》所謂《義兒傳》《伶官傳》，皆《佞幸》之流耳。史公傳佞幸，中山李延年以故倡善

---

① ［校按］"趙翼以謂"至"別之於逸民乎"，參趙翼《廿二史札記》卷四《後漢書編次訂正》。

② ［校按］"史"原作"吏"，形近而誤，據文意改。

歌，亦次篇中，固伶官也。《後漢》之《宦者》，《北魏》謂之《閹官》，《舊唐》謂之《宦官》。《明史·宦官》後又別有《閹黨》，殆沿《後漢》黨錮之名爲之。然閹宦等爲佞幸，非如黨人之賢也。《北史》以齊諸宦者入《恩幸》，最爲有識。漢世石顯、弘恭，擅權專柄，事詳《佞幸》之篇，非其例歟？若黨於閹，更佞幸之重臺，則由司馬之例通變之，莫如附閹宦；最其大略，比之《衛霍》之將軍偏裨可已。牢梁、五鹿充宗、陳順、伊嘉，並黨比石顯，名並書於《顯傳》，亦其例也。

曰《日者》，曰《龜策》，此即《魏志》所謂《方伎》者也。《後漢》謂之《方術》，《北魏》謂之《術藝》，《北周》《晉》《隋》謂之《藝術》，許善心《梁史》謂之《數術》，並異名而同實。自《北魏》創志《釋老》，《元史》遂爲作傳，而《晉書》頗雜之《藝術》。權而論之，服習其教，傳之徒人，蔚爲風會者，書志之誼也，當最附《藝文》之篇，以廣學術之變。假託神怪，以干世主，佞幸之倫也，當改隸《佞幸》之篇，以著妖誕之端。其有當於方伎之旨者，或假幻術避禍，猶差爲近焉。又《魏志·方伎》之有華佗，猶《史記》之有扁鵲、倉公。陳壽以事取類，故入之《方伎》；司馬以託其微旨，故不別題爲篇。

曰《貨殖》，自後漢以來，不復有其目。

曰《滑稽》，自漢後並削不具。裴松之《魏志·三少帝紀》注，述魚豢《魏略》有《遊說傳》，所謂東里袞，即其選也。袞行事無徵，豢顧褒其遊說，倘《滑稽》之續者邪？

曰《刺客》。因事命名，不同諸科，《後漢》傳黨人，別繫以《黨錮》，蓋師其意耳。《後漢》所續者曰《文苑》，此即史公傳屈原、賈誼例也。《南齊》《南史》《隋書》謂之《文學》，《唐》謂之《文藝》。

曰《獨行》，此即史公傳魯仲連、鄒陽例也。《新五代》謂之

《一行》，《新唐書》謂之《卓行》。

曰《逸民》，此即史公傳伯夷例也。《晉》《宋》《隋書》謂之《隱逸》，《北魏》謂之《逸士》，《南齊》謂之《高逸》。《梁》特次諸引年致事之士，謂之《止足》。叙稱題篇，祖之謝靈運《晉書》，因深詆謝《書》多叙避亂文士，名與實爽，差無愧者，惟阮思曠一人；又稱魚豢《魏略·知足傳》方田、徐於管、胡，是止足之稱，更祖之魚豢之《知足》也。別録諸遁世幽人，謂之《處士》，殆祖之王隱《晉書》。《太平御覽·文學》篇所述王褒讀《詩》流涕事，即要刪《處士》篇説也。劉知幾以與《二凶》對言，變文爲《十士》，蓋所録士大凡十人。隱《書》又有《寒俊》，《御覽·人事》篇述劉叔龍，即寒俊之一。而云"有大志，自縣小吏至雍州刺史"，夫官刺史則已致通顯，顧猥厠其人於寒俊，是當篇小目，大氐書其人起自單微，不得與佗貴族比數耳，自異於處士之云也。《世説·賞譽》篇注述張勃《吳録·士林》云："吳郡有顧、陸、朱、張，三國之間，四姓盛焉。"士林之稱，未詳厥旨，倘亦列傳之小目，猶處士之號者邪？

曰《列女》，此即史公録緹縈訟父淳于意冤於《太倉公傳》、録寡婦清以財自殖於《貨殖傳》例也。陳壽《魏志》，叙龐娥報父趙安仇事，附出子《洧》篇中，李延壽《南史》，叙蕭矯妻羊等事，雜見《孝義》篇中，例即昉諸《太史》。蔚宗既述《列女》篇，然南陽樊調妻梁嫕訟妹梁貴人，漢中趙伯英①妻李文姬藏匿弟燮於父門生王成所，並各附梁竦、李固家傳，是雖專篇別行，時亦兼取因事附見之例矣。夫女子隆家，無繫於天下之故，世典咸漏，於誼何傷？其有殊恒流，散著佗篇，亦足章闡盛美。虛張篇部，祇益蕉頹耳。《明史》叙秦良玉戰事，與諸將合傳，誠以有丈夫之風，大殊乎

---

① ［校按］"英"原作"玉"，據《後漢書·李燮傳》改。

巾幗；合諸《列女》，則甚乖婦德，亦誼類之不能已於通變者也。南齊檀超與江淹表修《齊史》，稱帝女體自皇宗，立傳以備甥舅之重，王儉議立《帝女傳》，良非所安。若有高德異行，自當載在《列女》，止於常美，則仍舊不書。帝女無庸別傳，斯誠讜論已。然列女之可散著而不必類叙，馬、班史例，遠有師承，顧不能爲發明，抑又何歟？《南》《北》二史，同修於延壽。《北史》傳列女，別勒專目，例殊於《南》，是一家之説，誼無恒勢，尤所未諭。

《南史》所創曰《夷貊》，《晉》謂之《四夷》，《宋書》謂之《夷蠻》，謂之《氐胡》，《梁》謂之《諸夷》，《北周》謂之《異域》，《舊五代》《金》謂之《外國列傳》，《新五代》謂之《四夷附録》，《宋》謂之《外國傳》《蠻夷傳》，《遼》謂之《外紀》。劉知幾述梁武帝《通史》題五胡①及拓跋氏爲《夷狄傳》，則當篇別題，自梁武始也。《春秋》之誼，詳内略外，非特志存襃貶。内爲之主，外事未相接聞，故辭從其略。太史叙匈奴、東南夷，雜出列傳之間，始得互爲參證。孟堅又改從類叙，陳壽更取殿《魏志》之末，豈太史之疏闊，班、陳之嚴密，大相縣絕？誼各有當，固難爲優劣之論焉。惟謂之《附録》，稱名差當，謂之《外紀》，是何言歟？紀者，綱維之宏稱，國史頗涉外事，亦明其綱維所及而已。其詳別具外史，非内所視以爲盛衰，則宜所刊削。今猥混同於紀，未免二本之嫌者邪？

曰《賊臣》。《新唐》以背國自擅者謂之《叛臣》，僭號稱尊者謂之《逆臣》。《明史》之有《流賊》，《逆臣》之匹也。《宋書·二凶》之有始興王濬，叛臣之倫也。許善心《梁史》所謂《羯賊》，殆猶《明》之有《流賊》；所謂《逆臣》，殆猶《唐書》之稱《叛臣》。《北史》於《逆臣》後，別標《叛臣》之目，説殊《隋》

---

① ［校按］"胡"原作"湖"，據《史通·六家》改。

《書》，倘文之衍者乎？

《宋書》所創曰《孝義》，《南齊》《北周》《隋》及《南史》因之，《梁》《陳》《北史》謂之《孝行》，《晉》仍《北魏》之舊，謂之《孝感》，《唐》謂之《孝友》，許善心《梁史》謂之《孝德》。范史敘張武遭母喪過毀，傷父魂靈不返，因哀慟絕命，則固以孝德顯聞者也。而事詳《獨行》，是《孝義》之名，自《獨行》而析出已。《北堂書鈔·設官》篇述謝承《後漢書》有《風教傳》。風教之大，無過於忠孝。謝《書》所加甄錄，倘孝德忠節之倫者邪？

《北魏》所創曰《節義》，《隋》謂之《誠節》，《晉》謂之《忠義》。《新五代》以終持一節者謂之《死義》，始雖更歷數主、後乃效職者，謂之《死事》。范史《獨行》如劉茂克捍強禦，戴就、陸續甘心小諒，范式結朋協好，李善、繆彤蹈誼陵險，此何愧於誠節者邪？李業見危授命，溫序伏劍死節，彭修捍守中矢，則尤以忠諒著者也。裴注《魏志·王修傳》云，魚豢《魏略》以脂習、王修、龐清、文聘、成公英、郭憲、單固七人爲《純固》。其可考者，清營徐揖之喪，聘感劉琮之降，修急孔融之難，類皆事非通圓，風軌足懷，是純固之云，實猶范之傳獨行，長孫無忌之傳誠節也。許善心《梁史》有《誠臣》，殆亦謂此。

《新唐》所創曰《姦臣》，《宋史》因之，前此所未有也。《後漢》如梁冀、董卓之流，並散次篇中，各依其世代，足以考鏡盛衰得失之故，無取一一爲之標舉也。至隋世許善心撰《梁史》，篇爲之目，賢者號以誠臣，不肖署以權幸，倘在中庸，又別繫以《具臣》，惟具臣與宗室王侯謂之列傳，餘並稱傳。其爲破碎，又有甚於諸史者焉。知幾有言："齊景公有馬千駟，死之日，人無德而稱焉；伯夷、叔齊餓於首陽之下，民到於今稱之。"① 漢代陶青、劉舍、許

---

① ［校按］出《史通·雜說下》。

昌、薛澤、莊青翟、趙周，"蹴蹴廉謹，爲丞相備員而已"，① 故班史無錄，僅詳其名爵於《申屠嘉》篇中；"姜詩、趙壹，身止計吏"②，而謝承《後漢書》爲之立傳。即其例也。後世位官通顯，雖才德闕如，概登簡策，所記止具生前歷官、沒後贈謚。其間或伸以狀迹，粗陳一二么麼恒事，曾何足觀？始自魏收《魏書》，迄乎《南、北史》，通多此體。則善心之傳具臣，深乖史法，抑焉所取裁哉？

《宋》所創曰《道學》，此太史公傳仲尼弟子例也。學術流別，自漢後益以大淆，至宋始一約之於正。然而異同之爭，甚於水火，顧咸自謂真儒，由是奉儒爲諸子之通辭，遂忘九流之志趣縣絶，所操業，初固本之六藝也。孟荀一家，而説各持；名墨異術，而誼相互。自"非好學深思，心知其意"，③ 誠孰與辨之？《宋史》蕪纇，學人頗以致譏。獨其別傳道學，殆非所宜詆。其篇標以"道學"，比諸《易》之言"殊塗"，劉、班之言"九流"可已。若混同之老莊爲道家，斯抑舛也。蓋老莊之有道名，誼取儒墨之術，名法之説，胥所包舉，盡人循由之莫能以外耳。其始得稱出於徒人之私署，後因仍而不革。孟子所謂楊、墨，楊即道之別子，曷嘗命之曰道哉？是道學之勒傳，雖貌同於弟子之繫以仲尼，精求其意，倘又傳老莊以規其大原，合孟荀以盡其派別者邪？議者不察，過謂《道學》宜合《儒林》爲篇，兹固以不狂爲狂者邪。考《史》《漢》之創立《儒林》，以功在傳經，殆守虛器者也。至於諸子，始因器以見道。范蔚宗惟以鄭康成、賈逵於道各深有得，故略其傳經本事，進參錯於將相名臣之列。如以此追咎，恐馬、班亦有艱於作答者矣。或者

---

① ［校按］出《史記・張丞相列傳》。
② ［校按］出《史通・雜説下》。
③ ［校按］出《史記・五帝本紀》。

謂名以道學，不如名以理學，尤爲失之。宋世道學之禁，出於時人所指目，抑猶東漢之有黨人，禁錮終身，范史遂標"黨錮"之號也。

《五代新史》所創曰《雜傳》。《舊史》敘五代諸臣，以卒時年爲斷。如張全義、朱友謙、袁象先，當梁世頗有名迹，以没於梁後，退次之唐臣；楊思權佐唐廢帝篡立，以終於唐滅，降厠之晉傳；馮道歷相唐、晉、漢、周，至宋猶存，編諸《周書》。

《新史》特立《雜傳》，使以類次，惟未更事二姓者，始各爲其臣傳。

考晉謝①沈撰《後漢書》，梁《七録》本百二十二卷，《隋志》所著録爲卷僅八十有五，及《唐志》既次《後漢書》百二卷，又別出《後漢書外傳》十卷，是《外傳》固附本書。至隋《外傳》就佚，本書頗亦殘缺，唐時始復全得，惟亡其十卷耳。然書敘漢事，固以斷代成編，《外傳》之作，於誼奚取？疑別甄録漢末羣雄，文多旁出，難綜繫之本朝，故謂之外雜傳之作，蓋廣斯意也。

惟薛氏史例，亦自有所原本。裴松之《魏志·閻温傳》注，稱魚豢《魏略》以賓碩雖漢人，實下接魏，事誼相類，編之《魏書》，非其比歟？於呼！絶續之際，亡國臣屬，歸命新朝，類於五季者何限？如董卓、劉焉之倫，並丁漢季；荀或爲操計事，志在匡劉。陳壽以與曹、劉有連，因越次而載；范史繼作，更入漢後。權衡得失，説各有持。

及劉宋朱修之入魏，後復來歸。又毛修之亦北入魏。餘如薛安都、裴叔業，並臣事二姓。《南》《北》二史，因兩録於篇。隋裴矩仕唐，復踵斯例。夫《南》《北》涉時尚淺，史傳撰自一人，取法歐陽，於事差便。若隋氏中絶，逮唐之垂終，歷世綿長，艱於整齊，勒成一史，而事或重有繫於先朝，名忽差降於後史，將使後之人何

---

① ［校按］"謝"原作"王"，據《隋書·經籍志》《新唐書·藝文志》改。

以綜考其本末乎？藉令超次前書，事兼闌及異世，則後事之不具，又豈能加優於前？兩有所滯，誰爲適從邪？竊謂傳之爲誼，取釋經言，非同謚號，必加諸歿世。

昔漢烈女龐娥親躬報父仇，安定梁寬爲之作傳。裴注《魏志》述皇甫謐《烈女傳》實云，則及娥親生存，已有傳行世矣。晉之末造，劉毅、何無忌、諸葛長民、魏詠之、檀憑之，同宋武起誼，而志匡帝室，事詳《晉史》，不入《宋書》。陶潛誼不臣宋，特目爲《隱逸》，列之晉簡。苟末路無聞，而前事宜述，次之先史可也。或迹顯晚歲，而往無可稱，次之後書可也。其更歷兩朝，各有足錄，即兩次之可也。即以名字復出爲避，視事所涉，從其類附，次佗篇以備前錄，明所重者特求事之悉。其重錄於後者，雖取其事，兼詳其人，始別立傳，亦烏所病者？身之顯晦，非所屑爭，所爭在善惡得失之故而已。

徐爰纂修《宋書》，表奏宋變號起元：

"義熙爲王業之始。僞玄篡竊，同於新莽。雖靈武克殄，自詳之晉錄。及犯命干紀，受戮霸朝，雖楫禪讓之前，皆著之宋策典，請外詳議。"於是江夏王義恭等三十五人同爰議，宜以義熙元年爲斷；王休若、檀道鸞謂宜以元興三①年爲始；虞龢謂宜以開國爲宋公元年。詔曰："項籍、聖公，編錄二漢，前史已有成例。《桓玄傳》宜在宋典，餘如爰議。"②

考桓玄篡立，安帝廢王安固，時元興二年也。明年玄始伏誅，安帝復辟，改元義熙，諸桓曰蔚、曰謙、曰珍③、曰亮、曰胤、曰

---

① ［校按］"三"原作"二"，據《宋書·恩幸傳·徐爰》改。
② ［校按］節錄自《宋書·恩幸傳·徐爰》，與原文略有出入。
③ ［校按］"珍"後原衍"毅"字，蓋涉下文而誤，據《晉書·桓玄傳》刪。

石,是歲始翦滅殆盡。十二年,劉裕遂以相國封宋公。王、檀之議,以桓氏發難,晉統以絕,宋武起而承之。其後安、恭之立,不成乎爲君,則視爲東西周之偷息而已。虞龢之議,以人心雖咸歸宋,未爵命以前,尚無所階以建號,則視爲六國未併,秦未稱帝也。持此爲衡,猶各言之成理。至義熙之始,推奉故君,不特一裕也。晉無君而有君,乃續宋於桓亡之後,豈欲夷宋於桓乎?昔堯老而傳,大舜居攝,天子之事,舜雖尸之,未嘗入堯之宮,奪帝之名也。彼躬元聖之德,猶懍二日之嫌,況在梟雄時,尚退執臣節者邪?裕之嗣晉,託於禪讓。自永初已上,並戴晉年,橫割年曆,巧爲補苴,諸臣爭媚,無一是者,爰爲尤謬。然觀其擬玄於莽,譎於取誼,又甚於諸臣。蓋玄、莽並視,則武帝之興,比隆光武。晉之安、恭,不足爲有無也。朝旨顧遠取桓事,寄之宋篇,轉失爰之本心矣。特光武戡亂,漢久無君,名在聖公之籍,實未可繩以君臣之誼,不過同時並起而已,詎如裕之從衆共安王室者哉?沈約修《宋書》,不從爰舊,殆亦事悖大常,終難爲信也。

惟史之失於斷限,實自陳壽已來。

當魏武乘時撥亂,電掃羣雄,鋒鏑之所交,網羅之所及者,蓋唯二袁、劉、呂而已。若進鴆行弑,燃臍就戮,總關王室,不涉霸圖,而《國志》引居傳首。夫漢之董卓,猶秦之趙高,昔車令之誅,既不列於《漢史》,何太師之斃,遂獨刊於《魏書》乎?兼復臧洪、陶謙、劉虞、公孫瓚,生於季末,自相吞噬。其於曹氏,非唯理異犬牙,固亦事同風馬,漢典所具,而魏冊仍編,豈非流宕忘歸、迷而不悟者邪?

亦有一代之史,上下相交,若已見它記,無宜重述。故子嬰降沛,其詳取驗於《秦紀》;伯符死漢,其事斷入《吳書》。沈錄金行,上覉劉主;魏刊水運,下列高王。唯蜀與齊,各有國史，越次而載，孰曰攸宜？

自五胡稱制，四海殊宅，江左既承正朔，斥彼魏胡，故① 氐、羌有録，索虜成傳。魏本出於雜種，竊亦自號真君，思欲陵駕前作，遂乃南籠典午，北吞諸僞，比於羣盜，盡入傳中。當晉元、明之時，中原秦、趙之代，元氏膜拜稽首，自同臣妾，而反列之於傳，何厚顏之甚邪！又張實、李雄，據有凉、蜀，其於魏，校年則前後不接，論地則參商有殊，何豫魏氏，而橫加編載？

若夷狄本系，種落所興，北貊起自淳維，南蠻出於盤瓠，高句麗以鱉橋獲濟，吐谷渾因馬鬭徙居。諸如此説，求之歷代，何書不有？作者曾不知前撰已著，後修宜輟，遂乃百世相傳，一字無改。駢指在手，不加力於千鈞；附贅居身，非廣形於七尺。爲史之體，有若於斯。以此稱博，異乎所聞。②

此知幾所爲尤言其理，再三歎息也。

考魏武之事漢，晉祖之臣曹，自比烈於桓、文，異革命於湯、武。持此入紀，舛於正名之志者乎！若高歡之奉東魏，宇文泰之輔西都，同項羽之立孫心，殊王莽之攝漢政。持此入傳，乖於實録之旨者乎！亦有身卒前朝，心在私室，如劉宋之王鎮惡，終於義熙之時，沈約以其歸心武帝，裁取入《宋》，是又誼別有取，不同恒科者焉。

晉武之初，議立限斷，荀勖謂宜以魏正始起年，王瓚欲引嘉平下朝臣盡入國史。惠帝時更議，荀畯、荀藩、華混並同勖議，荀熙、刁協議始嘉平，於是王戎、張華、王衍、樂廣、嵇紹、謝衡

---

① ［校按］"故"字原作"胡"，據《史通·斷限》改。
② ［校按］出《史通·斷限》，與原文略有出入。

皆比附賈謐，請從泰始爲斷。晉受禪於陳留，始改元爲泰始。正始建號，齊王即位之初也。勗猥拔宣王，上續明帝，已爲乖越；及八年改號嘉平，其時不過與曹爽爭權，宣王爲奏免族誅，此尤事涉季氏，無與魯政。且周德雖衰，天命未改，推原其故，大氐欲竊比文考之受命稱王，遂益張其衰説耳。謐之姦賊，詎足稱賢？特事當乎理，言實未可以人廢也。當時議互歧，依違靡决，誠亦有難取信一心矣。

魏收身事北齊，其叙元氏，不廢孝静之目，明高洋紹統，承之東魏也。然則高歡自當立傳，次之魏臣。今使國之重臣，闕名於史，烏得爲宜？及令狐德棻續造《周書》，西魏三帝咸入《泰紀》，斯有合於項羽入紀之遺，優於前史已。李延壽《北史》並踵前規，特補紀西魏，與東並峙，此又以唐續隋後，而隋承於周，周復上接魏餘耳。然則《孝静》之篇，復將焉取？持周、齊之繼起，規篇卷之離合，以孝静入之《歡》篇，以西魏寄諸《泰紀》，庶因革之大，昭焉日星，有目共見矣。

昔"尼父之定《虞書》，以舜爲始，而云'粤若稽古帝堯'；丘明之傳魯史，以隱爲先，而云'惠公元妃孟子'"。① 譬諸爲山，造基一簣，明有所沿也。左氏之續《春秋》，訖於孔某卒年。道家之述管子，盡於夷吾歿世。譬諸爲樂，曲終奏雅，明有所剩也。然則事有交互，誼必兼書，豈得苟其濫軼歟？

知幾嘗譏：

《漢書》表志，侵官離局。紀傳所存，唯留漢日；表志所録，乃盡羲年。而《地理②志》首，全寫《禹貢》，徒有其煩，

―――――――――――

① ［校按］出《史通·斷限》。
② ［校按］"理"原作"里"，據下文及《史通·斷限》改。

竟無其用。春秋諸國，賦《詩》見意，《左氏》所載，唯錄章名。如地理爲書，論自古風俗，至於夏世，宜云《禹貢》已詳，何必重述古文，益其辭費？①

此爲舛駁，説之讜者已。至謂"《宋書》上括曹魏，《隋書》仰苞梁代。永言其理，可爲歎息"，② 斯抑過焉。考陳壽之志三國，典章制度，悉闕於篇。《宋書》補亡，曾何可貴。及唐修五代，《周》則令狐德棻與岑文本、崔仁師領其事，《齊》則李伯藥領之，《梁》《陳》則姚思廉領之，亦不撰志。魏徵既總知《隋書》，顏師古、孔穎達撰紀傳，而李淳風撰《天文》《律曆》《五行》三志，于志寧、韋安仁、李延壽、敬播分撰諸志，事兼五代，篇附《隋書》，猶《宋志》例耳。如懷此以相督過，是史氏家言無獨斷之學，以神其裁制，復鮮比次之功，以資於考覽，亦安所取哉？夫獨斷之學，成於覺，諸子之成其家，覺爲之也；比次之功，資於知，有司之守其籍，知之助也。史氏以獨斷雄千載者，僅太史公。歐陽修之撰《五代史記》，庶爲近之。孟堅以比次專能，其後《後漢》《三國》《明史》，於史體號爲謹者，莫不致詳於比次。餘史優者並比次多精，劣焉者必務申獨斷，而學未足以舉之者也。故凡爲言者，與詒畫虎之嫌，不如其類鶩已。

章學誠論比次之書，析爲三科：

> 有及時撰集，以待後人之論定者，若劉歆、揚雄之《史記》，班固、陳宗之《漢記》是也；有有志著述，先獵羣書以爲薪樆者，若王氏《玉海》、司馬《長編》之類是也；有陶冶專家，勒成鴻業者，若遷錄倉公技術、固裁劉向《五行》之類

---

① ［校按］出《史通·斷限》，與原文略有出入。
② ［校按］出《史通·斷限》。

是也。夫及時撰集以待論定，則詳略去取，精於條理而已；先獵羣書以爲薪樞，則辨同考異，慎於覈核而已；陶冶專家，勒成鴻業，則鈎玄提要，達於大體而已。①

内官起居之注，私家傳記之作，皆"及時撰集"者也；而苟於去取者，乃流爲小説之短書淺言。始皇之重列《秦紀》，《五行》之錯出仲舒，皆"慎於覈核"者也；而矜於薪樞者，乃爲小學之典林韻藻。華佗之醫疾，管輅之占事，朱建平之相人，《三國志》並詳叙於本傳，亦效《倉公傳》爲之，取"達於大體"者也；而謬於陶冶者，乃流爲小學之策括。

小説家言，好惡從心，漓其本質，即采之故籍，不着所出何書，一似己所獨得，無從徵信，故其言與史日舛；典林韻藻，摘取句字，不能采錄大凡，存其精要，專門之書，已成鉅編，及原書亡佚，大誼湮没，難爲鈎稽，故其言尤無當於史；策括之作，於傳聞異辭，記載別出，不能兼收並錄，以待作者之决擇，而私作聰明，自定去取，故於史益無所發明。然則三者之於史，或文體大類，或本事相因，誠無關於鴻業也。而學人相與究治亂之故，探道德之歸，於此蓋亦兼有取焉，斯所以能參伍於六藝之中也。

（六）論贊

論贊之原，本於《春秋》三傳。
知幾《論贊》篇曰：

《春秋左氏傳》每有發論，假君子以稱之。二《傳》云公羊子、穀梁子，《史記》云太史公。既而班固《漢書》曰贊，

---

① ［校按］出《文史通義·答客問下》。

荀悦《漢紀》曰論，劉珍等《東觀漢記》曰叙，吳謝承《後漢書》曰詮，陳壽《三國志》曰評，王隱《晉書》曰議，○而魚豢《魏略》，佚文散見於裴松之《志》注，有《西戎傳議》等，殆已開其先。① 何法盛《中興書》曰述，晉常璩《華陽國志》曰撰，後魏劉昞《燉煌實錄》曰奏。晉袁宏《後漢紀》、梁裴子野《宋略》，自顯姓名。晉皇甫謐《帝王世紀》論贊見於《太平御覽·皇王部》者，有漢高、光武二篇，冠以玄晏先生，葛洪自謂抱樸子，覽其所撰，並列其所號。○洪書今存者唯《神僊傳》，未睹所謂論説，意論題"抱樸"殆言《良吏傳》也。沈約《宋書》、蕭子顯《南齋書》，② 通稱史臣。其名萬殊，其誼一揆。取便於時，則總歸論贊。

夫論以辯疑釋滯，若愚智共了，固無俟商榷。丘明"君子曰"者，誼實在斯。○澹撰《後魏書》，以爲丘明發揚聖旨，言"君子曰"者，無非甚泰其閒、尋常直書而已。今所撰可爲勸戒者，論其得失；其無損益，所不論也。於史稱爲簡要，信不誣也。司馬遷始限以篇終，各書一論。必理有非要，則强生其文，史論之煩，實萌於此。夫擬《春秋》成史，尤宜闊略。其有本無疑事，輒③設論以裁之，此皆私徇筆端，苟衒文彩，嘉辭美句，寄諸簡册，豈知史書之大體、載削之指歸者哉？

必尋其得失，考其異同。孟堅辭惟温雅，理多愜當。其尤美者，有典誥之風，良可詠也。荀悦《漢紀》，誼理雖長，失在繁富。自茲以降，流宕忘返，大氐華多於實，理少於文，鼓其

---

① ［校按］"而魚豢"至"殆已開其先"，《史通·論贊》所無，當爲倬瑩自注，今改以小字標出，前冠以"○"。下仿此。

② ［校按］"晉皇甫謐《帝王世紀》論贊"至"蕭子顯《南齋書》"，《史通·論贊》原文作："皇甫謐、葛洪列其所號。史官所撰。"

③ ［校按］"輒"原作"轍"，據《史通·論贊》改。

雄辭，誇其儷事。袁宏《後漢紀》務飾玄言，謝靈運《晉書》虛張高論，玉卮無當，曾何足云！王邵《齊志》，志在簡直，言兼鄙野，苟得其理，遂忘其文。觀過知仁，斯之謂矣。唐修《晉書》，作者皆當代詞人，遠棄史、班，近宗徐、庾。飾彼輕薄之句，編爲史籍之文，無異加粉黛於壯夫，服綺紈於高士矣。

史之有論也，蓋欲事無重出，文省可知。如太史公曰：觀張良貌如美婦人；項羽重瞳，豈舜苗裔？此則別加佗語，以補書中，所謂事無重出者也。班固贊曰：石建之浣衣，君子非之；楊王孫裸葬，賢於秦始皇遠矣。此則片言如約，諸誼甚備，所謂文省可知者也。及後來贊語，多錄紀傳言，其有所異，唯加文飾而已。甚者，天子操行，具諸紀末，繼以論曰，接武前修，紀論不殊，徒爲再列。

馬遷《自叙傳》後，歷寫諸篇，各叙其意。既而班固變爲詩禮，號之曰述；范曄改彼述名，呼之以贊。尋述贊爲例，篇有一章，事多則約之使少，理寡則張之令大，名實多爽，詳略不同。且欲觀人善惡，史之褒貶，無假於此。然固之總述，合在一篇，使條貫有叙，歷然可閱。蔚宗《後書》，實同班氏，乃各附本事，書於卷末，篇目相離，斷絕失次。而後生作者，不悟其非，如蕭子顯《齊書》、李延壽《南北史》、唐修《晉書》，①皆依范《書》誤本，篇終②有贊。夫每卷立論，其煩已多，而嗣論以贊，爲黷彌甚。亦猶文士製碑，叙終而續以銘曰；

---

① ［校按］此句與《史通》原文有一定出入，蓋倬瑩之轉述當有誤。《史通》通行本作："如蕭、李《南北史》，大唐新修《晉史》。"檢前述諸史原文，篇末皆有贊，而李延壽《南北史》篇末無贊，故當從浦起龍《史通通釋》之說："蕭"指蕭子顯，"李"指李百藥，"南北"與"史"間脫"齊"字。方與下文"皆依範《書》誤本，篇終有先贊"合。

② ［校按］"終"原作"中"，據《史通·論贊》改。

釋氏演法，誼盡而宣以偈言。苟撰史若斯，難以議夫簡要。

至若與奪乖宜，是非失中，如班固之深排賈誼，范曄之虛美隗囂，陳壽謂諸葛不逮管、蕭，魏收稱爾朱可方伊、霍，或言傷其實，或擬非其倫。必備加擊難，則五車難盡。故略陳梗概，一言以蔽之。

夫史之資於論説，或以著其誼之得失，或以昌其志之隱微。至太史公繋夏、殷、周、秦，多推闡於事外，而於五帝特明其撰述大例。三五爲治，形勢昭著，無俟言説。秦之爲國，又可互稽之始皇，故有異他篇耳。大氐事繋諸人，説裁諸己。綜萬殊之迹，成一家之言，擬之諸子著書，初無異旨。贊者持書以相爲佐益，論者據事以得其倫紀，敘者比誼以定其類例，詮者擇善以曲爲餘喻，評者酌辭以權其高下，議者准意以示之法度，撰者體物以極其名數，述者承流以資其引申，奏者奉詔以俟上裁制。建稱各殊，立言之本，固無涉也，必爲優劣，實窮於辭。浦起龍至謂直言爲論，韻語爲贊，強立區域，未免有識竊笑者已。

蔚宗論制後，制贊散見當篇，誠爲贅設。然考《隋志》史部，稱范本書爲卷百二十有五，別有四卷，謂之贊論。疑論後之贊，初本別行，殆以擬《史記》之《自叙》、《漢書》之《叙傳》者也。又有《漢書贊》十八卷，或裁取前書爲焉，不與後書相切。《唐志》次蔚宗《後漢書贊》十三卷於"雜史"，倘文之誤耶？

《左氏傳》多引仲尼、公羊，又旁證諸子沈子，是先説有可竊取，固不必言盡己出矣。太史徵説於賈誼，以明始皇得失；《晉書》擇言於制曰，以説諸帝事行，皆其比也。二《傳》解《春秋》，雜經言以成傳。

太史首叙伯夷，全致其慨慕之思；蔚宗叙黄憲，雜引頌美之語。則傳即論也，又差若與類矣。此豈論後無重贊之誼，即傳外殆亦有無勞申論者。

宋濂之修《元史》，不爲論譔，自以比次之書，是非得失之數，已詳事中，難與爭能於作者，遂謙不敢輕於立説，斯足賢已。若持此爲史法之良，假如志有未顯，誼有未章，無片語爲之發明，抑焉足備後人之考鏡耶？

昔子長作史，本諸父①談，凡所發明，多沿先説。及載之篇卷，不爲析分，以一家之學，父子相紹，無取於別白耳。許善心撰《梁史》，本之父亨，本傳述叙云："凡稱史臣者，皆先君所言；稱名按者，並善心補闕。"②異乎古之爲學者已。雖然，向、歆父子説術不能盡同，其於先説，曲徇而無敢爲幹蠱，斯違其心之安，掩襲而概施以騾括，斯嫌於名之僭。則善心之例，自可循守勿替已。《史記》述秦事，悉本古説，其文有異出，并兼采以附《始皇》之末。古人之不自專輒，亦後之所宜取法也。其後《漢書》志五行，檻仲舒，別向、歆，劉説多與董錯，咸著於篇，亦意存矜慎，不敢謬有點竄，或轉疑誤學徒耳。知幾毛舉求疵，殆以不狂爲狂者邪。

(七) 叙例

叙例之原，本於《書叙》及《左氏》之發凡。

知幾《叙例》篇云：

> 孔安國有言：叙者，所以叙作者之意也。竊以《書》列典謨，《詩》合比興，若不先叙其意，難以曲得其情。故每篇有叙，敷暢厥誼。降逮《史》《漢》，以記事爲宗，至於表志雜

---

① ［校按］"父"原作"文"，形近而誤，據文意改。
② ［校按］出《隋書・許善心傳》引《梁史・序傳》。

傳，亦時復立叙。文兼史體，狀若子書，然可與誥誓相參，風雅齊列矣。

迨華嶠《後漢》，多同班氏。如《劉平》《江革》等傳，其叙先言孝道，次述毛義養親。此則《王貢傳》體，其篇以四皓爲始也。嶠言辭簡質，叙致温雅，味其宗旨，亦孟堅之亞歟？

爰泊蔚宗，始革其流，遺棄史才，矜炫文采。後來所作，佗皆若斯。於是遷、固之道忽諸，微婉之風替矣。若乃《后妃》《列女》《文苑》《儒林》，凡此之流，范氏莫不列叙。夫前史所有，而我書獨無，世之作者，以爲恥愧。故上自《晉》《宋》，下及《陳》《隋》，每書必叙，課成其數。蓋爲史之道，以古傳今，古既有之，今何爲者？譬夫方朔始爲《客難》，續以班固《賓戲》、揚雄《解嘲》；枚乘首唱《七發》，加以傅毅《七激》、張衡《七辨》。音辭雖異，旨趣皆同。此乃讀者所厭聞，老生之恒說也。

夫史之有例，猶國之有法。國無法，則上下靡定；史無例，則是非莫準。昔夫子修經，始發凡例；左氏立《傳》，顯其區域。科條一辨，彪炳可觀。降及戰國，迄乎有晉，年踰五百，史不乏才，雖其體屢變，而斯文終絕。唯干寶先覺，遠述丘明，重立凡例，勒成《晉紀》。鄧粲之著《元明紀》，孫盛之修《魏氏春秋》，遂躡其蹤。史例中興，於斯爲盛。若沈約《宋書》志叙，蕭子顯《齊書》叙錄，雖皆以叙爲名，其實例也。必定其臧否，干寶、蔚宗，理切而多功；鄧粲、檀道鸞《續晉春秋》，詞煩而寡要；子顯雖文傷蹇躓，而誼甚優長。斯一二家，皆叙例之美者。

夫事不師古，匪説攸聞，苟模楷曩賢，理非可諱。而魏收作例，全依蔚宗，貪天之功，以爲己力，異夫范依華嶠、班習子長，不陷穿窬之罪也。

蓋凡例既立，當與紀傳相符。唐朝《晉書》例云："凡天子廟號，唯書於卷末。"依檢孝武崩後，竟不言廟號曰烈①宗。此非言之難，行之難也。乃《晉》《齊》史例，皆云："坤道卑柔，中宮不可為紀。今編同列傳，以戒牝雞之晨。"竊惟錄皇后者，既為傳體，自不可加以紀名。二史以后為傳，雖云允愜，而解釋非理，成其偶中。所謂畫蛇而加足，反失杯中之酒也。

又《叙②傳》篇曰：

作者自叙，其流出於中古。屈原《離騷經》，其首章上陳氏族，下列祖考；先述厥生，次顯名字。自叙發迹，實基於此。降及司馬相如，始以自叙為傳。然其所叙，但記自少及長，立身行事而已。逮於祖先所出，蔑爾無聞。至司馬遷，又徵三閭之故事，仿文園之近作，模規二家，勒成一卷。於是揚雄循其舊轍，班固酌其餘波，自叙之篇，實煩於代。雖屬辭有異，兹體無改。

然自叙之為誼也，苟能隱己之短，稱其所長，斯言不謬，即為實錄。而自叙乃記其客遊臨邛，竊妻卓氏，以《春秋》所諱，持為美談。雖事或非虛，而理無可取。載之於傳，不其愧乎！又王充《論衡》之《自紀》也，述其祖父不肖，為州閭所鄙，答瞽頑舜神，鯀惡禹聖。夫自叙而言家世，固當以揚名顯親為主，苟無其人，闕之可也。至若盛矜於己，厚辱其先，此何異證父攘羊、學子名母？責以名教，實三千之罪人也。

夫自媒自衒，士女之醜行。然則人莫我知，君子不恥。孔子有云："十室之邑，必有忠信，不如某之好學。"又曰：

---

① ［校按］"烈"原作"列"，據《晉書·孝武帝紀贊》《史通·叙例》改。
② ［校按］《史通》原文"叙"作"序"。"叙""序"字通。

"文王既没，文不在兹乎？"聖達立言，時亦揚露己才，或託諷以見情，或選詞以顯迹，終不盱衡自伐，攘袂公言。且命門人言志，由也不讓，見嗤無禮。歷觀揚雄已降，其自叙也，始以誇尚爲宗。至魏文帝叙《典論》，歷述平董卓、脱張繡諸盛烈，善射擊、精彈碁諸瑣事；葛洪叙《抱樸子》，盛陳涉覽之博極淵山，撮要之精比珠玉。① 又踰於此矣。何則？身兼片善，行有微能，皆剖析具言，一一必載。豈所謂憲章前聖，謙以自牧者歟？

又近古人倫，喜稱閥閲。華門寒族，百代無聞，而騂角挺生，一朝暴貴，無不追述本系，妄承先哲。至若戴德之述邾氏所祖，子長之記振鐸所封，並爲曹氏之初；《魏書·叙記》云"始均入仕堯世"，《宋書·索虜傳》言李陵顯聞漢時，俱稱拓拔之始。直據經史，自成矛盾。則知揚氏之寓西蜀，冑纂伯嶠，班門之雄朔野，家傳熊繹，恐自我作故，失之彌遠。蓋諂祭非鬼，神所不歆；致敬它親，人斯悖德。凡爲叙傳，宜詳此理。不知則闕，亦何傷乎？

按知幾二論，其言辨矣。而於叙傳之作，徒矜其細，無涉立言之本，良所未安。凡書之有叙，所以絜持其大綱；其隨條立例，所以疏通諸細節。今所行諸史，惟魏收撰《魏書·叙傳》，文闕不具，餘惟沈約《宋書》、李延年《北史》二家，步武馬、班而已。沈、李綜論書例，與馬、班之條疏篇目者，又微不同，要取明本心，固無二致。而備紀事行者，所以表立言之非敢自苟也。上溯先世者，所以證家學之有所由紹也。斯不過附史以見，實無當史之本經，昭

---

① ［校按］"至魏文帝"至"比珠玉"，《史通·序傳》原文作："至魏文帝、傅玄、梅陶、葛洪之徒。"

已晰已。

知幾顧謂：

《史記》上自軒轅，下窮漢武，疆宇修闊，道路綿長。其《自叙》始於氏出重黎，終於身爲太史。上下馳騁，終不越《史記》之年。《漢書》止叙西京二百年事，《自叙》遠徵令尹，起楚文王之世；近錄《賓戲》，當漢明帝之朝。苞括所及，踰本書遠矣。施於家牒，猶或可通；列於國史，多見其失。①

豈特未得其神，並形而失之矣。

《文選・顏延年〈北使洛詩〉〈永明九年策秀才文〉、阮嗣宗②〈勸進表〉〈後漢二十八將論〉、張景陽〈七③命〉》注引謝承《後漢書叙》，似分繫篇目，仿馬、班爲之者也。《唐志》叙本書別有《錄》一卷，蓋即謂《叙》耳。《魏志・華歆傳》《世說・德行、方正》二篇注所引華嶠《漢後書譜叙》，並言華氏事。證以本傳三譜、叙傳、目錄之文，是選述先事，實《叙傳》中語，非本之三譜也。而皇后之立紀，書志之題典，本傳所表明，迨並本之《叙傳》。於篇目次第，略不復言，是嶠亦祇揭其大意，倘開沈、李之先者邪？

隋許善心《梁史叙》云："《叙傳論述》一卷。別爲《叙論》一篇，託於《叙傳》之末。"④ 原善心之意，以叙述家世者爲傳，以綜

---

① ［校按］出《史通・序傳》，與原文略有出入。
② ［校按］"阮嗣宗"疑當作"劉越石"。據《六臣注文選》，注引謝承《後漢書叙》者爲劉越石《勸進表》，而非阮嗣宗《爲鄭沖勸晉王牋》（亦稱《勸進表》）。
③ ［校按］"七"原作"六"，據《文選・張景陽〈七命〉》改。
④ ［校按］出《隋書・許善心傳》引《梁史・序傳》。

叙書旨者爲論，於文之體貌，似析之至精，軌之馬、班，未睹其能合也。且使其言上起太嶽①，下訖陳時，則傳入《梁史》，於誼奚取？若專述梁事，表揚先臣，則裁篇別出，於法未協，猥合之《叙論》，兩者交譏矣。魏澹撰《後魏書》，"別爲《史論》及《例》一卷"。②《隋書》本傳不言詳叙先世，斯猶差瘉於善心者矣。

又叙例散見當篇者，雖謂之論可也。太史《五帝本紀論》，稱擇言尤雅者，凡紀傳之擇雅，皆可以此語繩焉，非例之屬邪。《左氏傳》撮《春秋》之例，亦隨文附著，是其比已。於十表篇首，敷陳凡要，著明得失，與篇終贊說，復何以殊？強割繫之篇首者爲叙，篇末所繫爲論，此古所未聞也。《東觀漢紀》易論爲叙，必循名以求，其爲煩惑，抑孰與歷之？

又史家篇卷，不勒都目。遷《史·自叙》、固《書·叙傳》，當篇小目，具存末簡。重床疊屋，誠無取乎爾。及《隋》《史記》兼繫"目錄一卷"，蓋出於後之好事所造，非其舊也。覽《晉書·華嶠傳》，稱所撰《漢後書》有叙傳、目錄，是目之入錄，嶠實創爲之邪。

知幾論題目，以謂：

> 舊史列傳，題卷靡恒。文少者具出姓名，若司馬相如、東方朔是也；字繁者唯書姓氏，若蓋、諸葛、劉、鄭、孫、母將、何傳是也。必人多而姓同者，則結定其數，若兩龔之錯出於王貢及鮑，兩夏侯之錯出於眭及京、翼、李，兩王之取殿於趙、

---

① ［校按］"嶽"疑當作"素"。見《隋書·許善心傳》引《梁史·序傳》："謹按太素將萌，洪荒初判。"

② ［校按］出《隋書·魏澹傳》。

尹、韓、張是也。① 如此標格，足爲詳審。

至蔚宗舉例，始全錄姓名，歷短行於卷中，叢細字於標外，其子孫附出者，注於祖先之下，乃類俗之文案孔目、藥草經方，煩碎之至，孰過於此？竊以《周易》六爻，誼存象內；《春秋》萬國，事具《傳》中。讀者研尋，篇終自曉，何必開帙解帶，便令昭然滿目也？

自茲以降，多師蔚宗。魏收因之，則又甚矣。其有魏鄰國編於魏史，於其人姓名之上，又列之以邦域，申之以職官。至於江東帝主，則云僭晉司馬叡、島夷劉裕；河西酋長②，則云私署涼州牧張實、私署涼王李暠。此皆篇中所具，又於卷末具列。必如收意，使其撰兩《漢書》《三國志》"盜賊傳"，亦當云僭西楚霸王項羽、僞寧朔王隗囂。自餘陳涉、張步、劉璋、袁術，其位號皆一一具言，無所不盡者也。

法令滋章，古人所愼。若范、魏之裁篇目，可謂滋章之甚者乎？③

尋當篇之析目，託始《詩》《書》。《堯典》《禹貢》，以目撮其誼。而《禮》之題篇，《詩》之區類，《易》之十翼，下至《孝經》之十八章，皆其流也。史氏本之，於是有傳、紀、志、表之別，《儒林》《循吏》之分。《關雎》《鹿鳴》，以目領其辭。而《易》之析經上下，《春秋》之敘君十二，下至《論語》之離篇二十，皆其流也。史氏本之，於是史公附綴曹叔於《管蔡》，別次《汲鄭》於《循吏》，而於齊臣僅舉其世族曰管晏，魏冉乃臚其爵命曰穰侯；秦

---

① ［校按］"若兩龔之錯出"至"趙、尹、韓、張是也"，《史通·題目》原文作："若二袁、四張、二公孫傳是也。"

② ［校按］原文"長"前脫"酋"字，據《史通·題目》補。

③ ［校按］出《史通·題目》，與原文略有出入。

疾與甘茂合傳，獨徇其俗曰樗里子，張蒼忽陳其官守曰丞相。夫豈有所憎好，故變文以加之褒貶哉？苟取可區異篇章，事之爲詳略，辭之爲華樸，於誼無取，殆非其意之所甚措者也。

班史題目，始稍留意，故傳凡合三人爲篇者，必兼詳其名；自三以上，始不之及。惟叙諸劉賈、澤、濞，從其所封國，謂之《荆燕吳》。此錄宗室，特殊其例，以有異特傳，難可援劉交之題《楚元王》爲比。又繁出不一，難可援《高五王》《武五子》爲比耳。

考《隋志》"霸史"范亨《燕書》，其佚散見於《通鑑考異》者，有《武宣記》《文明記》，散見於《太平御覽·天部》者，有《烈祖後記》。此改本紀爲記者也。"正史"何法盛《晉中興書》，其佚散見於《文選注》者，殷仲文《桓公九井詩》述《桓元錄》，謝靈運《述祖德詩》述《陳郡謝錄》，阮嗣宗①《勸進表》述《劉聰錄》，庾元規《讓中書表》述《穎川庾錄》，《謝修卞忠貞墓啓》述《濟陰卞錄》。散見於《北堂書鈔》者，《設官部》述《會稽賀錄》《瑯琊王錄》《濟陽江錄》《陳郡袁錄》《太原王錄》《順陽范錄》。散見於《史通》者，《因習》篇述《劉隗錄》，《書事》篇述《鬼神錄》。此改列傳爲錄者也。夫記之建號，不足示存大綱；錄之立稱，不足取備曲末。詭爭新乎耳目，羌莫究其指歸。彼於迹貌之外著，猶舛謬若斯。倘進求古人精意之存，詎克有所深悟？

按謝承之撰《後漢書》，不勒帝紀，而《隋志》仍次諸正史之篇。夫治亂之要，胥帝紀所宜致詳；傳志之屬，所以備參稽耳。今削除綱領，泛及叢雜，則誼近故事，烏得復以馬、班類例相繩哉？古六藝，如《易》之有周、服，《書》之有歐陽、夏侯，《詩》之有

---

① ［校按］"阮嗣宗"疑當作"劉越石"。阮籍生活時代早於劉聰，其著作不可能述及《劉聰錄》。《文選》李善注劉越石《勸進表》所言"何法盛《晉書·胡錄》"，疑即《劉聰錄》。

齊、魯,《禮》之有二戴,《春秋》之有公、穀。凡諸傳說,始俱別行,而其奉以爲張本,同出於經。故雖不併合之本經,無所嫌也。後漢著錄,出承前者,惟傳《東觀》。假如謝承志存補苴,效馮商之續《太史》,斯當襲其故稱,以示有所循守。如要刪自命,同《周書》之別行,斯當別出機杼,何用珍此殘縑?

又王隱《晉書》、何法盛《晉中興書》,知幾謂二家專訪州閭細事、委巷瑣言,聚而編之,目爲鬼神傳錄。夫三《易》言天,皆以程其人事。至於《書》有《洪範》,《春秋》之書災變,則又以證人事之得失焉。然言理者貴探微以成其顯,徵事者貴摭實而去其虛。左公好奇,始矜語怪,綜覽所錄,互有短長。論石言則足祛細人之疑,論伯有則足明鬼神之狀,此其長也。若晉侯不禄,幾見於大厲之壞門;曹國將亡,禍萌於衆鬼之謀社。苟天所廢,人難爲功,任運以行,人道必絕,於義烏取?乃一一具書,此其短也。蔚宗博采,勒成《後書》。《方術傳》述王喬飛舄、左慈變形,《蠻夷傳》述槃瓠狗族、廩君虎化,言唯迂誕,事多詭越,其爲失理,抑又甚焉。持稗官之恒談,入太史之副錄,其爲誣濫,未可巧飾矣。且事悖經常,豈特談鬼,惟人亦然。

知幾云:

> 自魏晉以降,著述多門,裴啓《語林》、邯鄲淳《笑林》、劉義慶《世說》、沈約《俗說》,皆喜載調謔小辨,嗤鄙異聞,雖爲有識所譏,頗爲無知所說。斯風一扇,國史多同。魚豢《魏略》言王思狂躁,起驅蠅而踐筆。《晉書》述畢卓沈湎,左持螯而右杯。《宋書》記劉邕榜吏以膳痂,《南史》書朱齡石戲舅而割瘤。於事蕪穢,其辭猥雜,而歷代正史,持爲雅言。苟使讀之者爲之解頤,聞之者爲之撫掌,固異乎記功書過,彰善

癉惡者焉。①

蓋小說家言，體裁自殊三史。故青史載筆，終不與《尚書》比肩，共《春秋》參立也。昔太史書事，如高祖從武負貰酒，韓信出淮陰胯下，亦錄彼細行，登諸篇章，要取節微以知著，未嘗逐末而忘本。意興攸寄，觸物成文，兹實純任天然，要不鑿以爲說，持爲立言之恒意也。譬《詩》之有興，必泥物以索其情，則情已先荒；同《易》之有象，必逐事以窮其變，則變不可極。族史無識，宜見哂已。陶淵明自言讀書略識大意，識意者能權於輕重之數，豈快於苟簡之爲歟？李夢陽之法孟堅，習爲趨蹌，所爭在語勢之伸縮，與辭旨之巧拙，是猶伶人之演故事，雖得古之似，終失已之有也；侯朝宗之師子長，工爲寫生，所摹仿在《項羽本紀》及《封禪書》，是猶滑稽之善諧談，雖曲得事之神，終非理之寓也。二子之讀史，不得咎以苟簡矣。揆之輕重，亦果能盡得哉？宋儒譏文爲玩喪志，爲此輩言耳。又曰"讀史令人心粗"，爲有奪於耳目，理爲所蔽，心潛與爲推移。心之病粗，倘亦根志之先喪者乎？

夫編年、紀傳同於《春秋》，然覽歷史本紀，子長志在《春秋》，體則仍放《左氏》；范、陳志在《左氏》，益大違於《春秋》。至歐陽修史始準《春秋》之體，而編年自荀悦《漢紀》，亦全法《左氏》。至朱子纂《綱目》，始依《春秋》，則一家之中，復各異派。特善師古者，貴識其意，無貴襲其貌，此固文之通例耳。

昔荀悅《漢紀·高祖》篇有云："立典有五志焉：一曰達道誼，二曰彰法式，三曰通古今，四曰著功勳，五曰表賢能。"知幾述干寶《晉紀》之釋五志："體國經野之言，用兵功伐之權，忠臣、烈士、

---

① ［校按］出《史通·書事》，與原文略有出入。

孝子、貞婦之節，文誥專對之辭，才力技藝殊異，則書之。"① 知幾復申以三科："禮容用舍，節文升降，則叙其沿革；君臣邪僻，國家喪亂，則明其罪惡；幽明感應，禍福萌兆，則旌其怪異。"② 夫忠烈貞孝之書，道誼之達也；體國經野之謨，邪僻喪亂之戒，法式之彰也；禮文沿革之故，古今之通也；用兵攻伐之略，功勳之著也；才力技藝之殊，賢能之表也。至於文誥專對，禮度由焉以明；則道誼之極，成敗由焉以判；則法式之林，而所謂禍福感應者，聽於天而人無所補苴。或難取備法式，誣其人而天唯所鄉背，或難取衷於道誼，是干之滌流事紀，已不逮荀悦以誼裁制之圓。劉之兼采怪神，又不逮干寶詳於説人之美矣。大抵史氏之記，取存政教之得失、民俗之美惡，所謂其事其文也。因以極古今之變，探道誼之歸，使較焉以著，則孔子竊取之微旨耳。事之有其功，人之成其賢，世之資其法式，又惟於道誼審其離合。荀氏五志，約言之，固僅道誼之達、古今之通而已。

章學誠云：

> 孔子筆削《春秋》，復以微言大誼口授其徒。三《傳》各據聞見，推闡經蘊，於是《春秋》以明。其後史遷著百三十篇，乃言"藏之名山，傳之其人"。至外孫楊惲始布其書。班固《漢書》，學者未能通曉。馬融伏閣下，從其女弟受業，其學始顯。馬、班之書，今人見之悉矣，而當日傳之必以其人，受讀必有所自者，古人專門之學，必有法外傳心，筆削之功所不及，則相與傳習其業，以垂久永也。③

---

① ［校按］出《史通·書事》引干寶語，與原文略有出入。
② ［校按］出《史通·書事》，與原文略有出入。
③ ［校按］出《文史通義·史注》，與原文略有出入。

則道誼之參離，淵乎以微，殆難爲鮮見寡聞道歟？

　　魏晉以來，史體濫漫，絕無古人筆削嚴謹之致；旨復淺近，亦無古人隱微難諭之故。惟於文誥案牘之類次，日月記注之先後，不勝擾擾。文亦繁蕪複沓，盡失遷、固之舊。豈盡才力不逮？史無注例，其勢不得不日趨繁富也。太史《自叙》，明述作之本旨，見去取之所從來，深恐後人不知所云，特筆以標之。所謂"不離古人"，"考信六藝"，皆百三①十篇之宗旨，或殿傳末，或冠篇端，未嘗不反復自明。②

既而陳壽《蜀志》錄楊戲所著《季漢輔臣贊》，記之傳左。戲所贊、壽不傳者，皆注疏本末於辭下。"文言美辭，列於章句；委曲叙事，存於細書。"③ 蓋仿固《地理》《藝文》大綱細目之規矩也。史氏志存該博，而才闕倫叙，除煩則意有所吝，畢載則言有所妨。"定彼榛楛，列爲子注"，④ 誠法之至善者也。宋范沖修《神宗實錄》，別爲《考異》五卷。司馬溫公修《資治通鑑》，亦別爲《考異》三十卷、《目錄》三十卷、《釋例》一卷。元脫克脫《遼》《金》二史，別各繫以《國語解》。史注疏別可得言焉。陳壽之注楊《贊》、范馬之撰《考異》，比諸外傳，《釋例》比諸內傳。知幾稱"鄧粲《晉紀》，始立條例，撮略漢魏，憲章殷周"，⑤ 則司馬所仿也。而目錄實章句之變，語解象故訓之作，非不憚爲煩勞，懼乎師失其傳，旨趣日晦耳。

---

① ［校按］"三"原作"二"，據《文史通義·史注》改。
② ［校按］出《文史通義·史注》，與原文略有出入。
③ ［校按］出《史通·補注》。
④ ［校按］出《史通·補注》。
⑤ ［校按］此引文出劉勰《文心雕龍·史傳》，而非劉知幾《史通》，蓋作者誤記。

其史幸爲師儒所服習者，遷《史》自裴駰《集解》，今與司馬貞《索隱》、張守節《正誼》並行。固《書》自應劭作注，今在顏師古注所甄録，類闡其家學，方駕毛孔焉。李賢援其例以注《後漢書》，準之六藝，猶《毛詩故訓傳》耳。若裴松之之注《國志》，以廣承祚所遺；齊陸澄之注《漢書》，多摘子長異説；劉昭之注《續志》，以補馬彪所略：此外傳之體，取互文以見意也。唐何超之撰《晉書音義》，審音辨字，頗有發明，此故訓之體，取隨文以著義也。徐無黨之注《新五代史記》，尋文考義，明其褒貶，此内傳之體，取書法以標例也。吳仁傑撰《兩漢刊誤補遺》，以發班、范之疑滯，殆循鄭康成箋《毛詩》之意；胡三省撰《通鑑釋文辯誤》，以疏別衆本之違離；汪克寬撰《綱目考異》，以條注傳寫之差互，殆猶鄭注三《禮》之兼存古文、《古論》之備述魯誦讀；以及《通鑑》之有王應麟《地理通釋》，以鉤合於古今；《綱目》之有幼學《集覽》、徐昭文①《考證》、陳濟《集覽正誤》、馮智舒《質實》辨正，以詮釋其名物：並故之屬。明張之象《太史史例》，剖析文字之詳略；劉義仲《通鑑問疑》，定著體例之得失；呂夏卿《唐書直筆》，整比事言之要刪；尹起莘《綱目發明》、劉友益《綱目書法》，疏通義旨之予奪：並傳之屬。倪思《班馬異同》，而劉辰翁爲評。倪書猶《公羊》之采《未修春秋》，太史之附秦史別録，蘭臺之兩載仲舒、向歆五行異説；劉評同裴注《三國》之隨事發正：並外傳之屬。而熊方法馮商之續《太史》、褚少孫之補子長，別補《後漢書》年表，則搜討闕遺，固亦内傳之流也。吳縝法何休之《左氏膏肓》《穀梁廢疾》，作《新唐書糾謬》《五代史纂誤》，則駁議違失，固亦外傳之流也。至明張自勳《綱目續麟》，以《春秋》舊法，糾誼例之訛；芮長恤

---

① ［校按］"文"原作"之"，形近而誤。錢大昕《元史藝文志》、魏源《元史新編》等書載，徐昭文撰有《通鑑綱目考證》。今據改。

《綱目拾遺》，以《通鑑》原本，辨删節之失：皆沿吳縝之颓波焉。

知幾知史體之原於《春秋》《尚書》，顧不悟史注之類於箋傳何邪？且察於事紀之謂故，精於誼類之謂傳，參以殊文之謂外傳。顧譏切松之不刊同異，恣其擊難；陸澄摘字增缺，標爲異説；劉昭注補彪捐，事言非要。是韓嬰之説《詩》，公、穀之説《春秋》，亦未免廣足庸音矣。復過推劉孝標之注《世説》，"善於攻謬，博而且精"。① 是吕步舒之排董，亦可云善守師説矣。然則非特史尚三長，即注人亦未宜鹵莽從事也。

按：原作一氣直下，不分段落，今爲劃分爲四章，每章又分爲若干節，每節注明題旨，以清眉目而便領會云爾。編者識。

(原載《學衡》雜志第七十四期)

---

① ［校按］出《史通·補注》。

评 论

评巴特沃斯编译
《阿尔法拉比政治著作：卷二》*

西狄奇（Ahmed Ali Siddiqi） 撰
叶 然 译

早在 2001 年编译出版《阿尔法拉比政治著作：卷一》（*Alfarabi: The Political Writings, Volume I*）时，巴特沃斯（Charles E. Butterworth）便展现出过人的学术水准，2015 年他编译出版《阿尔法拉比政治著作：卷二》（*Alfarabi: The Political Writings, Volume II*），学术水准依旧卓越。① 在这部新编作品中，巴特沃斯从阿拉伯原文翻译了阿尔法拉比的两个核心文本——《政治制度》（*Political Regime*）和《柏拉图〈法义〉概要》（*Summary of Plato's Laws*），这两个文本均为首次完整译为英文。巴特沃斯还为这两个文本分别撰写了颇富

---

* 译自 *Interpretation: A Journal of Political Philosophy* 43-1。本文所有注释均为中译者所加。

① 以上二书均为 Ithaca, NY: Cornell University Press 出版。二书中的篇目的中译文，经过重新分类后收入如下二书：阿尔法拉比，《柏拉图的哲学》（修订版），程志敏译，上海：华东师范大学出版社，2010；阿尔法拉比，《政治制度与政治箴言》，程志敏等译，北京：华夏出版社，2019。

洞见的导言，两篇导言合计超过 50 页。本书附录收入了阿尔法拉比《各科举要》（*Enumeration of the Sciences*）和阿威罗伊（Averroes）《不一致的不一致》（*Incoherence of the Incoherence*）二书选段。一方面，对于喜欢中古伊斯兰思想的读者来说，本书是无价珍宝；另一方面，对于所有研习政治哲学的人来说，本书同样是必备读物。

  正如人们预期的，作为忠实的译者，巴特沃斯全心致力于尽可能准确地传达阿拉伯原文的内容。为此，他尽可能始终把每个阿拉伯文术语译为同一个英文术语，以便读者理解阿尔法拉比如何呈现至关重要的概念，如美德或高贵（页 4）。① 当然，有时行文要求破除这条规则，在这些时候（在本书中非常罕见），会用脚注提醒读者。欲知译者如何尽可能一致地翻译术语，可以参见书后所附"英－阿术语对照表"和"阿－英术语对照表"。总之，尽可能一致地翻译术语，能够确保不懂阿拉伯文的读者最大程度地理解阿尔法拉比著作原文。

  此外，巴特沃斯要求他的读者熟悉一些必备的古希腊文哲学术语，因为阿尔法拉比经常暗中使用这些术语，并保留其精微含义。在阿尔法拉比笔下，阿拉伯文'arafa［认识］及其衍生词的用法，不同于阿拉伯文'alima［有知识］及其衍生词的用法。尽管这两个动词都可以译为"知道"，但巴特沃斯认识到，阿尔法拉比意在保留古希腊文 gignōskein［认识］和 epistasthai［有知识］之间的区别（页 30）。此外，巴特沃斯悉心呈现了阿拉伯文近义词之间精微而关键的区别，而无论在古希腊文还是在英文中，均无法直接找到对应的区别。比如，在翻译《柏拉图〈法义〉概要》时，巴特沃斯区分了阿拉伯文 nāmūs、Sunna、Sharī'a，这三个术语都指"法"，但若要理解阿尔法拉比的教诲，则必须认识这三个术语之间的区别。总地

---

① 随文标注的是巴特沃斯编译本页码。

来说，作为译者，巴特沃斯首先是这样一位学者：一方面，他充分意识到，阿尔法拉比这样的哲人何等悉心地写作；另一方面，巴特沃斯殚精竭虑地传达这位大师教诲的所有精微之处。因此，巴特沃斯达到了所有翻译工作者都应该渴望达到的极高标准，即"[让]作者用自己的喉舌表达自己"（页5）。

本篇书评尽管没有责任详述阿尔法拉比的文本，但仍有必要简单评论本书收录的两部作品。《政治制度》把两项任务结合为一体，一项任务是全面解释乾坤秩序，见这部作品的前半部分，另一项任务是详细讨论有美德的①城邦和多个无美德的城邦，见这部作品的后半部分。正是这部作品的具有形而上学性质的前半部分——连同阿尔法拉比的一些其他著作——让人们得出一个常见论断，即阿尔法拉比是一个正统的新柏拉图主义者，因为他像新柏拉图主义一样主张从等级制和流溢说来看待宇宙（a hierarchical, emanationist view of the universe）。在导言中，巴特沃斯表明，阿尔法拉比并不信服这种看法，②但这部忠实的译著让读者自己判断是否如此。《政治制度》更政治化的后半部分，在主题上与柏拉图《王制》的篇章息息相关，因为这部分展现了阿尔法拉比如何看待最佳城邦，以及如何把各种有缺陷的城邦分门别类并评定等级。不仅如此，这部分还简洁而深刻地讨论了人类的抉择、幸福的本性、自愿的善恶等问题。

由于《政治制度》在主题上与柏拉图《王制》息息相关，故本书合情合理地把《政治制度》和《柏拉图〈法义〉概要》（下文简称《概要》）放在一起，让读者既能够洞悉阿尔法拉比关于言辞中的最佳城邦的教诲，也能够洞悉阿尔法拉比关于实践中可达到的最佳城邦的教诲。《概要》中的讨论有时——尤其在第七论（Seventh

---

① virtuous，程志敏教授译作"高尚的"。
② 意即阿尔法拉比故意主张一种他并不信服的看法。

Treatise）——看起来偏离了《法义》中雅典异乡人的谈话，这引发学者们争论阿尔法拉比是否读过《法义》完整且准确的版本。在《概要》的导言中，巴特沃斯承认，"我们根本不知道，阿尔法拉比的《概要》到底如他宣称的那样，立足于《法义》全本，还是立足于《法义》删节本"（页107）。不过，巴特沃斯扎实地论证了，尽管《概要》对《法义》的偏离令人既吃惊又费解，但学者们依然没有理由把阿尔法拉比视为柏拉图的二流解释者，而非一位名副其实的哲人。不管阿尔法拉比通过什么途径读到《法义》，只要读者决定理解阿尔法拉比关于法的教诲，并由此尝试领会阿尔法拉比如何看待宗教和政治之间的关系，则《概要》总是无价珍宝。

巴特沃斯的两篇导言大致介绍了本书所载两部作品各自引发的学术争论，并把关注点引向阿尔法拉比自己呈现的根本论题。除此之外，这两篇导言还作出了激发思考的解释性评论。阿尔法拉比的作品尽管看起来坦率，可实际上容易令人迷失其中。在这种情况下，巴特沃斯堪称一位杰出的迷宫向导。尽管他完全有能力作出更详细的解释性评论，但他行文克制，让其详细程度符合导言体例。因此，一方面，我理解，巴特沃斯不打算全面解释他翻译的作品，但另一方面，我强调，在下面几个论题上，他的评论原本值得再深入一些，或者说，他的评论并没有足够让我信服。

巴特沃斯正确地认识到，根据《政治制度》，"启示在于，人类从首先知道的事物开始，并学习大全（the whole）[①]运行的方式"（页17）。此外，他注意到，在使用这个定义时，阿尔法拉比"支持通行观点，却同时暗中修正通行观点"（页17）。实际上，阿尔法拉比花费了一些笔墨调和他的主张与对启示的正统理解，比如他说，

[①] 即宇宙。

"有可能……声称，第一因是引发启示的东西"（页69）。然而，《政治制度》关于启示的看法，显然根本不同于对启示的通行理解。依据对启示的通行理解，一位提供庇护且自愿助人的上帝（a providential, willing God）挑选出一位先知（messenger），令其接受并向人类传达上帝的字面训示（literal message），人类不能对这番训示进行任何改动或增补（例如，参见《古兰经》10：15）。这便是对启示的神学解释，与阿尔法拉比对启示的理性主义解释形成对比，但阿尔法拉比显然对前者保持沉默，这简直令人震惊。因此，《政治制度》本身激发读者追问，基于何种可能的理由，阿尔法拉比拒绝处理对启示的神学解释。

当然，从巴特沃斯的导言中可以推测，他会认为，《政治制度》并非只是轻率地排斥对启示的神学解释。不过，他原本可以更明确地指出，阿尔法拉比如何把我刚才指出的明显疏忽予以正当化。当谈到神意（providence）而非启示时，巴特沃斯正确地评论道，在《政治制度》中，

> 我们找不到与柏拉图和亚里士多德相似的如下论述方式。柏拉图会描述，禀赋各异的发言者对人类事务的探究，何以无一例外地走向困惑。亚里士多德会谨慎地权衡有关不同思想家言说同类意见的方式的正反观点。（页11）

对比起来，阿尔法拉比"提出单一的看法，视其为对大全的唯一解释"，从而"预先杜绝读者陷入不确定，并强迫读者自行理解［阿尔法拉比的］解释何等确凿"（页11）。如果顺着这个观点进一步思考，那么，我有一个尝试性的设想：在对启示的神学解释面前，阿尔法拉比保持沉默，这实际上只是一个修辞策略，而且《政治制度》确实至少潜在地反驳对启示的神学解释。特别是，在这部作品第69-74节讨论意愿、幸福、自愿的善恶时，阿尔法拉比最明显地

替换了柏拉图式和亚里士多德式的辩证术,① 从而最明显地反驳了对启示的神学解释。

我还感到好奇,巴特沃斯是否太过乐观地看待阿尔法拉比关于民主制的意见。据巴特沃斯所说,阿尔法拉比起初判定,荣誉制(timocratic)城邦是"无知的②城邦中最好的一种",但后来他"修正"了起初的判定,因为他指出,

> 从必需的城邦和民主制城邦中,而非从其他[无知的]城邦中,更有可能也更容易产生有美德的城邦,以及有美德之人的统治(页20)。

可是,这两个观点难道不可以完全相容吗?换言之,尽管民主制城邦更有可能转化为有美德的城邦,但只要它仍然实行民主制,它就确乎比荣誉制城邦更为低劣——这种情况难道没有可能?此外,当巴特沃斯继续反对"阿尔法拉比关于诸种城邦的意见是一致的"这种观点时(页24),他似乎在提出他自己的观点,而非阐发阿尔法拉比的观点。尽管这位哲人当然不愿强行主张思想具有完美同质性,但他也许坚定地支持公众的宗教教育,这种教育致力于向最大多数邦民灌输有关最高事物的一致意见——这种情况难道没有可能?只要有可能把这样的观点归于阿尔法拉比,就必须严肃考量,他的观点和现代自由主义的观点之间,到底有没有任何所谓一致性。

最后,当讨论《概要》第一论中阿尔法拉比如何解释道德美德(moral virtue)时,巴特沃斯有时似乎把这位哲人描绘得过分具有公然颠覆性。阿尔法拉比认为,据柏拉图所说,

---

① 辩证术在此似乎指上文提及的让读者陷入不确定的论述方式。替换了辩证术,在此似乎指把单一的看法视为唯一解释。

② ignorant,程志敏教授译作"愚昧的"。

一个有理知能力的人有义务接近恶，并认识恶，从而避免陷入恶，并更谨慎地对待恶（页138）。

巴特沃斯把以上观点说成"允许……感同身受地接受挑逗（vicarious titillation）"（页114）。可是，我们不清楚，为什么这种行为会导致接受挑逗而非反感。正如巴特沃斯指出的，阿尔法拉比确实声称，当饮酒成为"礼法规定的义务"时，则饮酒有利（页135）。可是，这个观点指向《法义》卷一中雅典异乡人的建议：在受到严格控制的场合饮酒，可以用于训练节制，换言之，即便屈服于酒精的醉感，邦民仍然可以学习控制自己的激情。总之，巴特沃斯认为，在这个语境里，阿尔法拉比是在建议"违反严格的道德行为"（页114），但巴特沃斯这个观点并非完全清楚明白。进一步探讨这个重要问题，至少可以使这个观点更少争议。

以上几点显然是细节上的争议。除开这些争议，我们十分清楚，巴特沃斯尽一位译者所能，为学界馈赠了最为宝贵的礼物，为读者开辟了前所未有的门径，使之有机会进入全新的哲学世界。除了充当译者，巴特沃斯还充当了阿尔法拉比教诲的大师级向导。政治哲学研习者们值得热切期待巴特沃斯推出阿尔法拉比文丛其他几本书，这几本书将涵盖《文字书》（*Book of Letters*）和《有美德的城邦》（*Virtuous City*）两部作品。①

---

① 二书中译本：法拉比，"问学录"，见氏著《亚里士多德的哲学》，程志敏等译，上海：华东师范大学出版社，2016；法拉比，《论完美城邦》，董修元译，上海：华东师范大学出版社，2016。以上两个中译本的作者名和书名的写法，均不同于本文译者所用的写法。

图书在版编目（CIP）数据

马西利乌斯的帝国/娄林主编.--北京：华夏出版社有限公司，2020.7

（经典与解释）

ISBN 978-7-5080-9966-8

Ⅰ.①马… Ⅱ.①娄… Ⅲ.①政治理论－研究－意大利－中世纪 Ⅳ.①D095.463

中国版本图书馆CIP数据核字(2020)第111701号

马西利乌斯的帝国

主　　编	娄　林
责任编辑	马涛红
责任印制	刘　洋
出版发行	华夏出版社有限公司
经　　销	新华书店
印　　刷	三河市少明印务有限公司
装　　订	三河市少明印务有限公司
版　　次	2020年7月北京第1版 2020年7月北京第1次印刷
开　　本	880×1230　1/32
印　　张	10.5
字　　数	263千字
定　　价	59.00元

华夏出版社有限公司　地址:北京市东直门外香河园北里4号　邮编:100028
　　　　　　　　　　　网址:www.hxph.com.cn　电话:(010)64663331(转)
若发现本版图书有印装质量问题，请与我社营销中心联系调换。

西方传统：经典与解释
Classici et Commentarii
HERMES
刘小枫◎主编

古今丛编

克尔凯郭尔　[美]江思图 著
货币哲学　[德]西美尔 著
孟德斯鸠的自由主义哲学　[美]潘戈 著
莫尔及其乌托邦　[德]考茨基 著
试论古今革命　[法]夏多布里昂 著
但丁：皈依的诗学　[美]弗里切罗 著
在西方的目光下　[英]康拉德 著
大学与博雅教育　董成龙 编
探究哲学与信仰　[美]郝岚 著
民主的本性　[法]马南 著
梅尔维尔的政治哲学　李小均 编/译
席勒美学的哲学背景　[美]维塞尔 著
果戈里与鬼　[俄]梅列日科夫斯基 著
自传性反思　[美]沃格林 著
黑格尔与普世秩序　[美]希克斯 等著
新的方式与制度　[美]曼斯菲尔德 著
科耶夫的新拉丁帝国　[法]科耶夫 等著
《利维坦》附录　[英]霍布斯 著
或此或彼(上、下)　[丹麦]基尔克果 著
海德格尔式的现代神学　刘小枫 选编
双重束缚　[法]基拉尔 著
古今之争中的核心问题　[德]迈尔 著
论永恒的智慧　[德]苏索 著
宗教经验种种　[美]詹姆斯 著
尼采反卢梭　[美]凯斯·安塞尔-皮尔逊 著
舍勒思想评述　[美]弗林斯 著
诗与哲学之争　[美]罗森 著
神圣与世俗　[罗]伊利亚德 著
但丁的圣约书　[美]霍金斯 著

古典学丛编

赫西俄德的宇宙　[美]珍妮·施特劳斯·克莱 著
论王政　[古罗马]金嘴狄翁 著
论希罗多德　[古罗马]卢里叶 著
探究希腊人的灵魂　[美]戴维斯 著
尤利安文选　马勇 编/译
论月面　[古罗马]普鲁塔克 著
雅典谐剧与逻各斯　[美]奥里根 著
菜园哲人伊壁鸠鲁　罗晓颖 选编
《劳作与时日》笺释　吴雅凌 撰
希腊古风时期的真理大师　[法]德蒂安 著
古罗马的教育　[英]葛怀恩 著
古典学与现代性　刘小枫 编
表演文化与雅典民主政制
[英]戈尔德希尔、奥斯本 编
西方古典文献学发凡　刘小枫 编
古典语文学常谈　[德]克拉夫特 著
古希腊文学常谈　[英]多佛 等著
撒路斯特与政治史学　刘小枫 编
希罗多德的王霸之辨　吴小锋 编/译
第二代智术师　[英]安德森 著
英雄诗系笺释　[古希腊]荷马 著
统治的热望　[美]福特 著
论埃及神学与哲学　[古希腊]普鲁塔克 著
凯撒的剑与笔　李世祥 编/译
伊壁鸠鲁主义的政治哲学
[意]詹姆斯·尼古拉斯 著
修昔底德笔下的人性　[美]欧文 著
修昔底德笔下的演说　[美]斯塔特 著
古希腊政治理论　[美]格雷纳 著
神谱笺释　吴雅凌 撰
赫西俄德：神话之艺
[法]居代·德·拉孔波 等著
赫拉克勒斯之盾笺释　罗逍然 译笺
《埃涅阿斯纪》章义　王承教 选编
维吉尔的帝国　[美]阿德勒 著
塔西佗的政治史学　曾维术 编

古希腊诗歌丛编
古希腊早期诉歌诗人 [英]鲍勒 著
诗歌与城邦 [美]费拉格、纳吉 主编
阿尔戈英雄纪（上、下）
[古希腊]阿波罗尼俄斯 著
俄耳甫斯教祷歌 吴雅凌 编译
俄耳甫斯教辑语 吴雅凌 编译

古希腊肃剧注疏集
希腊肃剧与政治哲学 [美]阿伦斯多夫 著

古希腊礼法研究
宙斯的正义 [英]劳埃德-琼斯 著
希腊人的正义观 [英]哈夫洛克 著

廊下派集
廊下派的苏格拉底 程志敏 徐健 选编
廊下派的神和宇宙 [墨]里卡多·萨勒斯 编
廊下派的城邦观 [英]斯科菲尔德 著

希伯莱圣经历代注疏
希腊化世界中的犹太人 [英]威廉逊 著
第一亚当和第二亚当 [德]朋霍费尔 著

新约历代经解
属灵的寓意 [古罗马]俄里根 著

基督教与古典传统
保罗与马克安 [德]文森 著
加尔文与现代政治的基础 [美]汉考克 著
无执之道 [德]文森 著
恐惧与战栗 [丹麦]基尔克果 著
托尔斯泰与陀思妥耶夫斯基
[俄]梅列日科夫斯基 著
论宗教大法官的传说 [俄]罗赞诺夫 著
海德格尔与有限性思想（重订版）
刘小枫 选编
上帝国的信息 [德]拉加茨 著
基督教理论与现代 [德]特洛尔奇 著
亚历山大的克雷芒 [意]塞尔瓦托·利拉 著
中世纪的心灵之旅 [意]圣·波纳文图拉 著

德意志古典传统丛编
论荷尔德林 [德]沃尔夫冈·宾德尔 著
彭忒西勒亚 [德]克莱斯特 著
穆佐书简 [奥]里尔克 著
纪念苏格拉底——哈曼文选 刘新利 选编
夜颂中的革命和宗教 [德]诺瓦利斯 著
大革命与诗化小说 [德]诺瓦利斯 著
黑格尔的观念论 [美]皮平 著
浪漫派风格——施勒格尔批评文集 [德]施勒格尔 著

美国宪政与古典传统
美国1787年宪法讲疏 [美]阿纳斯塔普罗 著

启蒙研究丛编
浪漫的律令 [美]拜泽尔 著
现实与理性 [法]科维纲 著
论古人的智慧 [英]培根 著
托兰德与激进启蒙 刘小枫 编
图书馆里的古今之战 [英]斯威夫特 著

政治史学丛编
伊丽莎白时代的世界图景 [英]蒂利亚德 著
西方古代的天下观 刘小枫 编
从普遍历史到历史主义 刘小枫 编
自然科学史与玫瑰 [法]雷比瑟 著

地缘政治学丛编
克劳塞维茨之谜 [英]赫伯格-罗特 著
太平洋地缘政治学 [德]卡尔·豪斯霍弗 著

荷马注疏集
不为人知的奥德修斯 [美]诺特维克 著
模仿荷马 [美]丹尼斯·麦克唐纳 著

品达注疏集
幽暗的诱惑 [美]汉密尔顿 著

欧里庇得斯集
自由与僭越 罗峰 编译

阿里斯托芬集
《阿卡奈人》笺释 [古希腊]阿里斯托芬 著

色诺芬注疏集
　居鲁士的教育　[古希腊]色诺芬 著
　色诺芬的《会饮》　[古希腊]色诺芬 著

柏拉图注疏集
　挑战戈尔戈　李致远 选编
　论柏拉图《高尔吉亚》的统一性　[美]斯托弗 著
　立法与德性——柏拉图《法义》发微　林志猛 编
　柏拉图的灵魂学　[加]罗宾逊 著
　柏拉图书简　彭磊 译注
　克力同章句　程志敏 郑兴凤 撰
　哲学的奥德赛——《王制》引论　[美]郝兰 著
　爱欲与启蒙的迷醉　[美]贝尔格 著
　为哲学的写作技艺一辩　[美]伯格 著
　柏拉图式的迷宫——《斐多》义疏　[美]伯格 著
　哲学如何成为苏格拉底式的　[美]朗佩特 著
　苏格拉底与希琵阿斯　王江涛 编译
　理想国　[古希腊]柏拉图 著
　谁来教育老师　刘小枫 编
　立法者的神学　林志猛 编
　柏拉图对话中的神　[法]薇依 著
　厄庇诺米斯　[古希腊]柏拉图 著
　智慧与幸福　程志敏 选编
　论柏拉图对话　[德]施莱尔马赫 著
　柏拉图《美诺》疏证　[美]克莱因 著
　政治哲学的悖论　[美]郝岚 著
　神话诗人柏拉图　张文涛 选编
　阿尔咯比亚德　[古希腊]柏拉图 著
　叙拉古的雅典异乡人　彭磊 选编
　阿威罗伊论《王制》　[阿拉伯]阿威罗伊 著
　《王制》要义　刘小枫 选编
　柏拉图的《会饮》　[古希腊]柏拉图 等著
　苏格拉底的申辩（修订版）　[古希腊]柏拉图 著
　苏格拉底与政治共同体　[美]尼柯尔斯 著
　政制与美德——柏拉图《法义》疏解　[美]潘戈 著
　《法义》导读　[法]卡斯代尔·布舒奇 著

　论真理的本质　[德]海德格尔 著
　哲人的无知　[德]费勃 著
　米诺斯　[古希腊]柏拉图 著
　情敌　[古希腊]柏拉图 著

亚里士多德注疏集
　《诗术》译笺与通绎　陈明珠 撰
　亚里士多德《政治学》中的教诲　[美]潘戈 著
　品格的技艺　[美]加佛 著
　亚里士多德哲学的基本概念　[德]海德格尔 著
　《政治学》疏证　[意]托马斯·阿奎那 著
　尼各马可伦理学义疏　[美]伯格 著
　哲学之诗　[美]戴维斯 著
　对亚里士多德的现象学解释　[德]海德格尔 著
　城邦与自然——亚里士多德与现代性　刘小枫 编
　论诗术中篇义疏　[阿拉伯]阿威罗伊 著
　哲学的政治　[美]戴维斯 著

普鲁塔克集
　普鲁塔克的《对比列传》　[英]达夫 著
　普鲁塔克的实践伦理学　[比利时]胡芙 著

阿尔法拉比集
　政治制度与政治箴言　阿尔法拉比 著

马基雅维利集
　君主及其战争技艺　娄林 选编

莎士比亚绎读
　脱节的时代　[匈]阿格尼斯·赫勒 著
　莎士比亚的历史剧　[英]蒂利亚德 著
　莎士比亚戏剧与政治哲学　彭磊 选编
　莎士比亚的政治盛典　[美]阿鲁里斯/苏利文 编
　丹麦王子与马基雅维利　罗峰 选编

洛克集
　上帝、洛克与平等　[美]沃尔德伦 著

卢梭集
　论哲学生活的幸福　[德]迈尔 著
　致博蒙书　[法]卢梭 著
　政治制度论　[法]卢梭 著

哲学的自传 [美]戴维斯 著
文学与道德杂篇 [法]卢梭 著
设计论证 [美]吉尔丁 著
卢梭的自然状态 [美]普拉特纳 等著
卢梭的榜样人生 [美]凯利 著

莱辛注疏集
汉堡剧评 [德]莱辛 著
关于悲剧的通信 [德]莱辛 著
《智者纳坦》（研究版） [德]莱辛 等著
启蒙运动的内在问题 [美]维塞尔 著
莱辛剧作七种 [德]莱辛 著
历史与启示——莱辛神学文选 [德]莱辛 著
论人类的教育 [德]莱辛 著

尼采注疏集
何为尼采的扎拉图斯特拉 [德]迈尔 著
尼采引论 [德]施特格迈尔 著
尼采与基督教 刘小枫 编
尼采眼中的苏格拉底 [美]丹豪瑟 著
尼采的使命 [美]朗佩特 著
尼采与现时代 [美]朗佩特 著
动物与超人之间的绳索 [德]A.彼珀 著

施特劳斯集
论僭政（重订本） [美]施特劳斯 [法]科耶夫 著
苏格拉底问题与现代性（增订本）
犹太哲人与启蒙（增订本）
霍布斯的宗教批判
斯宾诺莎的宗教批判
门德尔松与莱辛
哲学与律法——论迈蒙尼德及其先驱
迫害与写作艺术
柏拉图式政治哲学研究
论柏拉图的《会饮》
柏拉图《法义》的论辩与情节
什么是政治哲学
古典政治理性主义的重生（重订本）

回归古典政治哲学——施特劳斯通信集
苏格拉底与阿里斯托芬
***
施特劳斯的持久重要性 [美]朗佩特 著
论源初遗忘 [美]维克利 著
政治哲学与启示宗教的挑战 [德]迈尔 著
阅读施特劳斯 [美]斯密什 著
施特劳斯与流亡政治学 [美]谢帕德 著
隐匿的对话 [德]迈尔 著
驯服欲望 [法]科耶夫 等著

施米特集
宪法专政 [美]罗斯托 著
施米特对自由主义的批判 [美]约翰·麦考米克 著

伯纳德特集
古典诗学之路（第二版） [美]伯格 编
弓与琴（重订本） [美]伯纳德特 著
神圣的罪业 [美]伯纳德特 著

布鲁姆集
巨人与侏儒（1960-1990）
人应该如何生活——柏拉图《王制》释义
爱的设计——卢梭与浪漫派
爱的戏剧——莎士比亚与自然
爱的阶梯——柏拉图的《会饮》
伊索克拉底的政治哲学

沃格林集
自传体反思录 [美]沃格林 著

大学素质教育读本
古典诗文绎读 西学卷·古代编（上、下）
古典诗文绎读 西学卷·现代编（上、下）

柏拉图读本（刘小枫 主编）
吕西斯 贺方婴 译
苏格拉底的申辩 程志敏 译

中国传统：经典与解释
Classici et Commentarii
经典与解释
刘小枫 陈少明 ◎主编

《孔丛子》训读及研究 / 雷欣翰 撰
论语说义 / [清]宋翔凤 撰
周易古经注解考辨 / 李炳海 著
浮山文集 / [明]方以智 著
药地炮庄 / [明]方以智 著
药地炮庄笺释·总论篇 / [明]方以智 著
青原志略 / [明]方以智 编
冬灰录 / [明]方以智 著
冬炼三时传旧火 / 邢益海 编
《毛诗》郑王比义发微 / 史应勇 著
宋人经筵诗讲义四种 / [宋]张纲 等撰
道德真经藏室纂微篇 / [宋]陈景元 撰
道德真经四子古道集解 / [金]寇才质 撰
皇清经解提要 / [清]沈豫 撰
经学通论 / [清]皮锡瑞 著
松阳讲义 / [清]陆陇其 著
起凤书院答问 / [清]姚永朴 撰
周礼疑义辨证 / 陈衍 撰
《铎书》校注 / 孙尚扬 肖清和 等校注
韩愈志 / 钱基博 著
论语辑释 / 陈大齐 著
《庄子·天下篇》注疏四种 / 张丰乾 编
荀子的辩说 / 陈文洁 著
古学经子 / 王锦民 著
经学以自治 / 刘少虎 著
从公羊学论《春秋》的性质 / 阮芝生 撰

刘小枫集
民主与政治德性
昭告幽微
以美为鉴
古典学与古今之争 [增订本]
这一代人的怕和爱 [第三版]
沉重的肉身 [珍藏版]
圣灵降临的叙事 [增订本]
罪与欠
儒教与民族国家
拣尽寒枝
施特劳斯的路标
重启古典诗学
设计共和
现代人及其敌人
海德格尔与中国
共和与经纬
现代性与现代中国
现代性社会理论绪论
诗化哲学 [重订本]
拯救与逍遥 [修订本]
走向十字架上的真
西学断章

编修 [博雅读本]
凯若斯：古希腊语文读本 [全二册]
古希腊语文学述要
雅努斯：古典拉丁语文读本
古典拉丁语文学述要
危微精一：政治法学原理九讲
琴瑟友之：钢琴与古典乐色十讲

译著
普罗塔戈拉（详注本）
柏拉图四书

经典与解释辑刊

1 柏拉图的哲学戏剧
2 经典与解释的张力
3 康德与启蒙
4 荷尔德林的新神话
5 古典传统与自由教育
6 卢梭的苏格拉底主义
7 赫尔墨斯的计谋
8 苏格拉底问题
9 美德可教吗
10 马基雅维利的喜剧
11 回想托克维尔
12 阅读的德性
13 色诺芬的品味
14 政治哲学中的摩西
15 诗学解诂
16 柏拉图的真伪
17 修昔底德的春秋笔法
18 血气与政治
19 索福克勒斯与雅典启蒙
20 犹太教中的柏拉图门徒
21 莎士比亚笔下的王者
22 政治哲学中的莎士比亚
23 政治生活的限度与满足
24 雅典民主的谐剧
25 维柯与古今之争
26 霍布斯的修辞
27 埃斯库罗斯的神义论
28 施莱尔马赫的柏拉图
29 奥林匹亚的荣耀
30 笛卡尔的精灵
31 柏拉图与天人政治
32 海德格尔的政治时刻
33 荷马笔下的伦理
34 格劳秀斯与国际正义
35 西塞罗的苏格拉底
36 基尔克果的苏格拉底
37 《理想国》的内与外
38 诗艺与政治
39 律法与政治哲学
40 古今之间的但丁
41 拉伯雷与赫尔墨斯秘学
42 柏拉图与古典乐教
43 孟德斯鸠论政制衰败
44 博丹论主权
45 道伯与比较古典学
46 伊索寓言中的伦理
47 斯威夫特与启蒙
48 赫西俄德的世界
49 洛克的自然法辩难
50 斯宾格勒与西方的没落
51 地缘政治学的历史片段
52 施米特论战争与政治
53 普鲁塔克与罗马政治
54 罗马的建国叙述
55 亚历山大与西方的大一统
56 马西利乌斯的帝国
57 日本的近代化与朝鲜战争